CÓMO HABLAR BIEN EN PÚBLICO
E INFLUIR EN LOS HOMBRES DE NEGOCIOS

Diseño de tapa: María L. de Chimondeguy / Isabel Rodrigué

DALE CARNEGIE

CÓMO HABLAR BIEN
EN PÚBLICO
E INFLUIR EN LOS HOMBRES
DE NEGOCIOS

Traducción y adaptación de
JORGE CIANCAGLINI

EDITORIAL SUDAMERICANA
BUENOS AIRES

SEGUNDA EDICIÓN POCKET
Mayo de 2001

IMPRESO EN ESPAÑA

*Queda hecho el depósito
que previene la ley 11.723.*
© *1947, Editorial Sudamericana S.A.*®
Humberto Iº 531, Buenos Aires.

ISBN 950-07-1438-8

Título del original en inglés:
Public Speaking and Influencing Men in Business

www.dalecarnegie.com
www.edsudamericana.com.ar

INTRODUCCIÓN

En toda la nación se está produciendo un movimiento de educación adulta; y la fuerza más sorprendente de este movimiento es Dale Carnegie, un hombre que ha escuchado y criticado más discursos de gente adulta que ningún otro ser humano. De acuerdo con un reciente "Créase o no", de Ripley, ha criticado 150.000 discursos. Si esa suma no nos impresionara por sí sola, recordemos que significa un discurso por cada día transcurrido desde el descubrimiento de América. O en otras palabras, si todos los hombres que hablaron delante de él lo hubieran hecho durante sólo tres minutos cada uno, y en rápida sucesión, habría debido escuchar un año completo, con sus días y sus noches.

La carrera de Dale Carnegie, llena de bruscos contrastes, es un ejemplo de lo que puede lograr un hombre que está asediado por una idea original y aguijoneado por el entusiasmo.

Nacido en una alquería de Misuri, a diez millas del ferrocarril, no vio un tranvía hasta que tuvo doce años: hoy, a los cuarenta y seis, le resulta familiar cualquier rincón de la tierra, desde Hong-Kong hasta Hammerfest; y en cierta oportunidad estuvo más cerca del Polo Norte que el almirante Byrd del Polo Sur, en Little America.

Este muchacho de Misuri que recogía moras y cortaba castañas por cinco centavos la hora, gana hoy un dólar por minuto enseñando a los jefes de grandes compañías comerciales el arte de la expresión.

Este muchacho que fracasó por completo en las seis primeras veces que habló en público, fue más tarde mi empresario comercial. Gran parte de mi éxito lo debo a las enseñanzas de Dale Carnegie.

El joven Carnegie debió luchar duramente para educarse, porque la mala suerte solía ensañarse con la vieja alquería de Misurí. Desalentada ante una sucesión de fracasos, la familia vendió la alquería y compró otra en el mismo Estado, cerca de la Escuela Normal de Warrensburgo. Por un dólar diario le darían estancia y comida en el pueblo. Pero Carnegie no lo tenía. Se quedó en su casa y fue diariamente a caballo a la escuela normal, que estaba a tres millas de distancia.

Había seiscientos estudiantes en la escuela y Dale Carnegie era uno de los cuatro o cinco que no podían quedarse a comer en la ciudad. Pronto vio que había algunos grupos en la escuela que eran los que ejercían influencia y poseían prestigio: eran los buenos jugadores de fútbol y béisbol, y los que ganaban los concursos de debates y elocuencia.

Puesto que los deportes no le atraían, decidió ganar un concurso de oratoria. Pasó meses preparando sus discursos. Los practicaba mientras galopaba de ida y de vuelta a la escuela normal; practicaba mientras ordenaba las vacas, y se subía a una parva de heno, y con gran placer y entusiasmo echaba un discurso a las asustadas palomas, exhortándolas a interrumpir la inmigración japonesa.

Pero a pesar de toda su vehemencia y preparación, sufrió derrota tras derrota. Y de pronto comenzó a ganar, no un concurso, sino todos los concursos de la escuela.

Otros estudiantes le pidieron que los adiestrara. Y también ganaron.

Una vez graduado, comenzó a vender cursos por correspondencia a los "rancheros" de Nebraska y Wyoming. A pesar de su inquebrantable energía y entusiasmo, no tuvo éxito. Se desalentó tanto, que regresó al cuarto de su hotel, en Nebraska, se echó sobre la cama y lloró amargamente. Deseaba volver a la escuela, deseaba replegarse de la dura batalla de la vida; pero no era posible. Entonces decidió ir a Omaha y conseguir otro trabajo. No tenía dinero para el pasaje, y viajó en un tren de carga, alimentando y abrevando dos vagones de caballos como pago de su viaje. Se apeó en Omaha del Sur y consiguió un empleo de vendedor de tocino, manteca de puerco y jabón, para Armour y Compañía. Su territorio se extendía desde las Tierras Malas hasta el País Indio de Dakota Occidental. Recorría su territorio en tren de carga, en diligencia y a caballo, durmiendo en mesones de *pioneers* donde la única división entre piara y pieza era una sábana de muselina. Estudiaba libros sobre el arte de vender, montaba potros salvajes, jugaba al póker con mestizos y aprendía a cobrar dinero. Cuando algún almacenero del interior del país no podía pagar al contado el tocino y el jabón que le había pedido, Dale Carnegie le sacaba de los anaqueles una docena de pares de zapatos, los vendía a los ferroviarios y giraba el producto a Armour y Compañía.

A los dos años, esta zona, que ocupaba el vigesimoquinto lugar en importancia para la firma comercial, pasó a ocupar el primero. La compañía lo quiso ascender. "Ha realizado usted lo que parecía imposible." Pero Carnegie rechazó el ascenso y renunció. Renunció, fue a Nueva York, estudió en la Academia Americana de Arte Dramática, y recorrió el país representando el papel del doctor Hartley en Polly la del circo.

Nunca hubiese llegado a ser un Booth o un Barrymore. Tuvo el tino de reconocerlo. Y se dedicó a las ventas nuevamente, esta vez de automóviles, para la Compañía Packard.

Nada sabía de mecánica, y nada le importaba ignorarla. Profundamente desdichado, tenía que dedicarse todos los días a sus tareas comerciales. Ansiaba tener tiempo para estudiar, para escribir los libros que había soñado escribir cuando era estudiante. Y renunció. Se dedicaría a escribir cuentos y novelas, y se mantendría enseñando en una escuela nocturna.

¿Enseñando qué? Contemplando su pasado, apreciando los beneficios de sus estudios, comprendió que el hablar en público le había instilado más confianza en sí mismo, más prestancia, más valor, y ese don para tratar con hombres de negocios, que todas las otras asignaturas de la escuela juntas. Entonces solicitó de las escuelas de la Asociación Cristiana de Jóvenes, en Nueva York, permiso para dar cursos de oratoria para hombres de negocios.

¿Qué? ¿Convertir a hombres de negocios en oradores? Absurdo. Lo sabían por experiencia. Habían probado ya, y habían fracasado.

Cuando se negaron a pagarle un sueldo de dos dólares por noche, Carnegie accedió a percibir un tanto por ciento de los beneficios —en caso de que los hubiere—. A los tres años le pagaban treinta dólares por noche sobre esa base, en vez de los dos que él había pedido.

El curso se amplió. La fama llegó hasta otras Asociaciones Cristianas de Nueva York, y luego de otras ciudades. Pronto Carnegie efectuaba triunfales giras por Filadelfia, Baltimore y, más tarde, Londres y París. Los libros de texto eran demasiado académicos, poco prácticos para los que se agolpaban en las aulas del notable profesor. Lejos de acobardarle este antecedente, escribió uno titulado Cómo hablar bien en público e influir en los hombres de negocios. Este libro es hoy el texto oficial de todas las Asociaciones Cristianas de Jóvenes, así como también de la Asociación Bancaria y de la Asociación Nacional de Crédito.

Hoy concurren muchos más adultos a las clases de Carnegie que a los cursos de oratoria de las universidades de Columbia y Nueva York juntas.

Dale Carnegie afirma que cualquier hombre es capaz de hablar cuando se excita. Dice que si alguien da un trompis y tumba al más ignorante individuo de la ciudad, éste se incorporará y hablará con tanto ardor, énfasis y elocuencia, que Guillermo Bryan lo envidiaría. Alega que casi cualquier persona puede hablar en público pasaderamente si tiene confianza en sí misma y una idea que le esté abrasando el seso.

La mejor manera de lograr confianza en sí mismo, dice, es hacer lo que tenemos que hacer, y dejar una estela de experiencias felices. Por esto obliga a todos sus alumnos a hablar todos los días de clase. Los alumnos lo hacen de buena gana. Todos están en el mismo barco: y por la práctica constante, nutren su valor, confianza y entusiasmo, del que ya no se desprenderán más.

Dale Carnegie nos dirá que se ha ganado la vida durante

todos estos años, no con la enseñanza de la oratoria —eso fue accidental—, sino ayudando a los hombres a dominar sus temores y a desarrollar su valor.

Comenzó simplemente con un curso de oratoria; pero sus alumnos eran hombres de negocios. Muchos de ellos no habían visto un aula por treinta años. Los más de ellos pagarán la enseñanza a plazos. Querían eficacia, resultados, y pronto; resultados que pudiesen aplicar en sus negocios al día siguiente.

Esto lo obligó a ser rápido y práctico. Y así es como ha creado un método de adiestramiento original, único, sorprendente combinación de Arte de hablar en público, Arte de vender, Relaciones humanas, Desarrollo de la personalidad y Psicología aplicada.

William James solía decir que el hombre medio sólo desarrolla un diez por ciento de sus posibilidades mentales latentes. Dale Carnegie, al incitar a hombres ya adultos a que descubran sus vetas y exploten sus ocultos minerales, ha iniciado uno de los movimientos más importantes en la educación de adultos.

LOWELL THOMAS.

11

Capítulo I

DESARROLLO DEL VALOR Y DE LA CONFIANZA EN SÍ MISMO

Aunque todos los hombres no tienen precisión de ser oradores, ni escritores públicos, o carecen de aptitud o disposición para estos oficios; sin embargo tendrán muchos de ellos, en diferentes situaciones de la fortuna y destinos de la vida civil, ocasiones de acreditar con el imperio de la palabra su mérito, su puesto, su estado, su poder o su talento.

ANTONIO CAPMANY

Hemos dicho que ese sujeto escribió muchos libros. ¡Sí, sí, ándense ustedes con libros! Los libros no sirven para nada en tanto que no se puedan pronunciar discursos. El hombre de la estatua y que no haya sido orador. ¿Se concibe un hombre que tenga estatua y que no haya sido orador? ¿Cómo un hombre que no haya sido orador puede tener estatua? Horror nos causa el pensarlo. Un hombre que no es capaz de hablar en público una hora seguida, ¿qué derecho puede tener a que se le inmortalice en una efigie de bronce?

AZORÍN

Más de dieciocho mil hombres de negocios, desde 1912 hasta la fecha, han concurrido a las clases sobre el arte de hablar en público que el autor ha dictado. Los más de ellos, a pedido de éste, han narrado por escrito las causas que los movieron a inscribirse para tal adiestramiento y el resultado que esperaban obtener. El deseo primordial, la necesidad apremiante que todas estas cartas expresaban, era —desde luego que con fraseología muy diversa— uno solo: "Cuando las circunstancias me obligan a hablar —escribía uno tras otro— me pongo tan nervioso, me arredro tanto, que no puedo ya razonar con fluidez, concentrar la atención, ni recordar qué tenía pensado decir. Quiero adquirir confianza en mí mismo, serenidad y suficiente presencia de ánimo para poder pensar cuando estoy en pie delante de un auditorio. Quiero llegar a dominar mis pensamientos, desarrollarlos según ilación lógica y expresarlos con claridad y vigor, así delante del directorio de un banco como en una sala de conferencias". Eran miles las confesiones a este tenor. Citemos un caso concreto. Hace algunos años, un señor llamado D. W. Ghent se inscribió en mi curso de oratoria, en Filadelfia. Poco después de la clase inaugural me invitó a comer con él en el Círculo de Fabricantes. Era un hombre de mediana edad y había llevado siempre una vida activa; dirigía su propia fábrica y era figura destacada en actividades cívicas y religiosas. Mientras estábamos almorzando, se inclinó hacia mí sobre la mesa y me confesó:

—Muchas veces me han pedido que hable en una u otra reunión, pero nunca he podido hacerlo. Me turbo tanto, que pierdo la noción de mis ideas, por lo cual he tenido que escabullirme toda la vida. Pero es el caso que ahora soy presidente de la junta de síndicos de una universidad y, lógicamente, debo echarles un discurso de vez en cuando. ¿Cree usted que me será posible aprender a esta altura de mi vida?

—¿Que si lo creo, señor Ghent? —respondí—. No es cuestión de que lo crea o no. Lo sé. Sé que puede hacerlo, y que lo hará, si se empeña y sigue mis instrucciones.

Creyó que pintaba el cuadro de color de rosa, que me mostraba en exceso optimista.

—Usted dice eso por amabilidad —respondióme—. Usted no quiere desilusionarme.

Cuando terminó su adiestramiento dejamos de vernos por algún tiempo. En 1921 nos encontramos y almorzamos nuevamente en el Círculo de Fabricantes. Nos sentamos en el mismo rincón y a la misma mesa que aquella primera vez. Luego de recordarle nuestra anterior conversación, le pregunté si había derrochado mucho optimismo en aquel entonces. Sin decir palabra, Ghent extrajo del bolsillo una libretilla de lomo rojo y me indicó una lista de compromisos contraídos para hablar en público.

—La facultad de hacer esto —me confesó—, el placer que obtengo haciéndolo, y el mejor servicio que merced a ello presto a la comunidad, están entre las satisfacciones más íntimas de mi vida.

Poco antes de esta conversación se había celebrado en Washington la conferencia internacional para la limitación de armamentos. Cuando se supo que Lloyd George pensaba concurrir a ella, los baptistas de Filadelfia le cablegrafiaron invitándole a hablar en una gran reunión religiosa que se celebraría en esa ciudad. Lloyd George respondió que, si fuese a Washington, aceptaría la invitación. Pues bien, el señor Ghent me informó que lo habían designado, entre todos los baptistas de la ciudad, para presentar al primer ministro británico.

¡Y éste era el hombre que, sentado a esa misma mesa, aún no hacía tres años, me había preguntado gravemente si me parecía posible que llegase alguna vez a hablar en público!

La rapidez con que este hombre superó todas las dificultades y triunfó, ¿está acaso fuera de lo común? De ningún modo. Hay cientos de casos similares. Hace algunos años, para citar otro caso concreto, un médico de Nueva York, a quien llamaremos Curtis, pasó el invierno en la Florida, cerca del campo de adiestramiento de un famoso centro futbolístico. Como sentía verdadera pasión por el fútbol, solía ir a ver a los jugadores ejercitándose. A poco, trabó amistad con ellos, cada vez más estrecha, y un buen día lo invitaron a un banquete que se daba en honor del equipo. Al finalizar los postres, se pidió a varios convidados de nota que dijesen "algunas palabras". De súbito, con la precipitación e intempestividad de un estallido, oyó decir:

—Señores, tenemos entre nosotros un médico, el doctor Curtis, quien nos dirá algunas palabras sobre la salud del jugador de fútbol.

¿Estaba preparado el doctor Curtis? Desde luego. Estaba mejor preparado que otro cualquiera: había estudiado higiene y ejercido la medicina durante casi treinta años. Habría podido exponer sus conocimientos durante horas al compañero de la derecha o de la izquierda. Pero levantarse y decir estas mismas razones delante de un concurso, aun pequeño, esto ya era otro cantar. Esto erizaba los pelos.

El corazón del buen médico comenzó a latir con mayor prisa, y hasta se detenía en seco a veces. Nunca en su vida había hablado en público, y todas las ideas que tenía se hicieron humo.

¿Qué hacer? Los comensales aplaudían. Todas las miradas estaban fijas en él. Intentó negarse con la cabeza, pero esto sólo aumentó los aplausos y la ovación. Las voces de "¡Que hable! ¡Que hable!", se tornaban a cada momento más estruendosas e insistentes.

¡Triste situación de impotencia y ridiculez! Sabía que, de levantarse, no podría pronunciar más de diez o doce frases... Por fin se levantó y, sin decir palabra a sus amigos, dio media vuelta y salió del salón, aturdido y humillado.

No nos extrañe, pues, que una de las primeras cosas que haya hecho al volver a Nueva York fuera ir al edificio central de la Asociación Cristiana de Jóvenes y alistarse en la clase de oratoria. No tenía intención de hacer el ridículo y quedarse con la lengua comida por segunda vez.

Como estudiante, era de los que realmente agradan al profesor: su celo por aprender tenía algo de desesperado. Deseaba aprender a hablar en público, y estudiaba decidido a lograr su propósito. Preparaba sus discursos con minuciosidad y los estudiaba con entusiasmo. No faltó a ninguna clase en todo el período.

Le sucedía precisamente lo que le hubiera sucedido a otro cualquiera en condiciones similares: la rapidez de sus progresos no cesaba de asombrarlo y de sobrepasar sus más halagüeños cálculos. Después de las primeras clases su nerviosidad remitió y la confianza en sí mismo ganó terreno de día en día. Al cabo de dos meses ya llevaba la palma entre sus compañeros de clase. Pronto comenzó a aceptar invitaciones para hablar en otros lugares. Le apasionaban la emoción y el regocijo de este pasatiempo, el respeto y los amigos que le deparaba.

Un miembro del Centro Republicano de Campaña Electoral, luego de oír uno de sus discursos, lo invitó a recorrer la ciudad de Nueva York y arengar a la multitud en favor de su partido. ¡Gentil sorpresa se hubiera llevado este político si hubiese sabido que, un año antes, el doctor Curtis había tenido que retirarse de un banquete, avergonzado y confundido, porque el temor de un auditorio lo había atarugado!

La adquisición del valor y de la confianza en sí mismo, y la facultad de discurrir con calma y claridad mientras se habla a un concurso de oyentes, no presentan un décimo de la dificultad que la mayor parte de la gente supone. No es un don que la naturaleza conceda a un número limitado de escogidos. Es como la facultad de jugar al golf. Cualquiera puede desarrollar sus dotes latentes, con tal que tenga genuino deseo de hacerlo.

¿Se puede aducir el menor asomo de razón para que un individuo no pueda reflexionar con igual fluidez cuando está en pie que cuando está sentado? Desde luego, todos sabemos que no. Más aún: debiéramos discurrir mejor delante de un concurso. La presencia de varias personas que nos escuchan debiera azuzarnos y alentarnos. Muchísimos conferenciantes nos dicen que la presencia de un auditorio es un estímulo, una inspiración que obliga al cerebro a trabajar con mayor despejo y agudeza. En tales circunstancias, como decía Henry Beecher, hechos e ideas que no creíamos dominar pasan como flotando por delante nuestro, y sólo hay que estirar la mano e irlos tomando con oportunidad. Sírvanos esto de experiencia propia. Probablemente llegue a serlo, si nos ejercitamos y perseveramos.

De una cosa a lo menos podemos estar seguros: de que el adiestramiento y la ejercitación harán desvanecer el temor del auditorio, instilándonos por siempre confianza en nosotros mismos y valor. No debemos creer que nuestra situación sea única. Aun aquellos que luego llegaron a ser los oradores más elocuentes de su época, se vieron al principio entorpecidos por este miedo y esta timidez ofuscadores.

Mark Twain, la primera vez que debió hablar, sintió como que su boca estuviese llena de algodón y que su pulso corriese para obtener un premio.

Jean Jaurès, el orador político más poderoso que produjo Francia en su época, asistió durante un año a la Cámara de Diputados sin atreverse a decir palabra, y sólo entonces consiguió hacerse de suficiente valor para pronunciar su discurso inicial.

Alejandro Lerroux, el famoso político español, hizo lo mismo que el doctor Curtis las dos primeras veces que le pidieron un discurso: se llamó andana, sin excusarse ante el concurso.

Ossorio y Gallardo ha confesado que temblaba como una hoja la primera vez que debió hablar en público.

Ríos Rosas, que llegó a ser uno de los oradores más temibles de las Cortes españolas del siglo pasado, llevaba varios años de diputado cuando se animó a pronunciar su primer discurso.

"La primera vez que hablé en público —confesaba Lloyd George—, era el hombre más desdichado del mundo. No es metáfora, sino la pura verdad, que la lengua se me pegó al paladar; y, al principio, apenas podía articular palabra."

Jiménez de Asúa nos ha descrito la primera clase que debió dar, como profesor auxiliar de Derecho Penal en la Universidad de Madrid: "Se entraba al estrado por una pequeña puerta y se ascendía a él por una breve escalera, oculta a los alumnos por la propia mampara. Al subir aquellos escasos peldaños era tal mi terror, que no pude tenerme en pie: los salvé caminando como un cuadrúpedo."

Disraeli decía que hubiera preferido conducir una carga de caballería a enfrentarse con la Cámara de los Comunes por primera vez. Su primer discurso fue un rotundo fracaso. También lo fue el de Sheridan.

Y es lo cierto que tantos son los oradores famosos de Inglaterra cuyos estrenos han sido deslucidos, que hoy se cree en el Parlamento sea mal síntoma para un hombre joven el iniciarse allí con éxito. Conque, ¡ánimo!

Después de observar la carrera de tantos oradores, y de haberlos ayudado algo, al autor no le disgusta que un estudiante tenga, al principio, cierta nerviosidad y turbación.

Hablar en público importa cierta responsabilidad —aun cuando sólo se hable a veinte o veinticinco personas en una conferencia de negocios—, cierta turbación, cierto esfuerzo, cierta excitación. Es menester multiplicarse a sí mismo, como esos buenos caballos de carrera cuando están en la pista. El inmortal Cicerón dijo, hace dos mil años, que todo discurso público de verdadero mérito se caracteriza por la nerviosidad. Los oradores experimentan esta sensación a menudo, aun cuando hablan por radio. "El miedo del micrófono", se llama a esto. Cuando Carlitos Chaplin se estrenó en la radiotelefonía, leyó su discurso desde el principio hasta el final. Desde luego que estaba acostumbrado a los auditorios. Había recorrido los Estados Unidos en 1912 y representado una piecezuela titulada "Una noche en el Music Hall". Y antes de esto había sido actor en Inglaterra. Sin embargo, cuando entró en el cuarto entapizado y se vio frente a frente con el micrófono, sintió cierta sensación no del todo diferente de la que se obtiene cruzando el Atlántico Norte durante un invierno tormentoso.

A James Kirkwood, famoso actor y director de películas, le sucedió algo parecido. En el tablado era un orador de primera clase; pero cuando salió de la sala de transmisión, después de haber hablado al invisible auditorio, sudaba a mares. "Una noche de estreno en Broadway —confesó— no es nada comparado con esto".

Algunas personas, no importa cuán a menudo hablen en público, sienten cierta turbación un momento antes de comenzar, pero pocos segundos después la turbación desaparece.

Hasta Abraham Lincoln se sentía turbado en los primeros minutos. "Al principio era muy torpe —cuenta su socio Herndon—, y parecía costarle mucho trabajo el hacerse a su auditorio. Luchaba durante cierto tiempo con aparente falta de confianza y timidez, lo cual sólo hacía más notoria su torpeza. He visto muchas veces a Lincoln en trances como éste, y me ha causado profunda lástima. Cuando comenzaba sus discursos, la voz se le tornaba chillona, aguda y desagradable. Sus gestos, su porte, su rostro moreno, pálido, arrugado y enjuto, su postura estrafalaria, sus movimientos poco seguros, todo parecía estar en su contra, pero sólo por muy breve tiempo." En seguida adquiría serenidad, entusiasmo, celo, y entonces comenzaba su verdadero discurso.

Lo mismo puede suceder con nosotros.

A fin de obtener el mayor provecho de este adiestramiento, y ello con prontitud y seguridad, son necesarias cuatro cosas:

PRIMERO: COMENZAR CON DESEO VIVO Y TENAZ

Esto es mucho más importante de lo que creemos. Si nuestro instructor pudiera sondar nuestro espíritu y corazón, y calcular el vigor de nuestros deseos, podría predecir, casi con exactitud, la celeridad con que adelantaremos. Si nuestros deseos son pálidos y fofos, nuestro progreso corresponderá a ese tinte y a esa consistencia. Pero si ponemos empeño persistente en lograr nuestro fin, y lo hacemos con la misma energía con que el perro de presa se lanza en persecución del gato, entonces nada en el mundo podrá derrotarnos.

Alimentemos entonces nuestro entusiasmo para este estudio. Enumeremos sus beneficios. Pensemos cuánto significará la confianza en nosotros mismos y la capacidad de hablar y convencer. Pensemos en lo que puede significar, y lo que significará, en pesetas y céntimos. Pensemos en lo que significará socialmente; los amigos que nos brindará; el acrecentamiento de nuestra influencia personal; la mayor capacidad de mando. Ninguna otra ocupación desarrollará en nosotros mayor capacidad de mando —ni con mayor rapidez— que esta de la oratoria.

"No hay otra conquista —ha dicho Depew—, tan asequible para todos, que como el arte de hablar medianamente bien depare al hombre tanto porvenir y respeto."

Philip D. Armour, después de haber ganado varios millones de dólares, dijo: "Habría preferido ser un gran orador a un gran capitalista".

Es un logro por el que casi todas las personas cultas suspiran. Cuando murió Andrew Carnegie, se halló entre sus papeles un plan que había hecho para su vida a la edad de treinta y tres años. Él creía a la sazón que en dos años más podría disponer de sus negocios en tal manera que tuviese una renta de cincuenta mil dólares por año; y se proponía, entonces, dejar los negocios a los treinta y cinco años, ir a Oxford y darse una educación completa, *"con especial dedicación al arte de hablar en público"*.

Pensemos en la sensación de satisfacción y placer que resultará del ejercicio de este nuevo poder. El autor ha recorrido no poco de la corteza de esta bola terrestre, y ha tenido muchas y muy variadas experiencias; pero para satisfacción completa e íntimamente duradera, pocas cosas hay que se puedan comparar a la de pararse delante de un auditorio y hacer que todos piensen como uno. Esto proporciona sentimiento de fuerza, sensación de poder. Halaga nuestro orgullo de consecución personal. Nos aparta de los otros hombres, elevándonos por sobre ellos. Hay encanto mágico en este arte y una emoción de esas que jamás se olvidan. "Dos minutos antes de ponerme en pie —decía un orador— prefiero que me den de azotes a empezar; pero dos minutos antes de sentarme prefiero que me den un tiro a terminar."

En todas las clases hay alumnos que desmayan y quedan rezagados a la vera del camino; de modo que debemos concentrar nuestro pensamiento en torno a lo que este curso significa para nosotros, hasta que nuestro deseo esté candente. Debemos comenzar este programa con tal entusiasmo que nos obligue a no perder clase, hasta terminar el curso triunfalmente. Digamos a nuestros amigos que nos hemos inscrito en este curso. Fijemos una noche a la semana para leer estas lecciones y preparar los discursos. En fin, hagamos el avance lo más fácil posible. Hagamos lo más difícil posible el retroceso.

Cuando Julio César cruzó el canal de la Mancha y desembarcó con sus legiones en lo que hoy es Inglaterra, ¿qué hizo para asegurar el éxito de las armas? Una cosa muy inteligente: hizo detener a sus soldados sobre los peñascos yesosos de Dóver y ordenóles mirar hacia abajo: sobre las olas, a setenta metros de profundidad, rojas lenguas de fuego consumían los barcos en que habían venido. En territorio enemigo, roto el único vínculo con el continente, quemado el único medio de retroceder, sólo podían hacer una cosa: avanzar, conquistar. Eso, precisamente, es lo que hicieron.

Así era el espíritu del inmortal Julio César. ¿Por qué no nos apropiamos de este espíritu, en nuestra guerra para exterminar el ridículo temor de los auditorios?

SEGUNDO: SABER CABALMENTE EL TEMA QUE VAMOS A TRATAR

A no ser que se haya meditado sobre el discurso, que se lo haya planeado, y que se sepa qué se va a decir, no puede el orador sentirse muy tranquilo cuando afronta su auditorio. Es como el ciego que quería guiar a otro ciego. En tales circunstancias, el orador se sentirá cohibido, arrepentido, avergonzado de su negligencia.

"Salí electo legislador durante el otoño de 1881 —escribía Theodore Roosevelt en su *Autobiografía*—, y comprobé que era el hombre más joven de la cámara. Como a todos los miembros jóvenes e inexpertos, me resultó sumamente difícil aprender a hablar. Aprendí mucho con el consejo de un viejo y perspicaz labrador (que sin saberlo estaba citando al duque de Wellington, quien a su vez estaba, sin duda, citando a algún otro). El consejo era el siguiente: 'No hables hasta que estés seguro de que tienes algo que decir, y que sepas qué es; entonces dilo, y luego siéntate'."

Este "viejo y perspicaz labrador" debió haber hablado a Roosevelt de otro recurso para sobreponerse a la nerviosidad. Debió haber agregado: "Te será provechoso para librarte de tu turbación, que encuentres algo que hacer delante del auditorio; si puedes mostrar algo, escribir una palabra en el pizarrón, o señalar un punto sobre el mapa, o mover una mesa, o abrir una ventana, o correr algunos libros y papeles, cualquier movimiento físico, en fin, con intención velada, puede contribuir a que te sientas cómodo".

Ciertamente, no siempre es fácil hallar excusa para hacer estos movimientos, pero la sugestión ahí queda. Usémosla si podemos; pero usémosla las primeras veces solamente. Los niños no se asen de las sillas una vez que han aprendido a caminar.

TERCERO: PROCEDER CON CONFIANZA

El más famoso psicólogo que haya producido América, William James, ha escrito lo siguiente:

"La acción parece venir después del sentimiento, pero en realidad ambos están estrechamente ligados; y regulando la acción, que está bajo el dominio directo de la voluntad, podemos indirectamente regular el sentimiento, que no lo está.

"Así, el camino más eficaz de la voluntariedad para llegar a la alegría —cuando nuestra alegría espontánea esté perdida— es el de estarnos alegres y hablar y proceder como si dicho sentimiento se hubiere apoderado ya de nosotros. Si con esto no recobramos la alegría, entonces, por el momento, no habrá ya nada que nos la haga recobrar.

"Por tanto, para sentir valor, procedamos como si fuéramos valientes, empeñemos toda nuestra voluntad para ese fin, y lo más probable será que un rebato de entusiasmo reemplace el estado de temor."

Apliquemos el consejo del profesor James. Para desarrollar el valor cuando estemos frente a un auditorio, procedamos como si lo tuviéramos. Desde luego, si no estamos preparados, por mucho valor que despleguemos no conseguiremos grandes efectos. Pero cuando sabemos de qué vamos a hablar, adelantémonos a la tribuna con energía y respiremos profundamente. Respiremos profundamente durante treinta segundos antes de afrontar un auditorio.

Esta provisión aumentada de oxígeno nos sostendrá y nos dará valor. El famoso tenor Jean de Reszke solía decir que, cuando se retiene el aliento de suerte que podamos "sentarnos en él", la nerviosidad desaparece.

Cuando un joven de la tribu de Peuls, en África Central, llega a la virilidad y quiere casarse, se lo obliga a arrostrar la ceremonia de la flagelación. Las mujeres de la tribu se reúnen allí, cantando y palmoteando al ritmo de los tambores. El candidato se adelanta, desnudo de medio cuerpo para arriba. De pronto, un hombre que empuña un látigo enorme comienza a castigar al muchacho, golpea su piel desnuda, lo tunde, lo vapulea como un demonio. La espalda se va llenando de cardenales; la sangre comienza a fluir; aparecen cicatrices que durarán toda la vida. Durante esta azotaina, un juez venerable de la tribu se arrastra a los pies de la víctima para ver si se mueve o si da la menor muestra de dolor. Para pasar la prueba con éxito, el torturado joven no sólo debe aguantar todo esto, sino que, mientras se le azota, debe cantar un himno de alabanza.

En todos los tiempos, en todos los climas, los hombres han admirado el valor; de modo que, por mucho que el corazón golpee dentro de nuestro pecho, debemos avanzar con paso firme, detenernos, comportarnos como el joven de África Central y, como él, proceder como si estuviéramos contentísimos.

Irgámonos plenamente, miremos el auditorio con firmeza, y comencemos a hablar con tanta confianza como si todos ellos fueran deudores nuestros. Imaginémonos que lo son, realmente. Imaginémonos que se han reunido allí para pedirnos una prórroga. El efecto psicológico será beneficioso.

No nos abrochemos y desabrochemos nerviosamente la chaqueta, ni movamos torpemente las manos. Si no podemos evitar movimientos nerviosos, pongamos las manos detrás de la espalda y entrelacemos los dedos allí donde nadie puede vernos. O movamos los dedos gordos del pie.

Como regla general, no es prudente que el orador se oculte detrás de un mueble; sin embargo, las primeras veces, alienta un poco el estar detrás de una mesa o de una silla y aferrarse a ella. También es bueno apretar una moneda en la palma de la mano. Cánovas del Castillo, en los momentos más supremos de sus discursos, metía una mano en el bolsillo del chaleco, al mismo tiempo que con la otra se afianzaba los quevedos.

Y ¿cómo desarrolló Roosevelt su característico valor y confianza en sí mismo? ¿Le había dotado la naturaleza de espíritu atrevido y emprendedor? De ningún modo. "Habiendo sido un muchacho más bien enfermizo y torpe —confiesa en su *Autobiografía*—, me sentí, cuando llegué a la juventud, inquieto y desconfiado de mi propio valor. Tuve que ejercitarme severamente y con tesón, no sólo en lo que respectaba a mi cuerpo, sino también en lo que respectaba a mi espíritu y alma."

Afortunadamente, nos ha narrado cómo logró la transformación: "Cuando era muchacho —añade—, leí un pasaje en un libro de Marryat, que luego ha influido siempre sobre mí. En este pasaje, el capitán de un buque de guerra explica al protagonista cómo adquirir intrepidez. Y le dice que al principio casi todos los hombres se asustan cuando entran en acción, pero que lo que debe hacerse entonces es dominarse de tal modo que se pueda proceder como si no se estuviese asustado. Cuando esto se ha continuado por cierto tiempo, el fingimiento se trueca en realidad, y el individuo se vuelve realmente intrépido a fuerza, únicamente, de practicar la intrepidez cuando no la siente. (Estoy usando mis propias palabras.)

"Ésta fue la teoría que llevé a la práctica. Había muchas clases de cosas que me causaban pavor al principio, desde los osos grises hasta los caballos ariscos y los bandoleros; pero comportándome como si no tuviese miedo, llegué gradualmente a perderlo. A casi todas las personas les ocurrirá lo mismo, si así se lo proponen."

A todos nos puede ocurrir lo mismo en este curso, si así lo deseamos. "En la guerra —decía el mariscal Foch—, la mejor defensa es el ataque." Lancémonos, pues, al ataque de nuestra pusilanimidad. Salgamos a su encuentro, batallemos contra ella, conquistémosla a fuerza de denuedo, en cada oportunidad que nos salga al paso.

Pensemos un título largo de primer plano, y luego figurémonos que somos vendedores de diarios. Nadie repara en el vendedor. Es la noticia lo que queremos. El *mensaje*, ahí está el quid. Recordémoslo siempre. Interesémonos. Aprendámoslo hasta conocerlo como a la palma de la mano. Creamos en él de todo corazón. Y entonces, hablemos como si estuviésemos decididos a decir el mensaje. Hagámoslo así, y tendremos diez probabilidades contra una de que seremos dueños de las circunstancias y señores de nosotros mismos.

CUARTO: ¡PRACTICAR! ¡PRACTICAR! ¡PRACTICAR!

El último tema de que trataremos en este capítulo es, sin duda alguna, el más importante. Aunque olvidemos todo cuanto hemos leído hasta aquí, recordemos esto: el primer método, el único método, el método que nunca falla para desarrollar la confianza en nosotros mismos cuando hablamos en público, consiste en... hablar. Todo el problema, en efecto, se reduce finalmente a un solo punto, que es esencial: practicar; practicar; practicar. Tal el *sine qua non* del problema.

"Cualquier principiante —previene Roosevelt— puede caer preso de la *fiebre de gamo*. La fiebre de gamo consiste en una intensa excitación nerviosa que muchas veces nada tiene que ver con la timidez. Se puede obtener esta fiebre la primera vez que se habla a un auditorio numeroso, como se la puede obtener al ver por primera vez un gamo o cuando se entra en combate. Lo que se requiere para contrarrestar esta fiebre, no es valor, sino dominio del sistema nervioso, serenidad. *Esto sólo se puede adquirir mediante la práctica. Se debe, mediante el hábito y repetidos ejercicios de dominio, llegar a doblegar completamente los nervios. Esto es en gran parte cuestión de costumbre. Costumbre, en el sentido de esfuerzo repetido y de repetido ejercicio de fuerza de voluntad. El hombre de valía se fortalecerá a cada ejercicio.*"

¡Conque hay que perseverar! No debemos faltar a una clase porque los negocios de la semana nos hayan impedido prepararnos. Preparados o no, vayamos. Dejemos que el instructor, que los otros alumnos, nos sugieran un tema cuando ya estemos en clase.

Queremos deshacernos de nuestro temor de los auditorios, ¿verdad? Veamos cuáles son sus causas.

"El miedo nace de la ignorancia y de la falta de certeza", dice el profesor Robinson. En otras palabras: es el resultado de la falta de confianza.

Y ¿cuál es la causa de esto? El no saber de lo que cada uno es capaz. Y el no saber esto es originado por la falta de experiencia. Cuando se trae desde lo pasado una retahíla de experiencias triunfales, los temores desaparecen: se disipan como la niebla de la noche cuando amanece el sol de junio.

Sólo una cosa es cierta: el modo más seguro para aprender a nadar es lanzarse al agua. Ya hemos leído este libro suficientemente. Cerrémoslo ahora y ¡manos a la obra!

Escojamos un tema, preferiblemente uno del que tengamos conocimientos, y preparemos un discurso de tres minutos de duración. Practiquemos el discurso a solas un número de veces. Y luego, pronunciémoslo, si es posible, delante del concurso para quien lo hicimos, o a nuestros compañeros de clase. Cuidemos de poner en el esfuerzo todo nuestro empeño y poder.

SUMARIO

1. Varios miles de estudiantes de este curso escribieron al autor manifestándole por qué se habían inscrito y qué esperaban del adiestramiento. La principal razón que dieron casi todos fue ésta: querían sobreponerse a su nerviosidad, aprender a pensar estando de pie y hablar con confianza y facilidad delante de cualquier concurso de oyentes.

2. La potestad de hacer esto no es difícil de adquirir. No es un don que conceda la Providencia a unos pocos escogidos. Es como la facultad de jugar al golf: cualquier persona, todas las personas, pueden desarrollar su latente capacidad, si lo desean con suficiente vehemencia.

3. Muchos oradores experimentados pueden pensar y hablar mejor cuando están frente a un grupo que cuando sólo tienen un interlocutor. La presencia de un concurso sirve de estímulo, de inspiración. Si seguimos el curso con resolución, llegará un día en que a nosotros nos ocurrirá lo mismo; y entonces consideraremos un exquisito placer el poder pronunciar un discurso.

4. No creamos que nuestro caso sea anormal. Muchos hombres que más tarde llegaron a ser famosos oradores,

se encontraron, al principio de su carrera, entorpecidos por la falta de confianza en sí mismos, y casi paralizados por el temor del auditorio. Así le ocurrió a Disraeli, a Jean Jaurès, a Jiménez de Asúa, a Ríos Rosas, a Lloyd George, a Ossorio y Gallardo, y a muchos otros.

5. Por muy a menudo que hablemos, siempre estaremos propensos a que se nos turbe el ánimo por esta falta de confianza, momentos antes de comenzar; pero, a los pocos segundos de habernos puesto en pie, ese sentimiento desaparecerá.

6. A fin de obtener el mayor provecho de este curso, y ello con prontitud y celeridad, son necesarias cuatro cosas:

a) Comenzar con deseo vivo y tenaz. Enumeraremos los beneficios que este adiestramiento nos proporcionará. Alimentemos nuestro entusiasmo. Pensemos en lo que significará para nosotros económicamente, socialmente, y en lo que atañe a nuestra influencia y dominio sobre otras personas. Recordemos que de la viveza de nuestro deseo dependerá la celeridad de nuestro adelanto.

b) Preparémonos de antemano. Mal podemos estar tranquilos si no sabemos qué vamos a decir.

c) Procedamos con confianza. "Para sentir valor —aconseja William James—, procedamos como si fuéramos valientes, empeñemos toda nuestra voluntad para ese fin, y lo más probable será que un rebato de entusiasmo reemplace el estado de temor." Roosevelt ha dicho que consiguió sobreponerse a su temor de los osos grises, los caballos ariscos y los bandoleros mediante ese método.

d) Practiquemos. Éste es el punto más importante de todos. El temor nace de la falta de confianza; y la falta de confianza es resultado de no conocer nuestra propia capacidad; y esto a su vez es causado por la falta de experiencia. Hagámonos de una retahíla de experiencias felices, y toda pusilanimidad desaparecerá.

VICIOS DE LENGUAJE

VOCABULARIO

Es error muy común, aun entre personas de mucha cultura pronunciar erradamente los siguientes infinitivos:

INCORRECTO	CORRECTO
Vertir	Verter
Jalonear	Jalonar
Disparatear	Disparatar
Amarillar	Amarillear
Manipulear	Manipular
Diverger	Divergir
Apuñalear	Apuñalar
Descuajeringarse	Descuajaringarse
Desvastar	Devastar
Arrellenarse	Arrellanarse

GRAMÁTICA

Deber y deber de

El significado de *deber* como verbo auxiliar no es el mismo cuando le sigue la preposición *de* que cuando va sin este puentecillo. *Deber* a secas implica obligación. *Deber de,* presunción, conjetura. Aquél se puede reemplazar por "es menester que"; éste, por "yo creo que". Lo entenderemos mejor con ejemplos:

"Los soldados *deben* resistir hasta la muerte cuando el enemigo avance."

"Los soldados *deben de* estar cansados con tanto marchar."

"Debe de ser esta monja una elevada autoridad en su Orden."

"A todo historiador *debe* serle permitido colmar las lagunas de la tradición histórica con suposiciones legítimas, fundadas en las leyes de la verosimilitud."

MIGUEL DE UNAMUNO

Usar ajustadamente estos giros es signo casi inconfundible de gran cultura idiomática, porque, así en España como en América, las más de las personas confunden los respectivos significados y optan por emplear uno solo, con exclusividad del otro.

EJERCICIO VOCAL. LA CORRECTA RESPIRACIÓN

"En la perfección de una hermosa voz —decía Melba—, la correcta respiración es el más importante requisito técnico." Por tanto, el dominio de la respiración correcta debiera ser, debe ser nuestro primer paso hacia el mejoramiento de la voz. La respiración es el fundamento de la voz; es la materia prima con que construimos las palabras.

El uso adecuado de la respiración nos da tonos completos, profundos, redondeados; tonos atractivos, no sonidos chillones ni ásperos; tonos que agradan; tonos que se dejan escuchar fácilmente.

Si la respiración correcta tiene tanta importancia, debemos buscar en seguida qué es y cómo se practica.

Los famosos maestros italianos de la canción han dicho siempre que esta respiración correcta es la respiración diafragmática. Y ¿qué es eso? ¿Algo extraño, nuevo, difícil? De ningún modo. Lo hacíamos perfectamente cuando éramos niños, en la cuna. Lo hacemos ahora en parte de las veinticuatro horas diarias: cuando estamos acostados; entonces, respiramos libremente, naturalmente, correctamente: empleamos la respiración diafragmática. Por quién sabe qué rara razón, es difícil respirar como se debe sino cuando estamos en posición horizontal.

Nuestro problema, entonces, se reduce a esto: emplear

el mismo método de respiración cuando estamos en pie que cuando yacemos en el lecho. ¿Parece difícil?

Nuestro primer ejercicio, pues, será el siguiente: pongámonos en decúbito supino y respiremos profundamente. Observaremos que la actividad principal del proceso se concentra en medio del cuerpo. Cuando respiramos profundamente en esta posición, no alzamos los hombros.

Sucede lo siguiente: los esponjosos y porosos pulmones se llenan de aire y necesitan extenderse, como un globo. Son dos globos que quieren inflarse, pero, ¿cómo?, ¿hacia dónde? Están encajonados hacia arriba y los costados por una caja cuyas paredes son las costillas, la espina dorsal y el esternón. Desde luego, un poco ceden las costillas, pero el lugar más fácil de expansión es el piso de la caja, formado por un delgado músculo que sirve a la vez de techo del abdomen. Este músculo, llamado diafragma, divide el tronco en dos departamentos diferentes. El departamento superior contiene el corazón y los pulmones; el inferior, abdomen, contiene el estómago, los intestinos, el hígado y otros órganos vitales. Este enorme músculo está arqueado como un techo, como una bóveda.

Tomemos, por ejemplo, uno de esos platos de cartón que solemos comprar en los baratillos cuando preparamos una jira campestre. Démoslo vuelta y apretémoslo contra el suelo. ¿Qué sucede? Que se achata y se estira y se escapa por los cuatro costados a medida que hacemos fuerza. Esto es, precisamente, lo que sucede con el diafragma cuando los pulmones, llenos de aire, comprimen la parte superior de la bóveda.

Acostémonos. Respiremos profundamente. Apoyemos los dedos de la mano justo por debajo del esternón. ¿No sentimos el movimiento del diafragma, achatándose y estirándose? Apoyemos ahora las manos sobre los costados de la caja, sobre las extremidades inferiores de las costillas. Respiremos profundamente. ¿No sentimos los pulmones empujando las costillas flotantes?

Practiquemos esta respiración diafragmática durante cinco minutos al acostarnos y durante cinco minutos antes de levantarnos. Por la noche, esta respiración nos calmará los nervios, con lo cual nos adormecerá. Por la mañana, nos animará y despejará. Si hacemos esto sin desmayar, no sólo mejoraremos la voz, sino que viviremos algunos años más. Los cantantes de ópera y los maestros de canto llaman la atención por su longevidad. El famoso Manuel García vivió 101 años. Y atribuía su larga vida a los ejercicios diarios de respiración profunda.

Capítulo II

LA CONFIANZA EN SÍ MISMO DURANTE LA PREPARACIÓN

Confiar en la inspiración del momento, tal la frase por la que se han arruinado muchísimas carreras promisorias. El camino más seguro para llegar a la inspiración es la preparación. Muchos hombres de capacidad y valor conozco yo que han fracasado por falta de industria. El dominio de la elocuencia no se logra sino por el dominio del tema que se desea tratar.

LLOYD GEORGE

Añade luego el orador que "hablar de repente y sin pensar siempre lleva consigo al desacierto"; máxima ésta —porque lo son tales palabras— que debiera estar grabada para eterna memoria en el Salón de Sesiones.

AZORÍN

Ha sido obligación profesional del autor, y al mismo tiempo un placer, escuchar y criticar unos seis mil discursos por temporada anual, desde 1912 hasta la fecha. Estos discursos fueron pronunciados, no por estudiantes universitarios, sino por profesionales y comerciantes adultos. Si de esta experiencia hubiese quedado en el espíritu del autor alguna cosa mejor grabada que otra, esa cosa sería: la necesidad imperiosa de preparar el discurso antes de pronunciarlo, y tener algo preciso y perentorio que decir, algo que haya dejado impresión en el ánimo, algo, en fin, que no pueda quedar sin ser dicho. ¿No nos sentimos acaso atraídos por el orador en quien percibimos que tiene en su cerebro y en su corazón un mensaje real, un mensaje que trata ardorosamente de comunicar a nuestro cerebro y a nuestro corazón? He allí una buena porción del secreto de hablar.

Cuando un orador cae en estado mental y emotivo de esa especie, advierte un hecho muy significativo, a saber: que su discurso se hace casi solo. El yugo resultará llevadero; la carga resultará leve. Un discurso bien preparado está casi pronunciado.

La razón principal que ha movido a la mayor parte de los alumnos a inscribirse en el curso del autor es, como hemos dicho en el capítulo primero, la de adquirir confianza, valor, seguridad. Y el error fatal en que incurren muchos consiste en descuidar la preparación de sus discursos. ¿Qué esperanza tienen de vencer esa cohorte que es el miedo, y esa caballería que es la nerviosidad, entrando ellos en la batalla, como entran, con pólvora mojada y lanzas romas, o, en fin, sin siquiera pólvora ni lanzas?

En circunstancias tales, no nos extrañe pues que los oradores no se sientan precisamente cómodos frente al auditorio. "Creo —decía Lincoln en la Casa Blanca— que nunca tendré suficiente experiencia para hablar sin turbarme cuando no tengo nada que decir."

Si queremos tener confianza, ¿qué mejor que recurrir a aquello que lo produzca? "El amor perfecto —escribía San Juan el Apóstol— destruye el miedo." Y lo mismo hace la perfecta preparación. Webster decía que lo mismo le daba aparecer semidesnudo delante de un auditorio, que aparecer semipreparado.

¿Por qué no preparan sus conferencias con mayor cuidado los alumnos de este curso? ¿Por qué? Algunos no alcanzan claramente en qué consiste la preparación, ni cómo resolverla prudentemente; otros alegan falta de tiempo. De modo que trataremos estos problemas con cierta extensión —y, esperamos, con cierta claridad y provecho— en este capítulo.

LA FORMA CORRECTA DE PREPARARSE

¿Qué es la preparación? ¿Leer un libro? Ésa es una forma, pero no la mejor. La lectura puede servirnos de ayuda, pero si nos hacemos de cierta cantidad de pensamientos envasados y los espetamos inmediatamente como si fueran nuestros propios, faltará algo en la exposición. El auditorio no acertará quizás a definir en qué consiste esto que falta, pero no sentirá entusiasmo por el orador.

Veamos un ejemplo: Hace algún tiempo, el autor inició un curso de oratoria para banqueros neoyorquinos. Naturalmente, los alumnos de este curso, siendo personas muy ocupadas, hallaban dificultad en prepararse adecuadamente, o en hacer lo que ellos creían era prepararse. Toda la vida habían estado rumiando sus propios pensamientos, alimentando sus propias convicciones, viendo las cosas desde sus propios y particulares puntos de vista, viviendo sus propias experiencias personales. De suerte que, haciendo todo eso, habían estado cuarenta años acumulando material para discursos. Pero a algunos de ellos se les hacía difícil comprenderlo. "No alcanzaban a ver el boscaje, por los pinos susurrantes y las píceas."

La clase se reunía los viernes por la tarde de cinco a siete. Uno de esos viernes, un caballero que formaba parte de un banco importante —llamémosle nosotros Emilio Cortez— se encontró con que habían dado las cuatro y media, y ¿qué tema iba a tratar? Salió de la oficina, compró un ejemplar de la "Gaceta Mercantil" en un quiosco y, mientras iba en el subterráneo, leyó un artículo titulado "Sólo tenemos diez años para triunfar". Lo leyó, no porque tuviera ningún interés especial en el artículo, sino porque debía hablar sobre algún tema, sobre cualquier tema, a fin de llenar el espacio de tiempo que tenía asignado.

Una hora más tarde se levantó e intentó hablar amena y contundentemente sobre el artículo. ¿Cuál fue el resultado de esto, el resultado inevitable?

El señor Cortez no había digerido, no había asimilado lo que trataba de decir. *Trataba de decir,* ésa es la frase. Estaba *tratando.* No había en su espíritu un mensaje que pugnase por salir; y no había gesto ni tono de su voz que no le delatara inconfundiblemente. ¿Cómo podía esperar que el auditorio se impresionase más que lo que se había impresionado él mismo? Se refería insistentemente al artículo, diciendo que su autor había dicho tal y tal cosa. La conferencia olía enormemente a "Gaceta Mercantil". Pero, desgraciadamente, muy poco a Emilio Cortez.

Entonces el autor habló al orador más o menos de esta suerte:

—Señor Cortez, no tenemos interés en el oscuro autorzuelo que escribió ese artículo. No podemos verlo. En lo que sí estamos interesados es en usted y en sus ideas. Háblenos sobre lo que usted piensa, personalmente, no sobre lo que otros hayan dicho. Ponga un poco más de sí. ¿Por qué no nos habla sobre este mismo asunto la semana que viene? ¿Por qué no lee nuevamente el artículo, y luego se plantea el problema: estoy de acuerdo con este articulista o no? Y si lo está, piense en las sugestiones que ofrece y expóngalas con observaciones de su propia experiencia. Si no está de acuerdo con él, explíquenos por qué. Haga de este artículo el punto de partida para un nuevo discurso,

El señor Cortez aceptó la sugestión, releyó el artículo y llegó a la conclusión de que disentía del articulista. Esta vez no se sentó en el subterráneo para preparar su próximo discurso en tan breve tiempo. Lo dejó crecer. Éste era como un hijo de su propio cerebro, y se desarrollaba y crecía como lo habían hecho sus hijos verdaderos. Y, como sus hijos, éste también crecía de día y de noche, cuando menos él lo suponía. La lectura de algún periódico le sugería un nuevo pensamiento; de la conversación con algún amigo surgía inesperadamente el ejemplo que necesitaba. El asunto se tornaba cada vez más vigoroso y extenso, mientras reflexionaba sobre él en los momentos libres de la semana.

Cuando Emilio Cortez habló nuevamente sobre ese tema, tenía ya algo que era suyo propio, mineral que había extraído de su propia mina, dinero acuñado con su propia estampilla. Y, como remate, el hecho de estar en desacuerdo con el articulista contribuyó a hacer más brillante su exposición. Nada espolea tanto como la disensión.

¡Qué contraste increíble entre estos dos discursos pronunciados por un mismo hombre, en la misma quincena, sobre el mismo tema! ¡Qué diferencia extraordinaria trae consigo la preparación bien efectuada!

Citemos otro caso de proceder correcto y proceder incorrecto. Un caballero a quien llamaremos Hurtado estaba inscrito en el curso de oratoria. Una tarde dedicó su turno a elogiar a la ciudad de Santafé de Bogotá. Había recogido los datos, precipitada y superficialmente, de un folleto de propaganda publicado por el gobierno colombiano, que traía una porción de fotografías y sendos artículos de Miguel Cané, Cordovez Moure, Isaacs y otros. El discurso no fue mejor que el folleto: seco, inconexo, indigesto. No había meditado sobre el asunto suficientemente. No se había provocado en él el entusiasmo. No sentía lo que decía con intensidad necesaria para hablar con genuino interés. Era un discurso insípido, soso, inútil.

UN DISCURSO QUE NO PODÍA FRACASAR

Quince días más tarde sucedió algo que hirió en lo vivo al señor Hurtado. Un ladrón le robó el automóvil, que estaba en un garaje público. Corrió al departamento de policía y ofreció recompensas, pero todo fue en vano. La policía reconoció que no estaba capacitada para recobrar el automóvil; sin embargo, una semana antes, no le había faltado a ésta capacidad ni tiempo para andar callejeando por la ciudad, tiza en mano, y aplicarle una multa por haberse excedido quince minutos en el estacionamiento. Estos "polizontes de la tiza", que por estar tan ocupados en molestar a los vecinos respetables no podían perseguir a los criminales, le hicieron subir la mostaza a las narices. Estaba indignadísimo. Ahora sí tenía algo que decir, no algo sacado de un folleto impreso por el gobierno de Colombia, sino algo que surgía en caliente de su propia vida y experiencia. Esto era carne y hueso de la realidad, era algo que había encendido su ánimo y sus convicciones. Cuando escogió a la ciudad de Bogotá, había tenido que construir trabajosamente, a repelones, frase por frase; pero ahora no tuvo sino que ponerse en pie y abrir la boca, y su invectiva contra la policía salió a la superficie, hirviente y vigorosa, como una erupción del Vesubio. Un discurso así es de éxito casi seguro. Rarísima vez fracasará. Era la suma de la experiencia más la reflexión.

EN QUÉ CONSISTE LA PREPARACIÓN

¿Consiste la preparación de un discurso en pensar algunas frases intachables y anotarlas o aprenderlas de coro? No. ¿Significa entonces la reunión de algunos pensamientos esporádicos, que poco o nada tengan que ver con nuestra personalidad? Menos aún. Preparar un discurso significa reunir los pensamientos *propios*, las ideas *propias*, las convicciones *propias*, las necesidades *propias*. Y tenemos tales pensamientos. Tenemos tales necesidades. Las tenemos en cada santo día de nuestra existencia. No nos abandonan ni cuando dormimos. Toda nuestra vida está llena de sensaciones y de experiencias. Yacen en lo más profundo del subconsciente, tan reales como los guijarros que yacen a la orilla del mar. La preparación significa pensar, considerar, recordar y escoger de estas sensaciones y experiencias las que nos parecen mejores; pulirlas, forjarlas, tejerlas unas con otras. No parece tan difícil, ¿verdad? Pues, ¡si no lo es! Sólo se necesita concentrarse un poco, pensar, con una meta definida.

¿Cómo preparaba Dwight Moody aquellos discursos que hicieron época en el siglo pasado? "No es ningún secreto" decía en respuesta a esa pregunta.

"Cuando elijo un tema, escribo el título de este tema en la parte externa de un sobre. Tengo muchos sobres de esta clase. Si mientras estoy leyendo hallo algo que conviene a alguno de estos temas, lo anoto en el sobre correspondiente y lo dejo estar un año o más. Cuando necesito un nuevo sermón, reviso todos los sobres que se han ido acumulando. Entre los que encuentro allí, y los resultados de mis propios estudios, tengo material suficiente. De este modo, continuamente repaso mis sermones, quito algo aquí, agrego algo allá. Así, nunca envejecen."

EL SABIO CONSEJO DEL DECANO BROWN

Hace algunos años, la Escuela de Divinidad de Yale celebró el primer centenario de su fundación. En esa ocasión, el decano, doctor Charles R. Brown, pronunció una serie de conferencias sobre el arte de predicar. Estas conferencias han sido publicadas recientemente por una editorial neoyorquina. El doctor Brown ha preparado discursos semanalmente durante un tercio de siglo, y ha adiestrado a otros en el arte de la oratoria; de modo que estaba en condiciones de dar buen consejo sobre este asunto, consejo que lo mismo aprovechará a un sacerdote que esté preparando una disertación sobre el salmo noventa y uno, que a un zapatero que esté preparando un discurso sobre sindicatos obreros. Me tomo, pues, la libertad de citar al doctor Brown:

"Meditemos el texto y el tema. Meditémoslos hasta que se pongan tiernos y manejables. Empollaremos de este modo una bandada completa de ideas promisorias al permitir que los minúsculas gérmenes de vida allí contenidos se dilaten y desarrollen.

"...Será mejor que este proceso se realice por tanto tiempo cuanto sea posible, que dejarlo hasta el sábado por la noche, mando ya aseamos haciendo la preparación final para el domingo siguiente. Si un sacerdote puede recordar una verdad cualquiera durante un mes, o seis meses quizás, o aun durante un año, antes de que predique sobre ese tema encontrará que surgen nuevas ideas continuamente, hasta que el crecimiento es a toda luz abundante. Puede meditarlo mientras camina por la calle, o mientras viaja en tren, cuando los ojos están demasiado cansados para leer.

"Puede también meditarlo por la noche. Es mejor, para un sacerdote, no llevarse el sermón a la cama todas las noches; el púlpito es algo magnífico para predicar desde él, pero no es un buen compañero de cama. A pesar de esto, yo me he levantado muchas veces a medianoche para escribir los pensamientos que se me ocurrían, por miedo de olvidarlos antes del día siguiente.

"Cuando estemos ya dedicados enteramente a reunir material para un sermón determinado, escribamos todo lo que se nos ocurra respecto de dicho texto y tema. Escribamos qué vimos en el texto cuando lo elegimos. Escribamos todas las ideas asociadas que se nos ocurran entonces.

"...Anotemos todas estas ideas, en pocas palabras, las necesarias solamente para fijar la idea, y mantengamos la mente a la caza de otras, como si nunca fuéramos a ver otro libro en la vida. Ésta es la manera de hacer productivo el cerebro. Merced a este proceso mantendremos los procesos mentales frescos, originales y creadores.

"...Escribamos todas estas ideas a que hemos dado nacimiento, sin ayuda. Son más preciosas para el desarrollo mental que rubíes, diamantes u oro en polvo. Escribámoslas, preferentemente, en pedazos de papel en las partes de atrás de cartas viejas, en retazos de sobres, en papel inservible, en cualquier cosa que tengamos a mano. Esto es mucho más eficaz, en todo sentido, que usar hojas de papel de oficio, limpias y grandes. No es sólo por economía, sino que nos será más fácil disponer y organizar estos papeles sueltos cuando queramos poner el material en orden.

"Sigamos escribiendo cuantas ideas se nos ocurran, y para esto pensemos duro continuamente. No es necesario apresurar este proceso. Es una de las operaciones mentales de mayor importancia en que tendremos el privilegio de intervenir. Es el método que hace que se desarrolle el poder productivo de la mente.

"...Hallaremos que los sermones que más nos agradan, y los que más eficaces resultan para los feligreses, son los sermones que han estado más largo tiempo en nuestro interior. Porque entonces son hueso de nuestro hueso, carne de nuestra carne, hijos de nuestra propia labor mental, resultado de nuestra propia energía creadora. Los sermones escritos a tirones y compilados siempre tendrán cierto sabor a cosa de segunda mano, a cosa recalentada. Los sermones que tienen vida, que se agitan y entran en el templo con paso vivo, brincos y alabanzas de Dios, los sermones que entran en el corazón de los hombres, moviéndolos a remontarse con alas de águila y a que caminen por la senda del deber sin desmayos, estos sermones reales son los que nacen de las energías vitales del hombre que los pronuncia."

CÓMO PREPARABA LINCOLN SUS DISCURSOS

¿Cómo los preparaba Lincoln? Afortunadamente, sabemos la respuesta; y leyendo aquí el método que él seguía veremos que el decano Brown, en su conferencia, recomienda varios de los procedimientos que Lincoln aplicó ochenta años antes. Uno de los más famosos discursos de Lincoln es aquel en que declaraba, con visión profética: "Una casa dividida contra sí no puede sino caer. Tengo para mí que este gobierno no puede subsistir permanentemente, una mitad esclavo y una mitad libre." Este discurso fue ideado mientras efectuaba su trabajo cotidiano; mientras estaba a la mesa comiendo; mientras caminaba por la calle; mientras ordeñaba la vaca en el establo; mientras hacía su viaje diario a la carnicería y al almacén, vistiendo su vieja esclavina negra a los hombros, ocupado un brazo con la cesta, mientras al otro lado su hijito no cesaba de charlar y hacer preguntas, impacientándose y tirándole de los dedos en vano esfuerzo de hacer hablar a su padre. Lincoln seguía caminando, abstraído en sus reflexiones, pensando en su discurso, olvidado aparentemente de la existencia del niño.

De vez en cuando, durante este proceso de consideración y "procreación", anotaba algunas cosas, fragmentos, frases sueltas, en sobres viejos, pedazos de papel, retazos quitados de algún saco de cartón, cualquier cosa que estuviese a la mano. Estas anotaciones las guardaba luego en el techo de su sombrero de copa y no las volvía a ver hasta que tuviera tiempo para sentarse y ordenarlas; luego escribía y revisaba el discurso, y le daba el pulimento final para pronunciarlo y publicarlo.

Durante los debates de la Junta General, en 1858, el senador Douglas pronunciaba el mismo discurso en todas partes adonde iba. Lincoln, en cambio, seguía estudiando, meditando, reflexionando, hasta tal punto que, decía él mismo, le resultaba más fácil hacer un discurso nuevo todos los días que repetir uno ya pronunciado. El asunto se ensanchaba y aumentaba sin cesar en su mente.

Pocos días antes de trasladarse a la Casa Blanca tomó un ejemplar de la Constitución, más los originales de tres discursos, y se encerró con ellos en un cuartucho sucio y polvoriento de un almacén. Y allí, lejos de toda intromisión, escribió su famoso mensaje inaugural.

¿Cómo preparó Lincoln su célebre discurso de Gettysburg? Desgraciadamente, se han soltado falsas versiones al respecto. La versión verdadera es fascinante:

Cuando la junta que estaba encargada del cementerio de Gettysburg decidió rendir un homenaje de consagración a los soldados que allí reposaban, invitaron a

Edward Everett para que pronunciara el discurso principal. Everett había sido ministro de Boston, presidente de la universidad de Harvard, gobernador de Massachusetts, senador de la nación, embajador ante el gobierno británico y secretario de Estado; se lo consideraba uno de los oradores más capaces del país. Se fijó, inicialmente, el día 25 de octubre de 1863 para la ceremonia. Everett declaró, con mucho tino, que le sería imposible prepararse a tan breve plazo. De modo que se postergó la ceremonia hasta el 19 de noviembre, casi un mes, para darle tiempo de prepararse. Los tres últimos días de este período los pasó en Gettysburg, recorriendo el campo de batalla, familiarizándose con cuanto había ocurrido allí. Estos días de meditación y consideración fueron una preparación excelente. Tornó real, en su mente, la batalla.

Se enviaron invitaciones para concurrir al acto a todos los miembros del congreso, al presidente de la república y a su gabinete. La mayor parte rechazó la invitación, pero Lincoln, con gran sorpresa de la junta, informó que concurriría. ¿Le pedirían que hablase? Muchos se opusieron. No tendría tiempo para prepararse. Además, aunque tuviese tiempo, ¿era capaz de hacer un discurso? Desde luego, era un buen orador, cuando se trataba de un debate sobre la esclavitud; pero nunca había pronunciado un discurso de consagración. Éste era un homenaje grave y solemne. No podían correr riesgos. ¿Le pedirían que hablase? Discurrían, discurrían, desconcertados... Pero mil veces más desconcertados habrían quedado si hubiesen podido obtener una vislumbre, escrutar en lo futuro, y ver que este hombre, de cuya capacidad oratoria estaban dudando, iba a pronunciar lo que hoy se considera uno de los discursos más importantes que jamás se hayan pronunciado.

Por fin, quince días antes del acto, enviaron a Lincoln una invitación tardía a que dijese "algunas palabras apropiadas". ¡Vaya invitación para un presidente de la república!

Lincoln comenzó a prepararse inmediatamente. Escribió a Edward Everett, consiguió una copia del discurso que pronunciaría este clásico humanista y, cuando dos o tres días más tarde fue a una galería fotográfica a que le hiciesen un retrato, llevó el manuscrito de Everett y lo leyó mientras esperaba que el fotógrafo se aprestase. Pensó en el discurso durante varios días, pensó mientras iba a la Casa Blanca, al Ministerio de la Guerra; mientras volvía; pensó mientras descansaba en su catre de cuero, en el Ministerio de la Guerra, a la espera de partes telegráficos. Redactó un bosquejo aproximado en un papel de oficio, que luego guardó en su sombrero de copa. Meditaba sin cesar sobre el discurso y, sin cesar, el discurso iba cobrando forma. El domingo anterior al acto dijo a un amigo:

—No está, precisamente, escrito. Ni siquiera está terminado. Lo he escrito dos o tres veces, y no estaré satisfecho hasta que le dé otro retoque.

Llegó a Gettysburg la noche anterior al homenaje. El pueblo estaba lleno de bote en bote. Los mil trescientos habitantes que eran su población normal se habían aumentado súbitamente hasta quince mil. Las aceras estaban abarrotadas, intransitables, y hombres y mujeres se veían obligados a caminar por las fangosas calles. Seis bandas tocaban música. La multitud cantaba. La gente se apeñuscaba delante de la residencia del señor Wills, anfitrión del presidente. Le cantaban serenatas. Le pedían que hablase. Lincoln respondió con pocas palabras, que dejaban entrever, con más claridad que tacto quizá, su deseo de no hablar hasta el día siguiente. Lo cierto es que pasó parte de la noche dando a su discurso "otro toque". Hasta fue a una casa vecina, donde se hospedaba su ministro Seward, y le leyó el discurso para que lo criticara. Después del desayuno, a la mañana siguiente, procedió "a darle otro toque", trabajando sin descanso, hasta que golpearon a la puerta para informarle que ya era hora de ocupar su puesto en la procesión. "El coronel Carr, que iba detrás del presidente, cuenta que, cuando se inició la procesión, el presidente montaba erguido su caballo, como si desempeñase su papel de general en jefe del ejército. Pero, a medida que la procesión adelantaba, su cuerpo se fue encorvando para adelante, los brazos perdieron la rigidez y la cabeza se inclinó. Parecía perdido en sus pensamientos."

Sólo podemos inferir que, aun en ese momento, estaba repasando su corto discurso de diez inmortales oraciones, dándole "otro toque".

Algunos de los discursos de Lincoln, aquellos en que sólo tenía interés superficial, fueron fracasos rotundos; pero era un orador consumado cuando hablaba de la esclavitud y de la unión del Norte y el Sur. ¿Por qué? Porque continuamente meditaba sobre estos problemas, y los sentía profundamente. Un compañero que compartió una pieza con él una noche en una posada, se despertó a la mañana siguiente cuando salía el sol, y vio a Lincoln que, incorporado en su lecho, y mirando fijamente la pared, decía:

—Este gobierno no puede subsistir permanentemente, una mitad esclavo y una mitad libre.

¿Cómo preparaba Cristo sus discursos? Se apartaba de la gente. Pensaba. Meditaba. Consideraba. Se fue solo al desierto, y meditó y ayunó durante cuarenta días y cuarenta noches. "Desde entonces en adelante —dice San Mateo— Jesús comenzó a predicar."

Poco tiempo después, pronunció uno de los discursos más célebres de la historia: el Sermón de la Montaña.

—Todo esto es muy interesante —dirán algunos—, pero yo no quiero ser un orador famoso. Yo sólo quiero echar algunos discursos de vez en cuando, si se presenta la oportunidad.

Muy cierto, y comprendemos perfectamente tal deseo. Este curso tiene el fin específico de enseñarnos eso, precisamente. Pero, por poca pretensión que tengan nuestros discursos, nos pueden resultar útiles, y hasta podemos emplear en cierto modo los métodos de famosos oradores del pasado.

CÓMO PREPARAR UN DISCURSO

¿Sobre qué tema debemos hablar en las sesiones de este curso? Sobre cualquiera que nos interese. Si es posible, elegiremos nosotros mismos el tema; y si el tema nos "elige" a nosotros, miel sobre hojuelas. De todos modos, el instructor nos proporcionará temas si así lo deseamos.

No incurramos en el error tan común de querer abarcar muchos aspectos en una conferencia corta, que quien mucho abarca poco aprieta y todo se le suelta. Tomemos uno o dos puntos de vista y tratemos de desarrollarlos adecuadamente. Nos podemos considerar dichosos si lo conseguimos, en los cortos discursos a que la falta de tiempo nos obliga.

Fijémonos el tema con una semana de anticipación, para que podamos pensar en él durante siete días y siete noches. Que el tema sea lo último en que pensemos cuando nos vamos a dormir. Pensemos en él mientras nos afeitamos, mientras nos bañamos, mientras vamos a nuestras ocupaciones, mientras esperamos el ascensor, mientras aguardamos la comida, mientras llega la persona que nos dio cita. Comentémoslo con los amigos. Hagamos que nuestras conversaciones giren en torno al tema.

Hagámonos todas las preguntas posibles con respecto al asunto. Si, por ejemplo, tenemos que hablar sobre el divorcio, preguntémonos qué causa el divorcio, económicamente, socialmente. ¿Cómo se puede remediar el mal? ¿Será mejor tener leyes uniformes en todos los Estados? ¿Por qué? ¿O será mejor no tener leyes al respecto? ¿No convendrá prohibir el divorcio? ¿O hacerlo más difícil? ¿O más fácil?

Supongamos que tenemos que hablar sobre las causas que nos movieron a inscribirnos en este curso. En tal caso, nos preguntaremos: ¿Qué dificultades tengo yo? ¿Qué espero obtener de este adiestramiento? ¿He hablado alguna vez en público? ¿Cuándo? ¿Qué sucedió? ¿Por qué creo yo que este adiestramiento tiene valor para mí? ¿Conozco a alguien que esté progresando más en la vida gracias a la confianza en sí mismo, a su porte, a su capacidad de hablar convincentemente? ¿Conozco a alguien que no tenga posibilidades de alcanzar grandes éxitos por falta de estas cualidades? Seamos explícitos. Narremos la vida de estos hombres, sin mencionar sus nombres.

Si conseguimos ponernos en pie, pensar con lucidez, y mantenernos hablando durante dos o tres minutos, habremos hecho cuanto se espera de nosotros en los primeros discursos. Un tema como el de *Por qué me inscribí en este curso* es muy fácil. No puede haber duda de ello. Si dedicamos un poco de tiempo a la elección y ordenamiento del material, podemos estar seguros de que no lo olvidaremos, porque estaremos hablando de nuestras propias observaciones, nuestros propios deseos, nuestra propia experiencia.

Por otra parte, supongamos que hemos elegido el tema de nuestro empleo o de nuestra profesión. ¿Qué haremos para preparar ese discurso? Ya tenemos reunida una buena cantidad de material sobre este asunto. El problema, entonces, consistirá en elegir y escoger ese material. No tratemos de decirlo todo en tres minutos. Sería imposible. El discurso resultaría excesivamente escueto, excesivamente fragmentario. Tomemos una fase del tema, y solamente una: adornémosla, extendámosla. Por ejemplo: ¿por qué no hablamos de las causas que nos movieron a seguir la carrera que hayamos seguido? ¿Fue resultado de nuestra decisión o de la casualidad? Narremos nuestras primeras luchas, los reveses sufridos, las esperanzas abrigadas, los triunfos logrados. Hagamos una narración interesante, una pintura vívida, basada sobre experiencias propias. La historia real, íntima de un hombre —cuando se la cuenta con modestia y sin asomo de petulancia, que tanto irrita— es sumamente interesante. Es un material que rara vez fracasa.

O contemplemos nuestra profesión desde otro punto de vista: ¿qué desventajas ofrece?, por ejemplo; ¿qué consejo daríamos a un joven que quisiera abrazar la misma profesión?

O hablemos de la gente con quien solemos estar en contacto —los buenos y los otros. Contemos los problemas que se nos presentan con aquellos con quienes debemos tratar diariamente. ¿Qué nos ha enseñado nuestra profesión respecto del tema más interesante de cuantos haya: la naturaleza humana? Hablando sobre el aspecto técnico de nuestra profesión, sobre los pormenores, nuestra *charla* puede resultar muy poco interesante a los demás. Pero la gente, las personalidades de los individuos: es muy difícil desbarrar con semejante material.

Sobre todo, no hagamos de nuestro discurso una exposición abstracta. Eso suele aburrir. Entremezclemos en él una sucesión de ejemplos y de juicios generales. Pensemos en los casos concretos que hayamos observado, y en las verdades fundamentales que esos ejemplos específicos ilustran. Veremos también que estos casos concretos son mucho más fáciles de recordar que los abstractos; que son más fáciles de exponer. Hacen más brillante y más fluida nuestra exposición.

Argüelles, protestando contra las notas enviadas por potencias extranjeras que trataban de inmiscuirse en los asuntos de España, concluyó del modo siguiente un brillante discurso. Reparemos en las pruebas históricas que aduce para abonar sus asertos.

"El rey de España ha sido siempre víctima de las perfidias de los extranjeros; pero yo confío en que se aprovechará de las lecciones de la historia y de su propia experiencia. Pedro I, rey de Castilla, murió rodeado de extranjeros, asesinado por su hermano Enrique en la tienda de Beltrán Dugesclin. El príncipe Negro, heredero de Inglaterra, fue víctima de los extranjeros, los que después de su desgracia le abandonaron, y no halló refugio entre los déspotas, sino en la generosidad de la República holandesa. La corte de San Petersburgo debe acordarse de que Pedro III, marido de la célebre Catalina II, fue destronado, y todas las señales evidentes que aparecieron en su muerte demostraron que había sido envenenado. Es todavía más memorable lo ocurrido con el emperador Pablo I, pero lo es aun mucho más el escandaloso destronamiento de Gustavo Adolfo IV, que todavía anda por Europa hecho un peregrino."

Algunos alumnos, al pronunciar un discurso, cometen el error imperdonable de situarse en el plano que sólo a ellos interesa. ¿No es su obligación, acaso, hacer la "charla" amena, no para sí propios, sino para sus oyentes? ¿No deben hacer lo posible por satisfacer los intereses egoístas del auditorio? Si, por ejemplo, el orador es médico, ¿qué mejor que explicar a sus oyentes el modo de cuidar el hígado con métodos caseros? Si es banquero, ¿qué mejor que aconsejarles cuáles son las inversiones más seguras?

Mientras nos preparamos, analicemos nuestro auditorio. Meditemos sobre sus necesidades, sus deseos. Esto, a veces, nos gana la mitad del éxito.

Al preparar un discurso, es muy beneficioso, si el tiempo lo permite, leer un poco, averiguar qué han pensado otros, qué han dicho sobre el mismo asunto. Pero no leamos tanto que nuestras propias ideas queden desplazadas. Esto es muy importante. Vayamos, pues, a la biblioteca y consultemos al bibliotecario. Digámosle que estamos preparando un discurso sobre tal y tal asunto. Pidámosle ayuda sin ambages. Si no estamos acostumbrados a hacer trabajos de investigación y búsqueda, nos causará probablemente sorpresa la ayuda que el bibliotecario nos preste. Quizá nos traiga un volumen que trata especialmente de nuestro tema: bosquejos y resúmenes para polémicas, en el que aduzcan las principales razones para cada bando sobre los asuntos públicos del día. Casi todas las revistas especializadas publican, cada tantos números, los índices que los comprenden. Existen a cientos las revistas que, así en España como en América, se publican sobre literatura, pintura, ciencias, comercio, etc. La Enciclopedia Espasa-Calpe, una de las más importantes del mundo, es también un importante auxiliar. Todas las bibliotecas tienen ficheros, donde hallaremos docenas de libros que nos serán de utilidad. Casi todos los libros de estudio y de referencia traen bibliografías de libros afines. Todo esto son las herramientas de nuestro taller. Utilicémoslas.

PODER DEJADO EN RESERVA

Luther Burbank dijo, poco antes de morir: "A menudo he criado hasta un millón de plantas de una misma especie, para no encontrar más que uno o dos ejemplares realmente buenos. Y entonces he destruido todos los otros." Los discursos deben prepararse con ánimo similar de profusión y entresacadura. Reunamos cien pensamientos y descartemos noventa. Hagámoslo en obsequio de la mayor confianza que merced a ellos obtendremos, la mayor seguridad. Hagámoslo por el efecto que producirá sobre nuestro espíritu, sobre nuestro corazón, sobre nuestra manera toda de hablar. Es éste un factor principalísimo, fundamental; sin embargo, los oradores suelen no prestarle atención, tanto en sus conferencias públicas como en las privadas.

"Yo he adiestrado a cientos de vendedores y propagandistas —dice Arthur Dunan—, y el defecto principal que se advierte en los más de ellos es su imposibilidad de comprender la importancia que tiene el saber todo cuanto se puede con respecto a los productos, y en aprenderlo antes de iniciarse como vendedores.

"Muchos han venido a mi oficina y, después de haber obtenido una descripción del artículo y algunas normas para intentar su venta, se han sentido ansiosos por ganar la calle y comenzar a vender. Muchos de estos vendedores no han durado una semana en la casa, y no pocos han sido retirados dentro de las cuarenta y ocho horas. Al educar y adiestrar a estos vendedores para la venta de productos alimenticios, he tratado de convertirlos en expertos del producto. Los he obligado a estudiar informes del Ministerio de Agricultura, en los que se indican la cantidad de agua, de proteínas, de hidratos de carbono, de grasa, de ceniza. Les he hecho estudiar los elementos de que se componen los productos que deben vender. Los he aleccionado durante días y les he hecho pasar exámenes. Los he obligado a ofrecerse los productos mutuamente. He ofrecido premios de estímulo a los que hablasen más convincentemente.

"He topado a menudo vendedores que durante el tiempo preliminar requerido para estudiar los artículos, se ponen impacientes. Y dicen: 'Nunca tendré tiempo de decir todo esto a mis clientes. Están muy ocupados. Si comienzo a hablarles de proteínas y de hidratos de carbono, no querrán escucharme, y si me escucharen, no entenderán lo que les diga.' Yo he respondido: nosotros no le enseñamos esto para beneficio de su cliente, sino para beneficio suyo propio. Si usted consigue familiarizarse de pe a pa con el producto, adquirirá usted una seguridad difícil de calcular. Se hallará usted tan sólido, tan fuerte, tan resuelto en su actitud mental, que será al mismo tiempo irresistible e inconquistable."

Cierta vez se le pidió a una conocida escritora, que a la sazón estaba en París, escribiese un artículo sobre el cable telefónico submarino, para publicarlo en una importante revista. Nuestra escritora se trasladó a Londres, se entrevistó con el gerente para Europa del cable principal y obtuvo de éste todos los datos necesarios para su propósito. Pero no se conformó con esto. Quería tener datos guardados en reserva; estudió todos los modelos de cables que se exhibían en el Museo de Londres; leyó libros sobre la historia del cable, y hasta visitó fábricas de las afueras de Londres para enterarse del proceso de elaboración.

¿Por qué reunió diez veces más información de la que humanamente podía utilizar? Lo hizo porque sabía que esto le iba a proporcionar poder de reserva; porque comprendió que las cosas que supiese, aunque no las expresara, preñarían de fuerza y color a las pocas que sí expresara.

Edwin James Cattell ha hablado a unos treinta millones de personas durante su vida; y hace poco me confesó que si no se daba de puntapiés después de un discurso por todas las cosas interesantes que no había dicho, no lo hacía porque sabía que de haberlas dicho todas podía haber fracasado. ¿Por qué? Porque su larga experiencia le enseñaba que los discursos de verdadero mérito son aquellos en los que hay un desbordamiento de material de reserva, una plétora, una profusión, mucho más de cuanto el orador tenga tiempo de mencionar.

—Pero, ¡qué diablos! —pensará el lector—. ¿Cree este autor que yo tengo tiempo para todo esto? Quisiera que viese los negocios que debo atender, la esposa, los hijos y los dos perros "terrier" a quienes tengo que mantener... ¡Ah! Para ir a museos estoy yo, o para examinar cables, espigar libros o amanecer incorporado sobre la cama, mascullando mis discursos.

Queridísimo lector, ya conocemos bien su problema, y hemos dictado, comprensivamente, todas las providencias necesarias. No siempre se le pedirá a usted que prepare un discurso con anticipación; se le dará simplemente un asunto fácil para que usted improvise, después de haber encarado el auditorio. Esto le proporcionará una práctica preciosa para pensar de pie —que es como generalmente se debe hablar en las asambleas de cualquier suerte.

Algunas de las personas que se inscriben en este curso tienen escaso interés en aprender a preparar sus discursos de antemano. Sólo quieren adquirir el hábito de pensar de pie y de intervenir en los debates a que concurren. Tales estudiantes generalmente prefieren concurrir a clase, escuchar y luego comentar o impugnar lo que algún orador precedente ha dicho. En cierta medida, esto puede resultar provechoso, pero no nos extralimitemos. Practiquemos las sugestiones que se dan en este capítulo. Ellas nos brindarán la deseada facilidad y holgura, así como la capacidad de preparar discursos eficazmente.

Si nos demoramos hasta tener un poco de tiempo libre para planear y preparar nuestro discurso, quizá nunca lleguemos a tener ese poco de tiempo libre. Sin embargo, aquello que es habitual, aquello que uno se acostumbra a hacer, resulta fácil, ¿no es verdad? ¿Por qué, entonces, no dedicamos un día de la semana, de ocho a diez de la noche, por ejemplo, especialmente para esta labor? Tal es el método seguro, sistemático. ¿Qué cuesta probarlo?

SUMARIO

1. Cuando el orador tiene un mensaje verdadero en su mente y en su corazón, una necesidad perentoria de hablar, tiene pocas probabilidades de fracasar. Un discurso semipreparado está semipronunciado.

2. ¿En qué consiste la preparación? ¿En anotar algunas frases faltas de vida sobre el papel? ¿O en aprenderlas de coro? De ningún modo. La verdadera preparación consiste en extraer algo de nosotros mismos, en reunir y ordenar *nuestros propios* pensamientos, en fomentar y nutrir *nuestras propias* convicciones. (Ejemplo: el señor Cortez fracasó cuando quiso repetir los pensamientos recogidos de un artículo de la "Gaceta Mercantil". Pero cuando este artículo le sirvió simplemente como punto de partida para su propio discurso, cuando discurrió *sus propias* ideas y halló *sus propios* ejemplos, tuvo éxito.)

3. No nos sentemos a un escritorio y tratemos de fabricar un discurso en treinta minutos. No se puede hacer un discurso a pedido como si se tratase de asar una chuleta. Los discursos tienen que crecer. Escojamos el tema con una semana de anticipación, pensemos en él durante los ratos perdidos, meditémoslo, durmámonos pensando en él, soñemos, en fin, con él. Hablemos de nuestro tema con los amigos. Convirtámoslo en motivo de conversación. Hagámonos todas las preguntas posibles con respecto a él. Escribamos en pedazos de papel todas las ideas y ejemplos que se nos ocurran, y sigamos discurriendo otros. Los pensamientos, las sugestiones, los ejemplos, irán apareciendo en los más diversos momentos, mientras nos bañamos, mientras vamos en automóvil, mientras esperamos que nos sirvan la cena. Tal era el método de Lincoln. Y tal ha sido el método de todos los buenos oradores.

4. Después de haber pensado espontáneamente durante algunos días, vayamos a la biblioteca y leamos libros o artículos que se refieran a nuestro tema —siempre que tengamos tiempo para ello. Consultemos con el bibliotecario. Él puede prestarnos gran ayuda.

5. Reunamos mucho más material del que pensamos emplear. Hagamos lo que Luther Burbank, que no pocas veces criaba hasta millares de plantas en busca de una o dos realmente excelentes. Hallemos cien ideas, y luego descartemos noventa.

6. La manera de desarrollar el poder de reserva consiste en saber mucho más de cuanto podamos emplear; en tener un depósito repleto de información. Al preparar un discurso, pongamos en práctica el método que Arthur Dunn enseñaba a sus vendedores, o el que empleaba aquella escritora que debió escribir sobre el cable submarino del Atlántico.

VICIOS DE LENGUAJE

VOCABULARIO

Las palabras de la columna izquierda son dialectales. Aunque algunas de ellas han sido aceptadas por la Academia Española Real, es preferible evitarlas y reemplazarlas por las de la derecha:

INCORRECTO	CORRECTO
Changador	Ganapán, mozo de cordel
Fulgir	Fulgurar
Lapicera	Portaplumas, mango
Aguatero	Aguador
Curtiembre	Curtiduría, tenería
Peritaje	Peritación
Cortafierro	Cortafrío
Yapa	Adehala, añadidura
Firuletes	Arrequives
Bañadera	Bañera
Altoparlante	Altavoz
Atorrante	Vago, harapiento, pillo

GRAMÁTICA

Sendos

Esta palabrita, que no tiene equivalencia en ningún otro idioma, y que todos los idiomas nos envidian por lo útil y elegante, carece de singular. Por tanto, no puede ser sinónima de *enormes, extraordinarios, exorbitantes* ni *monstruosos,* puesto que estos cuatro vocablos gozan de ambos números. Significa: "uno para cada cual de dos o más personas o cosas". "Pasaron dos hombres con sendos garrotes" significa que llevaban uno cada cual. Así lo emplea Cervantes:

"Entraron dos viejos de bayeta con anteojos que los hacían graves y dignos de ser respetados, con *sendos* rosarios de sonadoras cuentas en las manos."

Y Unamuno:

"De los escritores no digamos nada, porque es cosa sabida que, si hay doscientos que gesticulen y vociferen en el tablado de las letras, cada uno de ellos publica doscientos ejemplares de cada una de sus obras, y con *sendas* dedicatorias, se las reparten entre sí."

EJERCICIO VOCAL. LA CORRECTA RESPIRACIÓN

El famoso cantante Jean de Reszke aconsejaba "llevar alta la corbata". Pongámonos en pie y llevemos a la práctica su consejo, no subiendo los hombros, sino elevando el pecho hasta su posición natural. Hagamos reposar todo nuestro peso sobre los tacones. Apoyemos una mano sobre la cabeza. Tratemos ahora de apartar la mano del pelo, sin levantar los talones. Hagámoslo, no con los músculos del brazo, sino tratando de conservar la máxima altura que nos sea posible. Eso es. Muy bien. Ahora estamos erguidos, el abdomen para adentro, la corbata y el pecho altos, la nuca pegada al cuello de la camisa. ¿Hemos levantado los hombros? En ese caso, relajémoslos, bajémoslos. Es el pecho el que debe estar alto, no los hombros. Sin bajar el pecho, exhalemos. Mantengámoslo alto hasta que salga la última pizca de aire.

Y henos ya listos para respirar correctamente. Inhalemos profunda, lenta, tranquilamente por la nariz. Tratemos de sentir la misma sensación que sentíamos al practicar en la cama la respiración diafragmática que sugerimos en el capítulo I. Sintamos los pulmones extendiéndose, extendiéndose, extendiéndose, empujando hacia el costado las costillas inferiores: sintamos la sensación debajo de los brazos. Sintamos el diafragma comprimiéndose y achatándose como un plato de papel dado vuelta y aplastado desde arriba: sintamos el diafragma extendiéndose al poner los dedos sobre el "grito de la muñeca", como llaman los niños a la parte que queda inmediatamente por debajo del esternón. Exhalemos lentamente.

Ahora, una vez más. Inspiremos por la nariz. Advertiré nuevamente que no se deben levantar los hombros ni querer ensanchar los pulmones por la parte superior.

Con la corbata en alto, inspiremos nuevamente y sintamos la expansión en medio del tronco.

"Yo practico la respiración profunda todos los días" decía la Schumann-Heink.

Caruso hacía lo mismo: por esto desarrolló un diafragma de gran fuerza. Cuando los estudiantes venían a pedirle consejo sobre el arte de respirar, Caruso solía decirles: "Apoya con toda tu fuerza el puño sobre mi diafragma". Y entonces, con una rápida y profunda inhalación, comprimía el diafragma con tanta violencia que arrastraba el puño con la mayor facilidad.

Sin embargo, el solo conocimiento del buen respirar, que estamos aprendiendo, no nos servirá de nada si no lo sabemos aplicar.

Practiquémoslo, pues, diariamente, mientras caminamos por la calle. Practiquémoslo cuando tengamos un momento libre en la oficina. Practiquémoslo después de habernos concentrado durante una hora con algún asunto: abramos la ventana y llenémonos de aire los pulmones. Esto no será tiempo perdido. Será tiempo ahorrado, vigor reforzado, salud ganada. Por otra parte, no es menester practicar por mucho tiempo: si lo hacemos con constancia, se nos convertirá en costumbre. Nos causará extrañeza saber que antes respirábamos de diferente modo. Respirar con la parte superior de los pulmones, es respirar a medias solamente. Y "quien respire a medias solamente —dice un antiguo pasaje sánscrito—, vive a medias solamente".

Si seguimos diariamente las indicaciones que damos aquí, no sólo mejoraremos la voz, sino que las probabilidades que tengamos de contraer la tuberculosis serán escasas. Y las probabilidades que tengamos de librarnos de los resfríos que se le pegan a medio mundo durante el invierno, serán muchísimas.

Capítulo III

CÓMO PREPARABAN SUS DISCURSOS ALGUNOS ORADORES FAMOSOS

La exposición desmenuzada engendra la impaciencia en los intelectos modernos, hechos a ver claro y pronto ante la sola aparición de las cosas en estos tiempos del telégrafo y del vapor, sobre todo. Del mismo modo que los dialectos se comen las sílabas, y con elipsis y términos truncados y sobrentendidos se hacen más rápidos y vivos que la lengua materna, se procede hoy en las lenguas, buscando rapidez y brío.

BENEDETTO CROCE

La facultad de captar los puntos esenciales de los problemas es la gran diferencia que existe entre los espíritus cultivados y los no cultivados. Sin duda, la más grande ventaja que se obtiene en las aulas superiores, es la disciplina de la mente.

JOHN G. HIBBEN

El político español Alejandro Lerroux, al principio de su carrera, tenía muy poco dominio de sí mismo como orador; sentía verdadero pánico frente a un auditorio. Cierta vez, estando en los funerales de un colega, y después de haber hablado ya varios oradores, alguien anunció al público que hablaría Lerroux. Siendo la ocasión demasiado solemne, no pudo poner tierra de por medio como en otras circunstancias había hecho, y se defendió como pudo. Cuentan que nunca pudo recordar este discurso sin sufrir un estremecimiento.

"Correligionarios: Comprendan ustedes... es decir, no se sorprendan ustedes de que yo, poco... poco... poco aguerrido, y también... Porque a los periodistas... por el hábito de escribir, se nos atrofia la palabra, y aunque yo, en esta ocasión, queridos correligionarios, quisiera... quisiera... responder... Pero, en fin... ¡Viva la República!"

Había pronunciado su discurso de la manera en que, según Rousseau, se deben escribir las cartas de amor: empezando sin saber qué iba a decir y terminando sin saber qué había dicho.

La moraleja del cuento es ésta: "Cuando un hombre no tenga sus ideas en orden —como decía Herbert Spencer—, cuantas más tenga, tanto mayor será su confusión."

Ninguna persona cuerda pensaría en edificar una casa sin hacer previamente un plano. ¿Por qué entonces se le puede ocurrir pronunciar un discurso sin haber redactado siquiera un bosquejo, un programa?

Un discurso es un viaje que tiene su meta, y antes de partir se debe fijar el itinerario en el mapa. El hombre que no parte de ningún lugar, generalmente no llega a ningún lugar.

Quisiera poder escribir el siguiente pensamiento de Napoleón con letras de oro, de un metro de altura, sobre las puertas de todos los institutos del mundo donde se enseñe oratoria: "El arte de la guerra es una ciencia en la que nada sale bien si previamente no se lo calcula y medita."

Esto es tan cierto del arte de tirar tiros como del arte de hablar en público. Pero, ¿lo comprenden así los oradores, o —cuando lo comprenden— actúan de acuerdo con ese principio? Pues no. Con todo énfasis: No. Muchos discursos hay que no tienen más orden ni concierto que la Torre de Babel. ¿Cuál es la disposición más eficaz para una cierta cantidad de ideas? Es éste un problema siempre nuevo, una pregunta eterna que todos los oradores deben hacerse y contestarse una y otra vez. No se pueden dar reglas infalibles. Pero podemos, por lo menos, explicar brevemente, con un ejemplo concreto, qué queremos decir con disposición ordenada.

EL FAMOSO DISCURSO DE NARIÑO

Antonio Nariño fue un eminente patriota colombiano, precursor de la revolución e introductor en América de los *Derechos del hombre,* que él mismo tradujo e imprimió. Después de una vida azarosa y llena de sacrificios, tras haber ocupado importantes cargos en el gobierno de su país, el Congreso lo eligió senador en atención a sus méritos. Pero sus enemigos trataron de cerrarle la entrada de la augusta corporación, acusándolo de mala administración de la Tesorería de Diezmos y de traición a la patria. Fue entonces cuando pronunció su célebre discurso de defensa, discurso que conmovió profundamente a amigos y enemigos, y le abrió inmediatamente las puertas del Senado:

"Hoy me presento, señores, como reo ante el Senado de que he sido nombrado miembro, y acusado por el Congreso que yo mismo he instalado, y que ha hecho este nombramiento; si los delitos de que se me acusa hubieran sido cometidos después de la instalación del Congreso, nada tendría de particular esta acusación; lo que tiene de admirable es ver a dos hombres que no habrían quizá nacido cuando yo ya padecía por la Patria, haciendo cargos de inhabilitación para ser Senador, después de haber mandado en la República, política y militarmente, en los primeros puestos sin que a nadie le haya ocurrido hacerme tales objeciones. Pero lejos de sentir este paso atrevido, yo les doy las gracias por haberme proporcionado la ocasión de poder hablar en público sobre unos puntos que daban pábulo a mis enemigos para sus murmuraciones secretas; hoy se pondrá en claro, y deberé a estos mismos enemigos, no mi vindicación, de que jamás he creído tener necesidad, sino el poder hablar sin rubor de mis propias acciones. Qué satisfactorio es para mí, señores, verme hoy, como en otro tiempo Timoleón, acusado ante un Senado que él había creado, acusado por los jóvenes, acusado por malversación, después de los servicios que había hecho a la República, y el poderos decir sus mismas palabras al principiar el juicio: oíd a mis acusadores —decía aquel grande hombre—, oídlos, señores, advertid que todo ciudadano tiene derecho de acusarme, y que en no permitirlo daríais un golpe a esa libertad que me es tan glorioso haberos dado.

”No comenzaré, señores, a satisfacer estos cargos implorando, como se hace comúnmente, vuestra clemencia, y la compasión que naturalmente reclama todo hombre desgraciado: no, señores, me degradaría si después de haber pasado toda mi vida trabajando para que se viera entre nosotros establecido el imperio de las leyes, viniera ahora al fin de mi carrera a solicitar que se violasen en mi favor. Justicia severa y recta es lo que imploro en el momento en que se va a abrir a los ojos del mundo entero el primer cuerpo de la Nación y el primer juicio que se presenta. Que el hacha de la ley descargue sobre mi cabeza, si he faltado alguna vez a los deberes de hombre de bien, a lo que debo a esta patria querida, a mis conciudadanos. Que la indignación pública venga tras la justicia a confundirme, si en el curso de toda mi vida se encontrase una sola acción que desdiga de mi acreditado patriotismo. Tampoco vendrán en mi socorro documentos que se puedan conseguir con el dinero, el favor y la autoridad; los que os presentaré están escritos entre el cielo y la tierra, a la vista de toda la república, en el corazón de cuantos me han conocido, exceptuando sólo un certísimo número de individuos del Congreso, que no veían porque les tenía cuenta no ver.

....

"Suponed, señores, que en lugar de haber establecido una imprenta a mi costa; en lugar de haber impreso los *Derechos del hombre;* en lugar de haber acopiado una exquisita librería de muchos miles de libros escogidos; en lugar de haber propagado las ideas de la libertad, hasta en los escritos de mi defensa, sólo hubiera pensado en mi fortuna particular, en adular a los virreyes, con quienes tenía amistad, y en hacer la corte a los oidores, como mis enemigos se la han hecho a los expedicionarios. ¿Cuál habría sido mi caudal en los dieciséis años que transcurrieron hasta la revolución? ¿Cuál habría sido hasta el día?

¿Y porque todo lo he sacrificado por la Patria, se me acusa hoy, se me insulta con estos mismos sacrificios, se me hace un crimen de haber dado lugar, con la publicación de los *Derechos del hombre,* a que se confiscaran mis bienes, se hiciera pagar a mis fiadores, se arruinara mi fortuna, y se dejara en la mendicidad a mi familia, a mis tiernos hijos? En toda otra República, en otras almas, se habría propuesto, en lugar de una acusación, que se pagasen mis deudas del Tesoro público, vista la causa que las había ocasionado, y los veintinueve años que después han transcurrido. Dudar, señores, de que mis sacrificios han sido por amor a la Patria, es dudar del testimonio de vuestros propios ojos. ¿Hay entre las personas que me escuchan, hay en esta ciudad y en toda la República, una sola persona que ignore los sucesos de estos veintinueve años? ¿Hay quien no sepa que la mayor parte de ellos los he pasado encerrado en el Cuartel de Caballería, de esta ciudad, en el de Milicias, de Santa Marta, en el del Fijo de Cartagena, en las Bóvedas de Bocachica, en el castillo del Príncipe de la Habana, en Pasto, en el Callao de Lima y, últimamente, en los calabozos de la Cárcel de Cádiz? ¿Hay quien no sepa que he sido conducido dos veces en partida de registro a España, y otra hasta Cartagena? Todos lo saben; pero no saben ni pueden saber los sufrimientos, las hambres, las desnudeces, las miserias que he padecido en estos lugares de horror por una larga serie de años. Que se levanten del sepulcro Miranda, Montúfar, el virtuoso Ordóñez, y digan si pudieron resistir a sólo una parte de lo que yo por tantos años he sufrido: que los vivos y los muertos os digan si en toda la República hay otro que os pueda presentar una cadena de trabajos tan continuados y tan largos como los que yo he padecido por la Patria, por esta Patria por quien hoy mismo se me está haciendo padecer.

"A la vista, señores, de cuanto he expuesto hasta aquí, de cuanto habéis oído, ¿creéis que esta acusación se ha intentado por la salud de la República, o por un ardiente celo, o por un puro amor a las leyes? No, señores, hoy me conducen al Senado las mismas causas que me condujeron a Pasto: la perfidia, la intriga, la malevolencia, el interés personal de unos hombres que, por despreciables que sean, han hecho los mismos daños que el escarabajo de la fábula. En Pasto, al concluir la campaña, porque era yo el último punto enemigo para llegar a Quito, se me hace una traición, se me desampara, se corta el hilo de la victoria y, por sacrificarme, se sacrifica a la Patria. ¡¡¡Qué de males van a seguir!!! ¡¡¡Cuántas lágrimas, cuánta sangre va a derramarse!!! ¡¡¡Qué calamidades va a traer a la República este paso imprudente, necio, inconsiderado!!! No hablo, señores, ante un pueblo desconocido; hablo en medio de la República, en el centro de la capital, a la vista de estas mismas personas que han sufrido, que están sufriendo aún los males que ocasionó aquel día para siempre funesto. Yo me dirijo a vosotros y al público que me escucha. ¿Sin la traición de Pasto, hubiera triunfado Morillo? ¿Se habrían visto las atrocidades que por tres años continuos afligieron a este desgraciado suelo? ¿Hubieran Sámamo y Morillo revolcádose en la sangre de nuestros ilustres conciudadanos? No, señores, no; siempre triunfante habría llegado a Quito, reforzado el ejército, vuelto a la capital, y sosegado el alucinamiento de mis enemigos con el testimonio de sus propios ojos; hubiéramos sido fuertes e invencibles. Santa Marta, antes que llegase Morillo, habría sido sometida a la razón, y sin este punto de apoyo Morillo no habría tomado a Cartagena, y esta capital habría escapado de su guadaña destructora. Y después que se sacrificó mi persona, los intereses de la Patria, y se inmolaron tantas inocentes víctimas por viles y ridículas pasiones, ¿se me acusa de haber sido sacrificado quizá por algunos de los mismos que concurrieron a aquel sacrificio? Sí, yo veo entre nosotros, no sólo vivos, sino empleados acomodados, a muchos de los que cooperaron en aquella catástrofe.

”Si vosotros, señores, al presentaros a la faz del mundo como legisladores, como jueces, como defensores de la libertad y la virtud, no dais un ejemplo de la integridad de Bruto, del desinterés de Foción y de la justicia severa del Tribunal de Atenas, nuestra libertad va a morir en su nacimiento. Desde la hora en que triunfe el hombre atrevido, desvergonzado, adulador, el reino de Tiberio empieza, y el de la libertad acaba.”

Analicemos un poco este discurso. Veamos qué estructura tiene, cómo logra los efectos. En primer término, tiene un comienzo y final. Ésta es una rara virtud, querido lector, más rara de lo que acaso te imagines. Comienza. Va al grano del asunto. No se anda por las ramas. No pierde tiempo.

Notemos con qué dejo de sincera amargura declara la juventud de sus acusadores y los sufrimientos que sobrellevó por la patria. Con qué hidalguía, ironía y seguridad da las gracias por la ocasión que le ofrecen de "hablar en público sobre unos puntos que daban pábulo a mis enemigos para sus secretas murmuraciones". Esta altiva, justa, amarga indignación, que hiere y acosa a sus enemigos, la encontramos como característica principal de toda su oración. Sin lloriquear, mueve profundamente a lástima. Sin caer en vanagloria, nos hace conocer sus relevantes méritos.

Notemos, todavía en la introducción, el vigor cortante

de sus frases; esto traduce un ánimo varonil y seguro de sí mismo, que para la ocasión tenía fundamental importancia. "Justicia severa y recta es lo que imploro"; "Que el hacha de la ley descargue sobre mi cabeza si he faltado a mis deberes"; "los documentos que os presentaré están entre el cielo y la tierra, a la vista de todos". Un acusado que se defiende con tanto brío y sinceridad no puede menos que predisponer en su favor el ánimo del auditorio.

Luego aporta las pruebas. Menciona su amistad con los virreyes, y la enorme fortuna que habría podido reunir en los dieciséis años de la prerrevolución. ¿Conque era amigo del virrey? —piensa, naturalmente, el oyente que lo ignore. Entonces, si no explotó estas amistades, y hasta luchó contra ellas por amor de la patria, mal creo yo que pueda haber malversado los caudales.

"¿Cuál habría sido mi caudal?" Reparemos que hace preguntas al auditorio, lo invita a pensar con él, le hace cobrar mayor interés.

Y en seguida, otro párrafo heroico, devastador, majestuoso, mordaz, sublime: "¿Y porque todo lo he sacrificado por la Patria, se me acusa hoy, se me insulta, se me hace un crimen de haber dado lugar a que se confiscaran mis bienes por servir desinteresadamente a la Patria, a que se dejara en la mendicidad a mi familia, a mis tiernos hijos?" Con suma listeza da por descontado que la malversación de diezmos es una excusa, una causa cercana, que el verdadero crimen que le imputan es el de haber dado lugar a que se confiscaran sus bienes. La mención que hace de su familia, de sus tiernos hijos, parece hecha sin intención de conmover a nadie, sino porque venía casualmente al pelo, porque da mejor inteligencia de la situación. Pero nos conmueve profundamente. ¿Conque tenía familia el general Nariño? ¿Y quedaron en la mendicidad sus tiernos hijos? Habrán andado, quizá, descalzos y desharrapados... ¡Pobre hombre!

Luego menciona sus cárceles. Todos recuerdan que ha estado preso varios años; "pero no saben los sufrimientos, las desnudeces, las miserias" que ha padecido. La cita de Miranda, Montúfar y Ordóñez es de mucho efecto.

Siempre conviene mencionar a personas que el auditorio conoce y respeta.

Pero entonces, si no es realmente por malversación que le juzgan —porque, evidentemente, este hombre es el más noble de cuantos he conocido—, ¿qué causas le traen aquí como acusado? El mismo Nariño se apresura a decírnoslo. "Hoy me conducen al Senado las mismas causas que me condujeron a Pasto: la perfidia, la intriga, la malevolencia, el interés personal de unos hombres despreciables."

Con este párrafo comienza el ataque y concluye la defensa. Ya no mencionará su defensa hasta, naturalmente, el párrafo con que debe cerrar su discurso. Ha dicho cuanto deseaba decir, y a otra cosa. Muchos oradores noveles suelen dejar un punto a medio terminar, pasan a otro, y luego, cuando ya estábamos olvidados de aquél, vuelven y agregan alguna cosa. Esto revela impericia. En vez de desarrollar sus puntos en un orden, digamos de 1, 2, 3, 4, etc., lo desarrollan 27, 34, 19, 2, etc. O, lo que es peor, 27, 34, 27, 19, 2, 34, 19, etcétera. Son arroyuelos tortuosos, culebreantes, indecisos, no un torrente impetuoso y recto como este discurso, que si alguna desviación tiene es desviación vertical, es catarata que se precipita y genera energía. Nariño, pues, comienza el ataque. Hasta parece que es la parte del discurso que más interesa al orador. Pareciera que sólo se defendió por protocolo, y que estaba deseando concluir la defensa para comenzar el ataque. Esto no se ve directamente, pero se siente, deja un poso en el ánimo. Así los buenos oradores, y los buenos escritores, y los buenos artistas. No se dejan ver nada directamente, pero van creando en el ánimo una serie de sedimentos, una estratificación de sensaciones. Tanta vehemencia, tanta indignidad habrían bastado para convencer al auditorio, aun si el orador fuese realmente culpable de los delitos que le achacaban. Con este ataque desvía, pues, el pensamiento del auditorio, lo arrastra lejos de su *culpabilidad*. Y lo desvía en un momento en que el auditorio está inclinado en su

70

favor, conmovido por sus palabras. No le da tiempo de que se reponga, de que recuerde otras razones contrarias, de que surjan ideas antagónicas. Cierra la defensa por prepotencia, clava allí con una estaca favorable la opinión del auditorio y ya no la deja menearse. "Por traicionarme se corta el hilo de la victoria. ¡¡¡Qué de males van a seguir!!! ¡¡¡Cuántas lágrimas!!! Luego de una reseña histórica viene aquello de "yo veo entre nosotros, no sólo vivos, sino empleados acomodados, a muchos de los que cooperaron en aquella catástrofe". Esto era cierto. Todos lo sabían. Pero lo habían olvidado, no habían caído en la cuenta de que tenía importancia y relación con este asunto. A la gente hay que recordarle muchas cosas, dice Unamuno, que de puro sabidas las tienen olvidadas o deformadas. Esta denuncia de Nariño es categórica y demoledora. Provoca un remolino en el ánimo del oyente. Pocas cosas nos conmueven tanto como el que nos pongan en foco una de estas verdades que teníamos deformadas. "Caramba, ¿cómo no paré mientes en esto?"

Y, por fin, en el último párrafo, la habilidad con que exhorta a sus jueces a declararle inocente: basa su exhortación, no sobre la propia conveniencia, sino sobre el prestigio y la salud de la patria. Y en la oración con que remata, los pone en el dilema de declararlo inocente o dejar que triunfen los atrevidos, los desvergonzados y los aduladores.

En un reciente artículo que publicó en la revista *América*, de Bogotá, Osvaldo Díaz Díaz escribió: "No es un animal acosado y cobarde al que están azuzando con estacas; es una hermosa fiera rampante, adulta y en plena madurez de sus fuerzas, que golpea con zarpas seguras y eficaces. Uno a uno caen los cargos bajo la pesadumbre de las cifras, bajo la acumulación de los testimonios irrecusables, ante la corrosiva ironía de los argumentos."

Todo esto en cuanto a la construcción del discurso. Ahora, admirable como es, habría podido fácilmente fracasar y no causar el menor efecto, si lo hubiera dicho con voz cachazuda, con lentitud, con calma; pero Nariño habló con brío, con vehemencia, con la voz vibrante y viril de un hombre justamente indignado.

EL MÉTODO DE TRABAJO INTELECTUAL

No hay, como ya he dicho antes, ninguna regla infalible para solucionar el problema de la disposición. No hay planes o fórmulas que se adapten a todos o siquiera a una mayoría de los discursos. Pero daré algunos consejos generales que resultarán útiles en muchos casos. El primero es la reseña de una conferencia pronunciada en Buenos Aires por el ilustre sociólogo francés André Siegfried, de la Academia Francesa, durante su última visita a esta ciudad. Se titulaba la conferencia: *A la busca de un método de trabajo intelectual,* y consistía en once consejos:

1. Sacudir la pereza mental.

2. Observar antes de discutir
   { Respetar el hecho: observarlo tal como es. No creer lo que se *desea* creer.

3. Masticación y digestión. (Para esto es necesario buena dentadura y mejor estómago.)

4. Medir y pesar las cosas, comparándolas con aquellas que tienen afinidad con ellas.

5. Situar el asunto.

6. Administrar bien la memoria: Recordar los hechos importantes, y olvidar los otros.

7. Proceder como un general en la guerra
   { Reclutamiento de hechos e ideas. Movilización. Concentración en los lugares de combate.

8. Tener siempre presente el motivo esencial que hace actuar a los hombres en la vida (factor psicológico).

9. "La verdad está siempre en la oposición" decía Paul Valéry. No debemos creer nada porque nos lo digan. La verdad debe instalarse en nuestro espíritu merced a nuestro propio esfuerzo.

10. Saber presentar el problema; determinar un eje al asunto, y no apartarse de este eje; y si es necesario apartarse, no perderlo de vista. El hombre *justo* es aquel que tiene los pies sobre el suelo. El hombre *inteligente,* pero no *justo,* puede razonar brillantemente, pero sus razonamientos de nada sirven, porque tiene los pies en el aire. Un problema bien presentado es un problema medio resuelto.

11. Bosquejar, proponer las soluciones posibles.

Muchos estudiantes de mi curso han hallado útil y estimulante el siguiente plan:

1. Mostrar algo que está mal.
2. Mostrar cómo se lo puede remediar.
3. Pedir cooperación.

O, diciéndolo de otro modo:

1. He aquí una situación que debiera ser remediada.
2. Debiéramos hacer tal y tal cosa.
3. Ustedes debieran ayudar por tales y tales razones.

En el capítulo XV de este libro, titulado *Cómo incitar a la acción,* hay el bosquejo de otro plan para discursos. En pocas palabras, es así:

1. Atraigamos la atención y el interés del público.
2. Ganémonos la confianza del auditorio.
3. Digamos lo que tenemos que decir; eduquemos a la gente respecto del mérito de nuestra proposición.
4. Toquemos los resortes que hacen actuar a los hombres.

Si alguien está interesado, que lea el capítulo XV ya y estudie este plan al pormenor.

CÓMO ARMABA EL ESQUELETO
WOODROW WILSON

"Yo comienzo —dijo Woodrow Wilson cuando le pidieron que explicase su método— con una lista de los temas de que quiero hablar, *disponiéndolos mentalmente en sus relaciones naturales:* es decir, armo el esqueleto del tema; luego lo escribo en taquigrafía, que ahorra mucho tiempo. Hecho esto, lo copio a máquina, cambiando frases, corrigiendo períodos y agregando material a medida que avanzo."

Roosevelt preparaba sus discursos en su manera característica: conseguía cuantos datos podía, los revela, los pesaba, los juzgaba y criticaba, y llegaba a sus conclusiones; llegaba a sus conclusiones con una sensación inconmovible de seguridad.

Entonces, con un taco de notas delante, comenzaba a dictar, y dictaba rápidamente para que su discurso tuviera impetuosidad y espontaneidad y halo de vida. Luego releía esta copia dactilográfica, la revisaba, quitaba, borraba, agregaba y la apostillaba, para por fin dictar de nuevo. "Nunca logré nada sino por ardua labor y mediante el empleo de mis mejores talentos y cuidadoso planeamiento y trabajo con mucha antelación."

A menudo llamaba a críticos para que lo escucharan mientras dictaba o leía un discurso. Siempre se rehusaba a hablar con ellos sobre el espíritu de lo que había dicho. En eso ya estaba resuelto, y resuelto de manera irrevocable. Quería que le dijesen, no qué decir, sino cómo decirlo. Una y otra vez revisaba las copias dactilográficas, quitando, corrigiendo, mejorando. Ése era el discurso que los diarios publicaban. Desde luego, no lo aprendía de coro. Hablaba improvisadamente. Por esto, el discurso pronunciado difería generalmente del otro, más pulido, que los diarios publicaban. Pero la tarea de dictar y revisar constituían excelente preparación. Lo familiarizaba con el material, con el orden de los puntos. Le daba una suavidad y seguridad y lustre que difícilmente podría obtener de otro modo.

Sir Oliver Lodge me dijo cierta vez que el dictado de sus discursos —el dictado rápido y con sustancia, el dictado que fuese como el propio discurso delante de un auditorio— era para él un medio excelente de preparación y práctica.

Muchos estudiantes de este curso han hallado que resulta de sumo provecho el dictar los discursos a un dictáfono y luego escucharse a sí mismo. ¿De mucho provecho? Sí, y a veces desilusionador y enmendador también. Es un ejercicio muy sano. Lo recomiendo.

Esta práctica de escribir lo que vamos a decir nos obligará a pensar. Aclarará nuestras ideas. Las fijará en la memoria. Reducirá la ociosidad mental al mínimo. Mejorará la dicción.

LA HISTORIA CLÁSICA DE BENJAMÍN FRANKLIN

Benjamin Franklin nos cuenta en su *Autobiografía* cómo mejoró su dicción, cómo desarrolló la facilidad de usar palabras y cómo se autoadiestró en la ordenación de los pensamientos. Este relato de su vida es una página clásica de la literatura e, inversamente de lo que sucede con los más de los clásicos, la leemos con facilidad y nos resulta de todo punto agradable. Es casi un modelo de lenguaje sencillo y pulcro. Todos debiéramos leerlo para placer y provecho. Creo que a todos nos agradará.

"Por este tiempo topé un extraño volumen del *Espectador*. Era el tercero. Nunca había visto uno de estos libros. Lo compré, lo leí y releí, y me quedé sumamente complacido. El estilo me pareció excelente, y decidí, de serme posible, imitarlo. A este propósito, tomé algunos de los artículos, y luego de escribir sucintas anotaciones inspiradas en cada frase, las guardé por unos días; luego, sin consultar el libro, traté de rehacer los artículos nuevamente, desarrollando completamente cada anotación —con tanta extensión como en el original— en las palabras más adecuadas que se me ocurrían. Luego comparé mi Espectador con el original, descubrí algunas de sus faltas y las corregí. Pero hallé una porción de palabras, y tal facilidad para emplearlas, que pensé las habría podido adquirir antes si hubiese continuado escribiendo poesías; puesto que el continuo empleo de palabras de igual significado pero de diferente largor para adaptarse a la medida, o de diferente sonido para adaptarse a la rima, me hubieran colocado en la constante necesidad de buscar variedad, y también hubiera esto propendido a fijar dicha variedad en la memoria. Por tal razón, escogí algunos cuentos y los reconstruí. Otras veces entremezclaba mis anotaciones para confundirlas todas, y después de algunas semanas trataba de volverlas al mejor orden posible, para luego completar las frases y rehacer el artículo. Esto había de enseñarme método para la ordenación de los pensamientos.

"Comparando luego mi trabajo con el original, descubría muchas faltas, que corregía diligentemente; pero a veces tenía el regocijo de imaginarme que, en ciertos párrafos de poca importancia, había sido suficientemente afortunado para mejorar el método de lenguaje, y esto me animó a pensar que pudiese llegar con el tiempo a ser un buen escritor inglés, de lo cual era extremadamente ambicioso."

JUGUEMOS AL SOLITARIO CON LAS NOTAS

En la última lección se nos aconsejó que tomáramos notas. Una vez escritas en pedazos de papel las varias ideas y ejemplos que se nos hayan ocurrido, juguemos al solitario con ellas; separémoslas en grupos afines. Subdividamos estos grupos en otros más pequeños. Vayamos quitando las ahechaduras hasta que sólo quede trigo de primera calidad —y aun parte de este trigo tendrá que ser dejado a un lado, sin emplearlo. Nadie, si procede como debe, es capaz de usar más que una parte del material reunido.

Este proceso de revisión debe continuarse ininterrumpidamente hasta después de pronunciado el discurso. Aun entonces pueden ocurrírsele al orador pormenores, mejoras y afinaciones que hubiera podido aplicar.

Un buen orador generalmente encuentra, después de pronunciar un discurso, que se han fraguado cuatro versiones del mismo: la que preparó, la que dijo, la que los periódicos dicen que dijo y la que, de regreso a su casa, desearía haber dicho.

¿DEBEMOS EMPLEAR NOTAS MIENTRAS HABLAMOS?

Aunque excelente improvisador, Lincoln, desde que estuvo en la Casa Blanca, no pronunció nunca un discurso, ni siquiera los poco ceremoniosos que decía a su gabinete, sin haberlo escrito antes cuidadosamente. Desde luego, estaba obligado a leer el mensaje inaugural. La fraseología exacta de discursos de Estado que deben pasar a la historia es demasiado importante para confiarla a la improvisación. Pero cuando estaba en Illinois, Lincoln no usaba ni siquiera notas para hablar. "Tienden a cansar y confundir al oyente", decía.

Y ¿quién de nosotros, digo, será capaz de contradecirlo? ¿No entibian las notas, acaso, un cincuenta por ciento de nuestro interés en el discurso? ¿No impiden o, por lo menos, hacen difícil ese contacto tan precioso que debe existir entre el orador y el auditorio? ¿No crean un ambiente de superficialidad? ¿No contribuyen a hacer creer al auditorio que el orador carece de la confianza y el poder de reserva de que no debiera carecer?

Hagamos notas, repito, durante la preparación. Notas circunstanciadas; notas en profusión. Quizá parezca provechoso consultarlas mientras ensayamos el discurso a solas. Quizá nos sintamos más cómodos si las tenemos en el bolsillo, ya frente a frente con el auditorio; pero, como el martillo, hacha y serrucho que traen los coches del ferrocarril, debemos considerarlas herramientas de emergencia, sólo para usadas en caso de desastre, de desbarajuste total, de muerte y de ruina inminentes.

Si hemos de usar notas, que sean muy breves, y escritas con letras grandes, en una hoja también grande. Lleguemos temprano al lugar donde debemos hablar y escondamos las notas detrás de algunos libros, sobre la mesa. Démosles un vistazo cuando tengamos necesidad, pero tratemos de ocultar nuestra debilidad al auditorio. John Bright solía esconder sus notas dentro de su enorme sombrero, que luego ponía sobre la mesa, delante de sí.

Sin embargo de todo lo dicho, hay ocasiones en que el empleo de notas no revela más que prudencia. Por ejemplo, algunas personas en los dos o tres primeros discursos que pronuncian se vuelven tan nerviosas y turbadas que se les hace de todo punto imposible recordar los discursos que habían preparado. ¿Consecuencias? Que describen una tangente; olvidan el material que con tanto cuidado habían ensayado; caen del camino real y echan a andar errantes y dando tumbos por la marisma. ¿Qué inconveniente hay en que tales personas tengan algunas notas muy escuetas en la mano durante sus primeros intentos? Un niño ase los muebles cuando comienza a caminar; pero luego ya anda solo.

NO APRENDAMOS LOS DISCURSOS
AL PIE DE LA LETRA

No leamos ni tratemos de recordar los discursos palabra por palabra. Esto lleva tiempo e invita al desastre. A pesar de esta advertencia, algunos de los que lean esto probarán a hacerlo. Pues bien, cuando se levanten a hablar, ¿en qué estarán pensando?, ¿en el discurso? No. Estarán tratando de recordar la fraseología exacta. Estarán pensando hacia atrás, no hacia adelante, invistiendo el proceso normal de la mente humana. La exposición será dura, fría, insípida, inhumana. No malgastemos, lo pido por favor, horas y energías en inutilidad semejante.

Cuando tenemos que celebrar conferencia con otra persona, con algún motivo importante, ¿aprendemos de coro lo que tenemos que decir? ¿Sí o no? Desde luego que no. Reflexionamos hasta que tenemos bien grabados en la mente los conceptos principales. Acaso hagamos algunas notas y revisemos algunos antecedentes. "Mencionaré tal y tal punto —nos proponemos—. Le diré que se debe hacer tal cosa por tales razones..." Luego nos enumeramos las razones y las aclaramos con ejemplos concretos. ¿No seguimos este método cuando tenemos que celebrar conferencia con otra persona? ¿Por qué, pues, no usamos este mismo método de sentido común cuando preparamos un discurso?

Cuando el general Lee pidió al general Grant que escribiese las condiciones de la rendición, éste se volvió hacia el general Parker y le pidió recado de escribir. "Cuando puse la pluma sobre el papel —cuenta Grant en sus *Memorias*—, no sabía con qué palabra comenzar a escribir las condiciones. Sólo sabía lo que tenía en la mente, y quería expresarlo con claridad para que no hubiese mala interpretación."

No era necesario que el general Grant supiese con qué palabra comenzar. Tenía ideas. Tenía convicciones. Tenía algo que ardientemente deseaba decir, y ello con claridad. El resultado fue que su fraseología habitual surgió sin esfuerzo consciente. Lo mismo sucede con todas las personas. Si alguien hay que lo dude, pruebe a darle una trompada a un basurero municipal; cuando el basurero reaccione, ya hallará, y con mucha facilidad por cierto, palabras para expresarse.

Hace dos mil años, Horacio escribió:

"No busquemos palabras, sino hechos e ideas,
Y copiosas vendrán las palabras no buscadas."

Luego que hemos fijado firmemente las ideas, ensayemos el discurso desde el principio hasta el final. Hagámoslo en silencio, mentalmente, mientras vamos por la calle, mientras esperamos que llegue un tranvía o un ascensor. Encerrémonos solos en un cuarto y repitámoslo a voz normal, gesticulando, poniendo en ello todo nuestro calor y nuestra energía. El canónigo Little, de Canterbury, solía decir que ningún predicador podía comprender el verdadero significado de su sermón sino después de haberlo predicado seis veces. ¿Podemos nosotros, pues, esperar que comprenderemos el verdadero significado de nuestro discurso sin antes haberlo ensayado, por lo menos, otras tantas veces?

Mientras ensayamos, imaginemos que tenemos un auditorio real delante de nosotros. Imaginémoslo con tanto vigor, que cuando nos hallemos frente a frente con el auditorio nos parezca una experiencia ya vieja. Ésta es la razón por la que tantos criminales son capaces de subir al cadalso blasonando de tan valientes; han subido tantas miles de veces en su imaginación, que no lo temen. Cuando se realiza la ejecución real, les parece que es algo que ya han experimentado anteriormente.

POR QUÉ LOS LABRIEGOS CREÍAN QUE LINCOLN ERA "LA MAR DE PEREZOSO"

Si ensayamos nuestros discursos en la manera que queda dicho, estaremos siguiendo el ejemplo de muchos oradores famosos: Lloyd George, cuando era miembro de una sociedad de debates de su ciudad natal del reino de Gales, solía vagar por los senderos agrestes, hablando y gesticulando a los árboles y a los postes de las cercas.

Lincoln, en los días de su juventud, caminaba a menudo treinta o cuarenta millas para escuchar a un orador famoso. Volvía tan excitado de estas escenas, tan resuelto a ser orador, que reunía a los demás peones en medio de la campiña y, subiéndose sobre un tocón, les echaba discursos y les contaba cuentos. Los capataces se enfadaban y declaraban que este Cicerón campestre era "la mar de perezoso", y que con sus cuentos y retóricas estaba echando a perder a todos los otros peones. Woodrow Wilson también aprendió a hablar en una sociedad de debates. Beecher y Burke lo mismo.

Estudiemos la carrera de famosos oradores y hallaremos un factor que se cumple en todos ellos: *ensayaron*. ENSAYARON. Y aquellos que adelantan con mayor rapidez en este curso son aquellos que ensayan con mayor paciencia.

¿Que no hay tiempo para esto? Pues hagamos entonces lo que Joseph Choate. Compraba éste el periódico por la mañana y hundía en él la cabeza mientras iba a su oficina en el tranvía, con lo cual nadie le importunaba. Pero, en vez de leer las crónicas de escándalos efímeros y chismografías, pensaba y planeaba sus discursos.

Depew llevó vida activa como presidente de ferrocarriles y senador nacional. Sin embargo, durante todo el tiempo, pronunciaba discursos casi diariamente. "Nunca dejé que los discursos me distrajeran de los negocios —decía—. Los preparaba siempre después de llegar a casa de la oficina, al atardecer."

Todos tenemos tres horas por día para hacer lo que nos venga en gana. Éste era todo el tiempo de que disponía Charles Darwin para trabajar, por lo precario de su salud. Y tres horas, de veinticuatro, empleadas sabiamente, le dieron fama mundial.

Cuando Roosevelt estaba en la Casa Blanca, dedicaba a menudo toda una mañana a una retahíla de entrevistas de cinco minutos de duración. Sin embargo, tenía siempre un libro cerca de sí para aprovechar aun los breves segundos libres que se producían entre compromiso y compromiso.

Si alguien hay que esté muy ocupado y a quien el tiempo apremie, le ruego lea el libro de Arnold Bennett *Cómo vivir con veinticuatro horas por día*. Que arranque cien páginas y las guarde en el bolsillo; que las lea durante los segundos libres. Yo leí el libro en dos días por ese método. Esto enseña a ahorrar tiempo, a aprovechar mejor el día.

Es menester que tengamos descanso y variedad en nuestro trabajo diario. Trabajo y variedad es lo que debe ser el ensayo. Si es posible, pongámonos de acuerdo con otros alumnos del curso para reunirnos una noche adicional por semana a fin de ensayar. Si no podemos hacer esto, juguemos al "juego de la improvisación" en nuestra propia casa y con nuestra propia familia.

CÓMO SE DIVERTÍAN CARLITOS CHAPLIN
Y DOUGLAS FAIRBANKS

Es perogrullada decir que Carlitos Chaplin y Douglas Fairbanks tienen suficiente dinero como para divertirse un poco; pues, a pesar de toda su riqueza y fama, no han hallado mejor diversión, manera más agradable de pasar las noches, que practicando la improvisación.

Aquí tenemos el relato, tal como lo escribió Douglas Fairbanks hace algunos años en la *Revista Americana:*

"Una noche estábamos de juerga, y yo presenté a Carlitos a los comensales de un banquete imaginario. Éste tuvo que levantarse y echar un discurso que armonizara con la presentación. Y de esto nació un juego que hemos estado practicando casi todas las noches durante dos años. Cada uno de los tres (Mary Pickford, Chaplin y Fairbanks) escribe sendos temas sobre un pedazo de papel. Luego los plegamos y mezclamos. Cada uno de nosotros saca uno de estos papelitos. Cualquiera que sea la palabra, tenemos que levantarnos sucesivamente y hablar durante sesenta segundos sobre esa palabra. Nunca usamos la misma palabra dos veces. Esto mantiene siempre nuevo el juego. Y usamos toda clase de palabras. Recuerdo una noche cuando dos de las palabras eran *Fe* y *Pantallas.* *Pantallas* me tocó a mí, y fue una de las tareas más engorrosas que haya tenido en mi vida esta de hablar durante sesenta segundos sobre *Pantallas.* Si alguien hay que lo crea fácil, trate de hacerlo. Se comienza con mucho valor: "Las pantallas tienen dos usos: modifican y menguan la luz, y sirven de adorno". Y aquí se atasca uno, a no ser que sepa bastante más sobre pantallas de lo que yo sé. De algún modo, sin embargo, conseguí mantenerme a flote. Pero lo importante está en cómo se nos ha aguzado el ingenio desde que comenzamos a jugar a esto. Hemos ampliado nuestros conocimientos en una porción de objetos varios. Pero, lo que es mucho mejor, estamos aprendiendo a concentrar nuestros conocimientos y pensamientos en cualquier tema con sólo un momento de plazo. Estamos aprendiendo a pensar de pie. Digo *estamos* porque aún seguimos con el juego. No nos hemos cansado en casi dos años, lo cual significa que todavía nos está aprovechando."

SUMARIO

1. "El arte de la guerra —decía Napoleón— es una ciencia en la que nada sale bien si previamente no se la calcula y medita." Esto es tan cierto del arte de tirar tiros como del arte de hablar en público. Un discurso es un viaje. El orador que no arranca de alguna parte, generalmente no llega a ninguna parte.

2. No se pueden dar reglas infalibles, rigurosas, sobre el ordenamiento de ideas y la construcción de todos los discursos. Cada discurso tiene sus problemas peculiares.

3. El orador debiera tratar completamente un punto mientras está en él, y luego no tocarlo más. Como ejemplo leamos el discurso de Nariño. No tiene éste que ir de un lugar a otro, sin rumbo, como un murciélago al anochecer.

4. André Siegfried ha dado el siguiente plan de trabajo intelectual:

1. Sacudir la pereza mental.

2. Observar antes de discutir { Respetar el hecho: observarlo tal como es. No creer lo que se *desea* creer.

3. Masticación y digestión. (Para esto es necesario buena dentadura y mejor estómago.)

4. Medir y pesar las cosas, compararlas con aquellas que tienen afinidad con ellas.

5. Situar el asunto.

6. Administrar bien la memoria: Recordar los hechos importantes, y olvidar los otros.

7. Proceder como un general en la guerra { Reclutamiento de hechos e ideas. Movilización. Concentración en los lugares de combate.

8. Tener siempre presente el motivo esencial que hace actuar a los hombres en la vida (factor psicológico).

9. "La verdad está siempre en la oposición" decía Paul Valéry. No debemos creer nada porque nos lo digan. La verdad debe instalarse en nuestro espíritu merced a nuestro propio esfuerzo.

10. Saber presentar el problema; determinar un eje al asunto, y no apartarse de este eje; y si es necesario apartarse, no perderlo de vista. El hombre *justo* es aquel que tiene los pies en el suelo. El hombre *inteligente,* pero no *justo,* puede razonar brillantemente, pero sus razonamientos de nada sirven, porque tiene los pies en el aire. Un problema bien presentado es un problema medio resuelto.

11. Bosquejar, proponer las soluciones posibles.

5. También este plan puede resultar muy útil:
1. Mostrar algo que está mal.
2. Mostrar cómo se lo puede remediar.
3. Pedir cooperación.

6. He aquí un plan excelente. (Para mayores detalles, véase el capítulo XV):
1. Atraigamos la atención y el interés del público.
2. Ganemos la confianza del auditorio.
3. Digamos lo que tenemos que decir; eduquemos a la gente respecto del mérito de nuestra proposición.
4. Toquemos los resortes que hacen actuar a los hombres.

7. Antes de hablar, Lincoln meditaba sus conclusiones con exactitud matemática. Cuando tenía cuarenta años de edad, y después de haber sido miembro del Congreso, estudiaba aún a Euclides para descubrir sofismas y demostrar sus conclusiones.

8. Cuando Roosevelt preparaba un discurso, conseguía cuantos datos podía, escogía los más útiles y luego dictaba su discurso apresuradamente, corregía la copia dactilográfica, y por fin lo dictaba de nuevo.

9. Si es posible, dictemos la conferencia a un dictáfono y luego escuchémosla.

10. Las notas destruyen un cincuenta por ciento del

interés en nuestro discurso. Evitémoslas. Sobre todo, no leamos nuestros discursos. Los auditorios apenas pueden soportar cosa semejante.

11. Después de haber pensado y dispuesto el discurso, practiquémoslo interiormente mientras vamos por la calle. Entremos en algún lugar donde podamos estar solos, y repasémoslo desde el principio hasta el final, con gestos y calor. Imaginemos que el auditorio está frente a nosotros. Cuanto más ensayemos, más cómodos nos sentiremos al llegar el momento de hablar.

VICIOS DE LENGUAJE

VOCABULARIO

Por arcaísmo unas veces, y por ignorancia otras, se acentúan erróneamente los siguientes vocablos:

INCORRECTO	CORRECTO
Transeunte	Transeúnte
Záfiro	Zafiro
Cefiro	Céfiro
Endócrina	Endocrina
Polígloto	Poligloto
Flúido	Fluido
Neumonia	Neumonía
Represalía	Represalia
Decígramo	Decigramo
Decílitro	Decilitro
Decimetro	Decímetro
Ventroloquía	Ventriloquia
Telégrama	Telegrama

GRAMÁTICA

Recién

Recién sólo se usa antepuesto a participios pasivos, tales como *venido, llegado, casado,* etc.

    Recién llegado,
    Recién nacido,
    Recién terminado.

"*Recién* vino Juan", debe reemplazarse por "Acaba de venir Juan."

"*¡Recién* ahora me lo dices!*", por "¡Pues no pudiste decírmelo antes!", "¿Por qué no me lo dijiste antes?", etc.

"*Recién* ahora comprendo su abnegación", por "Sólo ahora comprendo su abnegación", etc.

EJERCICIO VOCAL. EL REPOSO ABSOLUTO

"Se arruinan, probablemente, más voces por el esfuerzo que por cualquier otra causa —decía la Schumann-Heink—. El cantante debe estar en reposo. Esto no significa flojedad. No significa que el cantante deba desfallecer. Reposo, como lo entendemos los cantantes, es un maravilloso estado de fluctuación, de ligereza, de libertad, de comodidad, y una falta absoluta de tensión en todas partes. Cuando estoy en reposo, tengo la sensación de que cada átomo del cuerpo flotara en el espacio. No tengo un solo nervio en tensión."

La Schumann-Heink se refiere al canto; pero, desde luego, esto mismo se aplica al habla. El esfuerzo arruina las voces, nos dice; y ¿qué más común en esta época de apresuramiento que el esfuerzo y la tensión de los nervios? Todo esto se nota tan claramente en la voz como en el rostro. ¡Tranquilidad! ¡Reposo! Éstos debieran ser nuestros lemas. ¡Reposo! ¡Tranquilidad! Tales palabras debieran ser nuestro santo y seña. Bonci, un famoso cantante de ópera, decía que el reposo era el fundamento de una buena voz.

¿Cómo hacer para lograr esto? Primero, aprendamos a "relajar" el cuerpo. Todo nuestro organismo influye sobre las cuerdas vocales. La imperfección en la caja de resonancia de un piano, aunque sólo sea un tornillo flojo, repercutirá en el tono. Y como en nuestra voz repercuten también todas las partes del cuerpo, un poco de tensión aquí y allá impedirá la perfección que de suyo tenga.

¿Podemos relajarnos? Es sencillo: relajémonos y ya estamos al cabo de la calle. No hay que hacer nada. Hay que no hacer. No es un esfuerzo que se requiera. Es precisamente la falta de ese esfuerzo. Pongamos el brazo horizontal, hacia adelante. Relajémoslo. ¿Cayó como un péndulo, y osciló varias veces antes de quedarse quieto? Si no osciló, no lo hemos relajado. Lo hemos bajado simplemente. Probemos de nuevo. ¿Qué tal esta vez?

Todas las noches, cuando vayamos a la cama coloquémonos de espalda y respiremos profundamente, diafragmáticamente, tal como indicamos en los dos primeros capítulos. Pero antes de comenzar este ejercicio, relajémonos. Relajemos todo el cuerpo. Relajémonos completamente. Sintámonos inertes como un saco de algodón. Imaginémonos que toda la energía de los brazos, de las piernas, del cuello, fluye hacia el centro del cuerpo. Debemos relajarnos tanto que la quijada se nos abra. Logremos que los brazos, las piernas y el tronco *pesen* sobre la cama, con tanto peso y tan sin vida que parezca que nunca ya tendremos suficiente fuerza para levantarlos de nuevo. Sintámonos perezosos. Ahora, respiremos profundamente, lentamente, naturalmente, sin pensar sino en estar cómodos y en reposo completo.

Ciertamente, el pensamiento de las preocupaciones, los problemas, las ansiedades diarias, pueden invadirnos el cerebro y bullir en él como una copia de mosquitos que nos fastidiasen y nos pusiesen los nervios "de punta". Si sucede esto, espantemos esos pensamientos como espantaríamos los mosquitos. Espantémoslos con palabras tranquilizadoras a este tenor: "Estoy tranquilo. Estoy en reposo absoluto. Me siento como si no tuviese fuerzas para levantar el brazo. Estoy completamente relajado".

Estas palabras, y el ritmo de la profunda respiración, deben sumirnos en ese adormecimiento que pronto se convierte en sueño, ese sueño que, al decir de Shakespeare, "teje la deshebrada seda de los cuidados, la muerte de cada diaria vida, es el baño de la dura faena, el bálsamo de los espíritus heridos", etc.

¡Qué refrescante, qué calmante, qué reparador será un sueño así!

Cuando hayamos desarrollado la deliciosa sensación de esta clase de reposo, tratemos de introducirla también en nuestra vida cotidiana. Y cuando hablemos, hagamos por sentirnos como la Schumann-Heink cuando reposaba. "Tengo la sensación de que cada átomo del cuerpo flotara en el espacio. No tengo un solo nervio en tensión".

Cuando hagamos esto y respiremos correctamente, y dominemos la respiración, estaremos solamente a un paso de tener buena voz.

Capítulo IV

PERFECCIONAMIENTO DE LA MEMORIA

El aprendizaje está relegado a la memoria, que lo ejecuta de modo genéticamente autónomo, es decir, independiente de la inteligencia. Pero dejemos clara constancia de esto: aprender no equivale completamente a "memorizar"; el aprendizaje no ha de confundirse con la mnemotecnia. "Memorizar" es concentrarse toda la persona sobre el material, y la reproducción de éste es reacción de toda la persona y, por lo tanto, limitadamente, creación. Pero cuando la reproducción no se realiza al pie de la letra, lo cual sucede ordinariamente, ésa es la más creativa de todas las reproducciones.

SANTE DE SANCTIS

Generalmente, los perezosos no ponen atención en lo que leen, y creen poderla meter en la memoria leyendo y releyendo materialmente muchas veces, desde el principio al fin, el trozo que han de aprender. Hay, en cambio, quienes en quince minutos aprenden tanto como aquéllos en tres horas, y saben el sentido de lo aprendido, que los otros ignoran. Lo cual es debido a que éstos cuidan no tanto de la palabra como de su interior significado; es decir: en su ejercicio se sirven de la atención.

ROBERTO ARDIGÓ

"La persona media —dice el famoso psicólogo Charles Seashore— no emplea más del diez por ciento de su verdadera capacidad heredada para la memoria. Malgasta un noventa por ciento por violar las leyes naturales de la memoria."

¿Hay alguno entre nosotros que sea ese individuo medio? Si lo hay, esa persona está luchando con una desventaja social e intelectual; la lectura y relectura de este capítulo le será muy provechosa e interesante. Describe y explica estas leyes naturales de la memoria y nos adiestra en el modo de emplearlas, así para nuestras actividades generales como para la oratoria.

Estas "leyes naturales de la recordación" son muy sencillas. Son sólo tres. Todos los llamados sistemas mnemotécnicos se han fundado sobre la base de ellas. Y son, brevemente: la *impresión,* la *repetición* y la *asociación.*

El primer mandato de la memoria es: obtener una *impresión* profunda, vivaz y duradera de la cosa que deseamos retener. Y para esto, hemos menester concentrarnos. Don Marcelino Menéndez y Pelayo tenía una memoria extraordinaria. Antes de los 20 años sabía ya de memoria todo el *Quijote,* toda la *Historia de España* de Mariana y parte de la *Biblia.* Y no poco de esta extraordinaria facilidad se debía a esto: las impresiones que recibía quedaban grabadas en acero, no escritas en la arena. Había logrado, por la práctica y por el interés apasionado que ponía en sus estudios, poder abstraerse en las más adversas circunstancias. Tan así es, que si su madre no velaba constantemente por él, olvidaba comer y dormir durante días enteros. También Canalejas gozó de memoria afortunada e intensa capacidad de abstracción. Tenía la curiosa costumbre, cuando se engolfaba en sus pensamientos, de irse despojando de sus prendas. Se quitaba primero el reloj, luego las monedas, los papeles, el pañuelo y cuanto había en los bolsillos. Luego se quitaba la corbata, la americana y, finalmente, la camisa. Todo esto maquinalmente, sin sospechar siquiera que lo estuviese haciendo.

Cinco minutos de concentración vivaz, vigorosa, darán resultados más beneficiosos que días enteros de errar distraídos en sopor mental. "Una hora intensa —escribía Henry Beecher— es más provechosa que años vaporosos." "Si hay algo que me haya parecido más importante que lo demás —dice Eugene Grate—, y que pongo en práctica todos los días y en todas las circunstancias, es el *reconcentramiento en lo que esté haciendo.*"

Éste es uno de los secretos del poder, especialmente del poder de la memoria.

NO VEÍAN UN CEREZO

Thomas Edison descubrió un día que veintisiete de sus asistentes habían estado usando, todos los días durante seis meses, cierto sendero que comunicaba su fábrica de lámparas con su fábrica general. En este sendero crecía un cerezo y, sin embargo, cuando se interrogó a estos hombres, se halló que ninguno de ellos había reparado en la existencia del tal cerezo.

"El cerebro del individuo medio —hace notar Edison con vehemencia— no observa la milésima parte de cuanto observan los ojos. Es casi increíble la pobreza de nuestro poder de observación, de verdadera observación."

Presentemos al individuo medio a dos o tres amigos y, seguramente, a los dos o tres minutos no podrá ya recordar el nombre de ninguno. ¿Por qué? Porque no reparó en ellos suficientemente, porque no los observó con precisión. Probablemente nos diga que es flaco de memoria. Pues no lo es; es flaco de observación. Seguramente, no diría de una cámara fotográfica que no sirve porque en la niebla no saque fotografías; sin embargo, espera que su mente retenga impresiones borrosas y nebulosas en extremo. Desde luego, no puede ser.

Pulitzer tenía tres palabras colocadas sobre su escritorio, en la editorial:

PRECISIÓN
PRECISIÓN
PRECISIÓN

Esto necesitamos. Escuchemos el nombre con precisión. Pidámosle que lo repita. Si es un nombre extranjero, preguntemos cómo se escribe. Nuestra nueva relación se sentirá halagada por ese interés, y nosotros podremos recordar su nombre porque nos hemos concentrado. Hemos recibido una impresión clara, precisa.

POR QUÉ LINCOLN LEÍA EN VOZ ALTA

Lincoln, en su juventud, asistía a una escuela cuyo piso era de maderas rotas; en vez de vidrio, ponían en las ventanas sucias páginas de cuadernos para que entrase la luz. Sólo había un libro de texto, y el maestro lo leía en voz alta. Los alumnos repetían sus palabras, todos a un tiempo. Era un constante murmullo, y los vecinos dieron en llamar a esta escuela "la escuela bulliciosa".

En la escuela bulliciosa, Lincoln adquirió una costumbre que no perdió más: la de leer siempre en voz alta cualquier cosa que desease aprender. Todas las mañanas, al llegar a su bufete de Illinois, se tiraba sobre un sofá, pasaba la larga pierna por encima de la silla, y leía el diario en voz alta. "Me fastidiaba —decía su socio— hasta más no poder. Un día le pregunté por qué leía así. Y ésta fue su explicación: 'Cuando leo en voz alta, hay dos sentidos que toman la idea: primero, veo lo que leo; segundo, lo oigo, y por tanto lo puedo recordar mejor'."

Su memoria era poderosa. "Mi cerebro —decía él mismo— es como un pedazo de acero: muy difícil grabar nada sobre él, pero casi imposible, una vez que se ha grabado, de borrarlo."

Aplicar dos de los sentidos era su método. Ve tú, y haz esto mismo...

Lo ideal sería no sólo ver y oír lo que hemos de recordar, sino también tocarlo y olerlo y gustarlo.

Pero, sobre todo, verlo. La vista es nuestro sentido más desarrollado. Las impresiones visuales quedan. Muchas veces podemos recordar la cara de una persona aunque hayamos olvidado su nombre. Los nervios que van de los ojos al cerebro son veinte veces más largos que los que van de los oídos. Los chinos tienen un proverbio que dice: "ver una vez equivale a escuchar mil veces".

Escribamos el nombre; el teléfono; el subtítulo del discurso que queramos recordar. Mirémoslo. Cerremos los ojos. Representémonoslo en letras de fuego.

CÓMO APRENDIÓ MARK TWAIN A HABLAR SIN NOTAS

El descubrimiento de cómo usar su memoria visual permitió a Mark Twain descartar las notas que habían estorbado sus discursos durante años. He aquí la historia, tal como la narró él:

"Las fechas son difíciles de recordar porque consisten en cifras: las cifras son monótonamente lisas, en apariencia, y no se fijan en la memoria. No forman ninguna figura, y entonces no dan oportunidad de que se graben. Las figuras en cambio sí pueden grabar una fecha en la memoria. Pueden grabar casi cualquier cosa, sobre todo si la figura la hacemos nosotros mismos. Éste es, realmente, el punto principal: hacer la figura nosotros mismos. Lo sé por experiencia. Hace treinta años daba yo una conferencia aprendida de memoria, noche tras noche, y cada vez que la pronunciaba tenía que ayudarme de una página de notas para no confundirme. Las notas eran principios de párrafo, y sumaban once en total. Eran, más o menos así:

"En aquella región el tiempo...
"A la sazón era costumbre...

"Pero en California uno nunca escuchaba...

"Así, once. Me circunscribían a la conferencia y me impedían que me salteara algún punto. Pero todas eran iguales en la hoja ésta; no formaban una figura. Las sabía de memoria y, sin embargo, nunca podía con certeza recordar el orden de la sucesión; por lo tanto, tenía que estar constantemente con las notas en la mano y mirarlas de vez en cuando. Cierta vez las perdí. No creo que nadie pueda imaginar el terror indescriptible que sentí aquella tarde. Entonces comprendí que debía inventar algo más seguro. Aprendí de memoria diez letras iniciales, en el orden que les correspondía, E, A, P, etc., y subí al tablado la próxima noche con estas iniciales marcadas en las uñas. Pero no me dio resultado. Recordé en qué dedo iba por un rato, pero luego ya no supe cuál era el último que había mirado. Ni podía borrarme las letras a medida que las iba usando, porque, aunque esto hubiera asegurado el éxito, habría despertado demasiada curiosidad. La desperté bastante sin ese ardid. El auditorio creía que yo estaba más interesado en mis uñas que en la conferencia. Una o dos personas me preguntaron más tarde qué me pasaba con las uñas.

"Fue entonces cuando se me ocurrió la idea de las figuras. Esto terminó con mis dificultades. En dos minutos hice seis figuras con mi pluma que reemplazaron, y con gran éxito, a las once frases de clave. Tiré las figuras tan pronto como las hube dibujado, porque estaba seguro de que en cualquier momento, con sólo cerrar los ojos, las podría ver. Esto sucedió hace un cuarto de siglo. La conferencia se me olvidó hace más de veinte años, pero podría volver a escribirla a partir de las figuras, porque aún las recuerdo."

Recientemente tuve ocasión de pronunciar de memoria un discurso. Quería emplear, muy especialmente, el material de este capítulo. Aprendí los puntos mediante imágenes. Me imaginé a Menéndez y Pelayo leyendo mientras su madre lo llamaba inútilmente a comer. Vi a Canalejas quitándose sucesivamente las prendas. Vi a Edison contemplando un cerezo. Me representé a Lincoln leyendo en voz alta. Me figuré a Mark Twain quitándose la tinta de las uñas frente a su auditorio.

¿Cómo recordé el orden de las imágenes? ¿Con uno, dos, tres, cuatro? No; hubiera sido eso muy difícil. Convertí estos números en otras tantas imágenes, y combiné las imágenes de los números con las imágenes de los puntos. Por ejemplo, *uno* suena igual que *huno,* de modo que Atila vino a reemplazar al número uno: me representé a Menéndez y Pelayo luchando a brazo partido con Atila. Para *dos* elegí una palabra que se le pareciese, tos. Me imaginé que las prendas que Canalejas se iba quitando tosían desenfrenadamente. Para tres pensé en una palabra que sonase como tres, res. Me representé a Lincoln tendido sobre una res y leyendo en voz alta. Para cuatro busqué una palabra que sonara como cuatro: catre. Imaginé a Mark Twain acostado sobre un catre, borrándose la tinta de las uñas, al tiempo que hablaba a su auditorio.

No se me escapa que muchas personas, al leer esto, pensarán que semejante método toca en lo ridículo. Toca, en efecto. Ésa es una de las razones por las que da buen resultado. Es relativamente fácil recordar lo grotesco y ridículo. Si hubiese tratado de recordar el orden de mis puntos mediante números solamente, habría podido olvidarme fácilmente. Pero, con el método que acabo de describir, era casi imposible no recordarlo. Cuando quise saber cuál era el tercer punto no tuve más que preguntarme qué había sobre una res. Instantáneamente veía a Lincoln.

Para mi propio uso, en gran parte, he convertido los veinte primeros números en otras tantas imágenes, según el método ya explicado. Las he incluido aquí. Si dedicamos media hora a aprender estos números-imágenes, cuando se nos dé una lista de veinte objetos sólo una vez podremos repetirlos en el orden exacto, y podremos saltarnos a la ventura, diciendo cuál objeto nos dijeron en octavo lugar, cuál en el decimocuarto, cuál en el tercero, etc.

Éstos son los números-imágenes. Hagamos la prueba. La encontraremos divertida:

1. Huno. Imaginemos a Atila en su caballo.
2. Tos. Representémonos un cerezo tosiendo.
3. Res. Veamos el tercer objeto sobre una res.

4. Catre. O cualquier palabra que represente un objeto o animal que suene como cuatro.

5. Brinco. Un caballo dando un brinco.

6. Reis. Veamos a un brasileño contando dinero.

7. Ariete. Un grupo de guerreros batiendo las murallas de un castillo sitiado.

8. Chocho.

9. Nieve. Está nevando y los niños están haciendo un muñeco, que tiene una pipa enorme en la boca. Hay que poner vida en la imagen. Esto nos permite recordarla mejor.

10. Pies. Dos pares de pies que bailan una jota con suma agilidad.

11. Pensemos en los once jugadores de un equipo de fútbol, corriendo todos juntos y llevando en alto el objeto que desean recordar.

12. Coces. Una mula que da coces.

13. Trozo. Veamos a alguien que hace trozos del objeto decimotercero.

14. Divorcio. Un matrimonio que anda a la greña.

15. Lince. Un lince que ha tomado el objeto decimoquinto entre los dientes, es acosado por una jauría de perros.

16. Desinterés. Se le ofrece a una persona el decimosexto objeto como premio, y ésta lo rechaza.

17. Brazalete. Una mujer muy hermosa tiene un brazalete con el objeto grabado en él.

18. Bizcocho. Un cocinero está preparando bizcocho y arroja en la masa el decimoctavo objeto.

19. Aguanieve. Un temporal de aguanieve.

20. Venta. Una venta donde se vende el vigésimo objeto.

Si queremos probar esto, tenemos que aprender de memoria los números-imágenes. O, si así lo preferimos, podemos formarnos imágenes propias. Para *diez*, podemos pensar en *pez*, o en *fez*, o en *nuez*, en fin, en cualquier palabra que suene como diez. Supongamos que el décimo objeto es un molino. Figurémonos entonces un pez sentado en lo alto del molino, o veamos un molino tocado de fez. Y cuando nos pregunten cuál es el décimo objeto, no pensemos en *diez*. Pensemos simplemente: ¿dónde estaba sentado el pez? Quizá pensemos que no dará resultado, pero intentémoslo. Pronto sorprenderemos a la gente con lo que ellas considerarán una capacidad extraordinaria para recordar. De todos modos, como ya le dije, lo encontraremos divertido.

DONDE SE APRENDE DE MEMORIA UN LIBRO CASI TAN LARGO COMO EL NUEVO TESTAMENTO

Una de las universidades más grandes del mundo es la de El Hozar, en El Cairo. Es una institución mahometana que tiene veintiún mil estudiantes. En el examen de entrada se exige a cada aspirante que repita el Corán de memoria. El Corán es casi tan largo como el Nuevo Testamento, y se necesitan tres días para leerlo.

Los estudiantes chinos, o "muchachos del estudio" como los llaman allá, deben aprender de coro algunos de los libros religiosos y clásicos de China.

¿Cómo logran estos estudiantes árabes y chinos, muchos de ellos personas de talento mediocre, realizar estas hazañas aparentemente prodigiosas de la memoria?

Por la *repetición*, segunda "ley natural de la memoria".

Podemos recordar una cantidad casi interminable de material si lo repetimos suficientemente a menudo. Repasemos lo que queremos recordar. Usémoslo. Apliquémoslo. Empleemos las palabras recién aprendidas. Llamemos a los extraños por sus nombres si queremos recordarlos. Hablemos en nuestras conversaciones sobre los puntos que vamos a tocar en nuestro discurso. Todos los conocimientos que son empleados tienden a fijarse en la memoria.

LA CLASE DE REPETICIÓN QUE APROVECHA

Pero el simple repetir, ciego y mecánico, de una cosa, no es suficiente. La repetición inteligente, la repetición efectuada de acuerdo con ciertos rasgos bien establecidos del cerebro, eso debemos hacer. Por ejemplo, el profesor Ebbinghaus dio a sus estudiantes una larga lista de palabras que carecían de sentido, para que las aprendieran de memoria: "deyux", "qoli", etc. Y descubrió que estos estudiantes aprendían igual cantidad de palabras con treinta y ocho repeticiones, efectuadas en tres días, que con sesenta y ocho, cuando las hacían de una vez.

Otras pruebas psicológicas han arrojado, en repetidas ocasiones, resultados similares.

Éste es un hallazgo muy significativo con respecto al funcionamiento de nuestra memoria. Quiere decir que sabemos ahora que el individuo que se sienta y repite una cosa una y otra vez hasta que por fin la fija en su memoria, está gastando el doble de tiempo y energía que se necesita para obtener el mismo resultado cuando se divide el proceso de la repetición en intervalos sensatos.

Esta peculiaridad de nuestra mente —si podemos llamarla peculiaridad— puede ser explicada por dos factores:

Primero: durante los intervalos entre las repeticiones, nuestro subconsciente está ocupado en asegurar más fuertemente las asociaciones. Como apunta muy cuerdamente William James: "Aprendemos a nadar durante el invierno y a patinar durante el verano".

Segundo: el cerebro, reanudando la tarea después de intervalos, no se fatiga con el esfuerzo de una aplicación constante. El traductor de "Las Mil y Una Noches" hablaba veintisiete idiomas a la perfección; sin embargo, confesaba que nunca había estudiado por más de quince minutos a la vez, "puesto que pasado ese tiempo el cerebro pierde su frescura".

Seguramente que ahora, después de haber leído todas estas razones, ninguna persona que se glorie de tener sentido común dejará la preparación de su discurso para la víspera del día en que lo deba pronunciar. Si así lo hace, su memoria trabajará, necesariamente, con sólo una mitad de su eficacia posible.

He aquí otro hallazgo muy útil sobre la manera en que olvidamos. Los experimentos psicológicos han demostrado, en repetidas veces, que del nuevo material que hemos aprendido olvidamos más en las primeras ocho horas que durante los próximos treinta días. ¡Vaya proporción! Conque, inmediatamente antes de concurrir a una asamblea, inmediatamente antes de pronunciar un discurso, repasemos nuestros datos, pensemos en lo que vamos a decir, refresquemos nuestra memoria.

Lincoln conocía el valor de esta práctica, y la empleaba. El humanista Edward Everett le precedió en el programa de discursos de Gettysburg. Cuando vio que Everett estaba acercándose al final de su extensa y clásica oración, Lincoln "se volvió visiblemente nervioso, como le sucedía siempre que otro hombre estaba hablando y tocaba a él seguirle". Poniéndose las gafas apresuradamente, extrajo su manuscrito del bolsillo y lo leyó silenciosamente para refrescar su memoria.

WILLIAM JAMES EXPLICA EL SECRETO DE UNA BUENA MEMORIA

Hasta aquí lo que atañe a las dos primeras leyes de la memoria. La tercera, *asociación,* es, sin embargo, elemento indispensable para recordar. Lo cierto es que ella explica por sí sola la memoria. "Nuestra mente —como hace observar James— es en esencia una máquina de asociaciones... Supongamos que me estoy callado por un momento y de pronto digo: ¡Recordad! ¡Recordad! ¿Obedece nuestra facultad de la memoria y reproduce cualquiera imagen precisa de lo pasado? Desde luego que no. Se queda en lo vacío, preguntando: *¿Qué quiere que recuerde?* Necesita, entonces, una sugestión. Pero, si yo digo que recordéis la fecha de vuestro nacimiento, o que recordéis qué tomasteis de desayuno esta mañana, o que recordéis la sucesión de notas de la escala musical, entonces la memoria produce en seguida el resultado exigido: la *sugestión* determina un amplio juego de potencialidades hacia un punto particular. Y si nos molestamos a ver cómo sucede esto, advertiremos inmediatamente que esta *sugestión* es algo asociado por contigüidad a la cosa recordada. Las palabras *fecha de mi nacimiento* tienen una asociación íntima con un número, mes y año determinados; las palabras *desayuno esta mañana* cortan toda otra suerte de recuerdo excepto el que se refiere al café con leche, tostadas y manteca; las palabras *escala musical* son las eternas vecinas mentales de do, re, mi, fa, sol, la, etc. Las leyes de la asociación gobiernan todos aquellos movimientos del pensar que no están interrumpidos por sensaciones que nos lleguen desde fuera. Todo cuanto aparezca en la mente debe ser *introducido;* y cuando se lo introduce, se asocia con algo que ya hay allí. Esto es igualmente cierto de lo que se recuerda que de todo lo que pensamos. Una memoria educada descansa sobre un sistema organizado de asociaciones; y su bondad depende de dos características: primero: la persistencia de las asociaciones; y segundo: su número. El secreto de una buena memoria es entonces el secreto de formar diversas y múltiples asociaciones con todos los hechos e ideas que queramos retener. Y formar asociaciones con un hecho o idea, ¿qué es sino pensar en este hecho o idea tanto como sea posible? En pocas palabras, pues, de dos hombres que tienen la misma experiencia exterior, *el que medita más en sus experiencias,* y las entreteje en relaciones más sistemáticas entre sí, será el que tenga mejor memoria."

CÓMO LIGAR HECHOS E IDEAS

Muy bien, pero, ¿cómo podemos enlazar nuestros datos e ideas para que tengan todos relación sistemática entre sí? La respuesta es: hallando su significado, meditándolos. Por ejemplo, si nos preguntamos y respondemos estas preguntas sobre cualquier hecho nuevo, tal proceso contribuirá a enlazarlo en relación sistemática con otros datos e ideas:

a. ¿Por qué es esto así?
b. ¿Cómo es esto así?
c. ¿Cuándo es esto así?

d. ¿Dónde es esto así?

e. ¿Quién dijo que esto fuera así?

Si es el nombre de un extraño, por ejemplo, y es un apellido ordinario, podremos quizás enlazarlo con algún otro amigo que lleve el mismo apellido. En caso contrario, si es un apellido poco común, podemos aprovechar para decirlo así. Esto a menudo hace que la otra persona hable de su nombre. Por ejemplo: mientras escribía este capítulo, me presentaron a una señora llamada Soter. Le pedí que me deletreara el nombre, e hice notar que me parecía muy raro.

—Sí —me dijo—, es muy raro. Es una palabra griega que significa "el Salvador".

Luego me contó la historia de la familia de su marido, que había venido de Atenas, y la encumbrada posición que habían tenido en el gobierno de aquel país. Siempre me ha resultado fácil hacer que la gente hable de su propio apellido, y ello me ha permitido recordarlos con mayor facilidad.

Observemos fijamente el aspecto del extraño. Reparemos en el color de sus ojos y de su pelo, y miremos detenidamente sus facciones. Fijémonos cómo viste. Escuchemos su manera de hablar; obtengamos una impresión clara, aguda, vivaz de su aspecto y personalidad, y asociemos esto con su nombre. Cuando estas agudas impresiones vuelvan a nuestra mente, arrastrarán el nombre tras sí.

¿A quién no le ha ocurrido encontrar a una persona por segunda o tercera vez, y comprobar que recuerda su profesión pero que ha olvidado el nombre? La razón es ésta: la profesión de un hombre es algo definido y concreto. Tiene significado. Se nos adhiere como esparadrapo, en tanto que el nombre, sin significado alguno, se nos escurre como el granizo que cae sobre un tejado pino. Por lo tanto, para estar seguros de nuestra facultad de recordar el nombre de una persona, construyamos una frase que se relacione con el nombre y con la profesión. No puede haber duda alguna con respecto a la eficacia de este método. Por ejemplo: veinte personas, desconocidas las unas de las otras, se reunieron para estudiar este curso. Se pidió a cada uno de ellos que se levantara y dijera su nombre y profesión y, a los pocos minutos, todos los presentes podían repetir el nombre de cada uno de los otros. Ni siquiera al final del curso se olvidaron de los nombres ni profesiones, porque estaban estrechamente unidos. Estaban adheridos.

Vayan aquí los diez primeros nombres, por orden alfabético, del grupo mencionado; damos al lado las diez frases, un poquito disparatadas, que se emplearon para enlazar nombres con profesiones.

Gloria Blanco (profesora) — "Las profesoras quieren que sus alumnas vistan impecablemente de blanco."

Antonio Cadenas (poeta) — "Los poetas son tan débiles que no pueden romper cadenas."

Tomás Camino (médico) — "La medicina va por buen camino."

Antonio Casero (estudiante de Filosofía y Letras) — "Los estudiantes de filosofía y letras suelen ser muy caseros."

José María Galán (periodistas) — "Cada periodista es un galán en potencia."

Luis Domínguez (abogado) — "Los abogados no trabajan en domingos."

Alberto Molares (banquero) — "Los molares de los banqueros están revestidos de oro."

Edmundo Montagne (estudiante de ingeniería) — "Los ingenieros perforan las montañas con sus máquinas."

Alfredo Rojas (oculista) — "Cuando los ojos se encarnizan y ponen rojos, hay que ir al oculista."

Fernando Silva (dentista) — "Los dentistas, mientras sacan las muelas, silban."

CÓMO RECORDAR FECHAS

Las fechas se pueden recordar mejor si las relacionamos con fechas fijadas ya firmemente en la memoria. ¿No es más difícil, por ejemplo, recordar que Rubén Darío murió en 1916, que recordar que murió a mediados de la Gran Guerra? Si alguien que no sea australiano trata de recordar que la primera colonización de Australia se efectuó en 1788, probablemente lo olvidará en muy poco tiempo. Pero es mucho más fácil si lo relaciona con la Revolución Francesa, y piensa que la primera colonización australiana se llevó a cabo un año antes de la toma de la Bastilla. Es como torcer una tuerca sobre un tornillo flojo. Allí se queda.

Conviene practicar este principio cuando buscamos un número telefónico. Por ejemplo, el número del autor, durante la guerra, era 1776. Nadie tenía dificultad para recordarlo, porque es el año de la independencia de los Estados Unidos. Si uno puede conseguir de la compañía números tales como 1492, 1810, 1914, 1918, etc., sus amigos no tendrán necesidad de consultar la guía de teléfonos. Podrían quizás olvidar el número si se lo damos sin llamarles la atención; pero lo recordarán si les decimos:

—No te puedes olvidar de mi número: 1492, el año del descubrimiento de América.

¿Cuál es el mejor modo de recordar las siguientes fechas?

a. 1616: Muerte de Cervantes;
b. 1713: Tratado de Utrecht;
c. 711: Invasión de España por los árabes;
d. 1859: Nacimiento de Manuel Gutiérrez Nájera;
e. 1492: Conquista del reino de Granada.

Seguramente se nos haría cansador aprender, por simple repetición mecánica, los nombres de las ocho repúblicas centroamericanas en el orden en que se emanciparon de su metrópoli. Pero enlacémoslas mediante una historia imaginaria, y lo lograremos con sólo una fracción del tiempo y esfuerzo. Leamos el párrafo siguiente una sola vez. Reconcentrémonos. Al terminarlo, veremos que podemos repetir los nombres en el orden deseado:

"Un *nicaragüense* llamado *Domingo,* que vivía en *Guatemala,* se fue a pasar las vacaciones a *Costa Rica.* Y allí topó con un antiguo amigo y compatriota suyo, famoso por las *honduras* en que solía meterse de estudiante, que se llamaba *Salvador.* Salvador, que había sido un muchacho pobre y virtuoso, estaba ahora hecho una *cuba* y gastaba géneros de inmejorable calidad, zapatos del más fino cuero y un valiosísimo *panamá.*"

CÓMO RECORDAR LOS PUNTOS DE NUESTROS DISCURSOS

Hay solamente dos modos posibles por los cuales podemos pensar en algo; el primero es mediante un *estímulo externo.* El segundo, mediante asociación con algo que ya tenemos en la mente. Aplicado esto a discursos, significa, ni más ni menos: primero: que podemos recordar nuestros puntos mediante el auxilio de estímulos, tales como notas —pero, ¿a quién le gusta ver a un orador que emplee notas? Segundo: podemos recordar nuestros puntos asociándolos con algo que ya tengamos en la mente. Debieran estar enlazados en orden tan lógico, que el primero conduzca inevitablemente al segundo y el segundo al tercero, tan naturalmente como la puerta de una habitación conduce a la habitación paredaña.

Esto puede parecer sencillo, pero acaso no lo sea tanto para el principiante, cuya capacidad de razonar ha sido puesta fuera de combate por el miedo.

Hay, sin embargo, un método para enlazar los puntos, que es a la vez fácil, rápido y seguro. Me refiero al uso de una frase desatinada. Por ejemplo, supongamos que tenemos que hablar sobre un verdadero revoltillo de ideas, no asociadas y, por tanto, difíciles de recordar. Sean los puntos *vaca, cigarro, Napoleón, casa* y *religión.* Tratemos ahora de soldar estas ideas como si fueran eslabones de una cadena, mediante esta frase absurda: "La vaca fumó un cigarro y dio una cornada a Napoleón, después de lo cual la casa se incendió de religión".

Y ahora, tapemos con la mano esta frase y respondamos a las siguientes preguntas: ¿Cuál es el tercer punto del discurso? ¿Cuál el quinto, el cuarto, el segundo, el primero?

¿Da resultado el método? ¡Por cierto que sí! Y pido a los alumnos de este curso que lo empleen.

Cualquier grupo de ideas puede ser unido de este modo, y cuanto más ridícula sea la frase que resulta, tanto más fácil será el recordarla.

QUÉ HACER EN CASO DE OLVIDO COMPLETO

Supongamos que, a pesar de toda su preparación y precauciones, un orador, en medio de su discurso, se encuentra de pronto con que no tiene nada en el cerebro, se encuentra de pronto frente a frente con su auditorio, desbaratado, imposibilitado de seguir, en una situación terrible por cierto. Su orgullo le impide sentarse confundido y derrotado. Siente que podría pensar en el próximo punto, si sólo tuviera diez o quince segundos de gracia; pero aun quince segundos de frenético silencio delante de un auditorio sería punto menos que desastroso. ¿Qué hacer? Cuando cierto senador muy conocido se halló poco ha en esta situación, preguntó a su auditorio si no hablaba demasiado quedo, si los de atrás podían escucharle sin esfuerzo. Sabía que sí podían escucharle. No era información lo que buscaba. Buscaba tiempo. Y en esa pausa momentánea, retomó el hilo de su pensamiento y prosiguió.

Pero quizás el mejor salvavidas en huracán mental semejante sea éste: usar la última palabra, frase o idea del último párrafo, para principio del siguiente. Esto hará una cadena interminable que, como el arroyo de Tennyson —y, lamento decirlo, casi con tan poco propósito como el arroyo de Tennyson—, "correrá por siempre jamás". Veamos cómo funciona en la práctica. Imaginemos que un orador está hablando sobre el éxito en los estudios y se encuentre en un callejón sin salida después de haber dicho: "El estudiante medio no descuella en sus estudios porque no se interesa suficientemente en las investigaciones fuera de la universidad, contentándose con lo que su profesor le enseña. Carece de iniciativa".

"Iniciativa". Comencemos otro párrafo con "iniciati-

va". Quizá no tengamos idea sobre lo que vamos a decir, ni cómo vamos a empezar ni acabar el párrafo, pero, de todos modos, comencemos. Hasta un disparate es más de desear que la derrota completa.

"La iniciativa significa originalidad; consiste en hacer algo porque a nosotros se nos ocurra, sin esperar eternamente a que nos lo indiquen."

Ésta no es una observación muy chispeante. No formará, seguramente, época en la historia de la elocuencia humana. Pero, ¿no es mejor que el silencio de muerte? ¿Cuál fue nuestra última frase? "Esperando eternamente a que nos lo indiquen." Muy bien, comencemos un nuevo párrafo con esa idea.

"Ese constante indicar y guiar de las narices a los estudiantes es una de las tareas más improductivas que se pueda imaginar."

Bueno, ya pasamos ésa también. Vamos otra vez. Digamos algo ahora sobre la imaginación.

"Imaginación: he ahí lo que se necesita." Visión. "Donde no haya visión —dijo Salomón— el pueblo perecerá."

Esta vez lo hicimos sin necesidad de eslabón. Animémonos y prosigamos:

"El número de estudiantes que perecen cada año en la batalla del estudio es realmente lamentable. Digo lamentable, porque con un poco más de lealtad, un poco más de ambición, un poco más de entusiasmo, estos mismos hombres y mujeres se habrían podido elevar por sobre la línea de demarcación entre el éxito y el fracaso. Pero el fracaso en los estudios no admite alternativas."

Etcétera, etcétera... Mientras el orador escarba estas perogrulladas en la parte más superficial del cerebro, deberá, al mismo tiempo, pensar cuál era el próximo punto de su discurso planeado, qué había pensado decir en un principio.

Este método inacabable de hablar hará, si se lo continúa demasiado, que el orador eche a hablar de cosas tan trascendentales como el budín de ciruelas o el precio de los canarios. Sin embargo, es un primer auxilio eficacísimo para la mente abatida temporalmente por un arrebato de amnesia; y, como tal, su propinación ha permitido resucitar más de un discurso desmayado y moribundo.

NO PODEMOS PERFECCIONAR NUESTRA MEMORIA PARA CUALQUIER CLASE DE COSAS

He señalado en este capítulo cómo podemos mejorar nuestros *métodos* de obtener impresiones varias para repetir y para enlazar hechos e ideas. Pero la memoria es tan esencialmente asunto de asociación, que "no puede haber —como William James indica— mejoramiento de la facultad general o elemental de la memoria; sólo puede haber mejoramiento de nuestra memoria para sistemas especiales de ideas o imágenes asociadas".

Aprendiendo de memoria, por ejemplo, una cita diaria de Gracián, o de la Biblia, o de Shakespeare, podemos desarrollar nuestra memoria de citas literarias hasta un grado insospechable. Para cada nueva cita encontraremos muchos amigos en nuestra mente con quienes la podemos enlazar. Pero el que podamos repetir de coro todo el *Criticón*, o todos los *Salmos y Proverbios,* no quiere decir que nos será más fácil retener el nombre de los nuevos amigos o aprender latín en menos horas.

Digámoslo nuevamente: si aplicamos y usamos los principios vistos en este capítulo, mejoraremos la *manera* y *eficacia* para recordar cualquier cosa; pero si no aplicamos estos principios, entonces, el que sepamos diez millones de pormenores con respecto a la pintura moderna, no nos servirá de nada para aprender Derecho Penal o Romano. Cosas tan irrelacionadas no pueden entrelazar-

se. "Nuestra mente es, en esencia, una máquina de asociación."

SUMARIO

1. "El individuo medio —dice Charles Seashore— no
emplea más del diez por ciento de su verdadera capacidad heredada para la memoria. Malgasta un noventa por
ciento por violar las leyes naturales de la memoria."

2. Las leyes naturales de la memoria son tres: *impresión, repetición y asociación.*

3. Obtengamos una impresión profunda y vivaz de la
cosa que queramos recordar. Para ello debemos:

a. Concentrarnos. Ése era el secreto de la memoria de
   Menéndez y Pelayo.
b. Observar cuidadosamente. Una cámara fotográfica no
   toma fotografías en la niebla; la mente tampoco retiene
   impresiones borrosas.
c. Obtengamos nuestras impresiones por intermedio de tantos sentidos como nos sea posible. Lincoln leía en voz alta
   lo que quería recordar, para obtener una impresión visual
   y otra auditiva.
d. Sobre todo, tratemos de obtener impresiones visuales. No
   se borran. Los nervios que van del ojo al cerebro son
   veinte veces más largos que los que van del oído al
   cerebro. Mark Twain no podía recordar el bosquejo de su
   discurso cuando usaba notas; pero cuando dejó de usar
   notas y comenzó a usar figuras que le recordasen los
   varios subtítulos, cesaron todos sus cuidados.

4. La segunda ley de la memoria es la repetición. Miles
de estudiantes mahometanos aprenden de memoria el
Corán, que es casi tan largo como el Nuevo Testamento, y
esto lo consiguen muy principalmente merced a la repetición. Podemos aprender cualquier cosa —dentro de lo
razonable— si lo repetimos suficientemente. Pero recordemos esto:

a. No repitamos una cosa hasta que la tengamos grabada en
   la memoria. Repitámosla un par de veces. Dejémosla.

Volvamos más tarde a ella. Repitiéndola a intervalos lograremos aprenderla en la mitad de tiempo que habría sido necesario si lo hubiésemos intentado de una vez.

b. Después de aprendida una cosa, olvidamos tanto en las primeras ocho horas como en los próximos treinta días. Conque, repasemos nuestras notas minutos antes de levantarnos para hablar.

5. La tercera ley de la memoria es la asociación. La única manera en que se puede recordar una cosa, es asociándola con otra. "Todo cuanto aparezca en la mente —dice William James— debe ser introducido; y, una vez introducido, queda asociado a algo que ya estaba desde antes. Aquel que medita más sobre sus experiencias y las enlaza más sistemáticamente las unas con las otras, será el que tenga mejor memoria."

6. Cuando deseemos asociar un hecho con otros ya fijados en la memoria, pensemos en el nuevo hecho desde todos los ángulos. Hagámonos preguntas como éstas: ¿Por qué es esto así? ¿Cómo es esto así? ¿Cuándo es esto así? ¿Dónde es esto así? ¿Quién dijo que esto fuese así?

7. Para recordar un nombre extraño, hagamos preguntas respecto de él. ¿Cómo se escribe?, etc. Observemos detenidamente el aspecto de quien lleva ese nombre. Tratemos de relacionar su cara con su nombre. Preguntemos qué profesión tiene, y urdamos alguna frase disparatada que relacione nombre y profesión.

8. Para recordar fechas, asociémoslas con otras fechas importantes que ya sepamos. Por ejemplo, Gutiérrez Nájera nació un año antes de comenzar la Guerra de Secesión en América del Norte.

9. Para recordar los puntos de nuestros discursos, dispongámoslos en orden lógico que conduzca de uno a otro. Además, podemos fraguar una frase disparatada con los puntos principales, por ejemplo: "La vaca fumó un cigarro y dio una cornada a Napoleón, después de lo cual la casa se incendió de religión."

10. Si a pesar de todas las precauciones, nos olvidamos de pronto qué íbamos a decir, podemos todavía

salvarnos del fracaso completo usando las últimas palabras de nuestro último párrafo como primeras del próximo. Se puede continuar este procedimiento hasta que podamos pensar en el próximo punto.

VICIOS DE LENGUAJE

VOCABULARIO

Las palabras y giros de la primera columna son, desde luego, extranjeros. Se los emplea profusamente, pero tienen equivalencia en castellano:

INCORRECTO	CORRECTO
Hall	Vestíbulo
Amateur	Aficionado
Detective	Pesquisante, pesquisidor
Mandolina	Bandolín
Habitué	Parroquiano
Pierrot	Payaso
Allegro	Alegro
Team	Partido, equipo
Speaker	Locutor
Pickles	Encurtidos
Influenza	Gripe

GRAMÁTICA

Sur, Sud, Nord, Nor

Sur y *Sud* tienen, desde luego, idéntico significado. Pero usamos *Sur* cuando nos queremos referir al "punto cardinal del horizonte diametralmente opuesto al Norte". Y *Sud*, con d, lo usamos en composición: sudafricano, Sudoeste. *Suramericano* y *Sur América* no son correctos. Se dice *sudamericano* y *Sudamérica* o, mejor aún, *Améri-*

111

ca del Sur. Se dice también *Sudeste, Sudoeste, Sudsudoeste,* etc. Diré, de paso, que los nombres de los puntos cardinales se escriben con mayúscula cuando tienen sentido absoluto, y con minúscula en caso contrario:

El sol nace por el Este
Al sur de Madrid está Toledo

En cuanto a *Nor* y *Nord,* que sólo se emplean en composición, diremos que la segunda se antepone a *Este,* y la primera a *Oeste* o *Ueste: Nordeste, Noroeste, Nornorueste,* y sus derivados *nordestes, noroestear,* etc.

EJERCICIO VOCAL. RELAJACIÓN DE LA GARGANTA

El esfuerzo y la tensión, según vimos en el último capítulo, malogran la voz y la tornan desagradable. ¿Desde dónde realiza su fatal labor esta tensión? ¿Desde qué parte del cuerpo?

No puede caber duda respecto de esto. Como una víbora surge la respuesta y lame con su lengüezuela bifurcada un único lugar: la garganta. La tensión de los músculos de allí produce aspereza en la voz, fatiga, ronquera y un dolor de garganta. Existe un dolor de garganta de los maestros, un dolor de garganta de los predicadores, un dolor de garganta de los oradores. Una persona puede conversar en la taberna todo el día, mes tras mes, sin tener dolor de garganta. ¿Por qué, entonces, tiene que contraer esta afección cuando trata de hablar en público con cierta extensión? La respuesta es una sola palabra: tensión. No emplea adecuadamente sus órganos de vocalización. Está nervioso e, inconscientemente, contrae los músculos de la garganta. Respira profundamente, levanta la caja torácica por esfuerzo muscular y la deja levantada, siempre con los músculos como apoyo, y el esfuerzo de estos músculos pone tensos los músculos de la garganta. Quiere ser escuchado, y trata de arrancar las palabras. ¿El resultado? Que se producen tonos sofocados, tonos chillones, tonos desagradables, tonos que no se oyen adecuadamente.

Éste no es el modo correcto de proceder. "Catad, yo vos muestro un camino de más grande excelencia." Relajemos completamente la garganta. Convirtámosla en una simple chimenea por donde pase la columna de aire que sale de los pulmones. "Debe haber la menor conciencia posible de esfuerzo en la garganta", dice la Galli-Curci. Los viejos maestros del canto italiano solían decir: "L' italiano naon ha gola", los cantantes italianos no tienen garganta. Ningún gran cantante, Caruso, Melba, Patti, Mary Garden, ninguno cantaba como si tuviese garganta. Así deben hablar los oradores. Todos los músculos del pescuezo deben estar relajados. En realidad, todos los músculos del tronco también.

¿Cómo haremos para lograr esta tan deseable garganta relajada y abierta? He aquí una manera sencilla, una manera que no podremos olvidar fácilmente. Supongamos que alguien nos ha preguntado "¿Tienen garganta los cantantes italianos?" Vamos a responder que no. Cerremos los ojos. Pensemos en un bostezo. Sintámonos a punto de bostezar. Comienza, ya lo sabemos, con una profunda inspiración; lo cierto es que la necesidad de más oxígeno es lo que provoca el bostezo. Al inspirar, y antes de que se produzca el bostezo, la garganta está abierta y relajada. Entonces, en vez de bostezar, hablemos. Pensemos en "No". Digamos "No". ¿Sonó bien? ¿Por qué? Porque las condiciones en que se produjo el sonido eran las adecuadas.

Hemos aprendido algunas lecciones fundamentales en la producción de timbres: respiración diafragmática profunda, cuerpo relajado y garganta abierta.

Practiquemos este ejercicio veinte veces por día. Comencemos a bostezar. Sintamos la parte inferior de los pulmones llenándose de aire, empujando las costillas inferiores y la espalda, y aplastando el diafragma. Y entonces, en vez de bostezar, hablemos. Digamos una frase musical como ésta:

"Párate un punto, ¡oh sol! yo te saludo
Y extático ante ti me atrevo a hablarte."

A medida que hablamos, "bebamos" las palabras, no en la boca, sino en las partes huecas de la cabeza. Sintamos la misma vacuidad en esas partes que sentimos cuando respiramos profundamente por la nariz.

Por fin, después de haber inspirado, relajemos completamente el pecho. Sintamos el aire como si fuese un almohadón sobre el que descansa el tronco. El pecho, relajado, debe ir como montado sobre el aire, del mismo modo que el automóvil va montado sobre el aire de los neumáticos. Si no relajamos así el pecho, el esfuerzo muscular que hagamos nos pondrá tensa la garganta. Por otra parte, no creamos que con esto quiero decir que el pecho deba quedar hundido. Nada de eso. Elevemos el pecho, que no los hombros, cuando inspiramos, y luego dejemos que el aire situado en medio del tronco nos lo sostenga.

CAPÍTULO V

CÓMO EVITAR QUE EL AUDITORIO SE DUERMA

Tienen las pasiones su lenguaje propio, sencillo siempre y sin afectación.

Antonio Capmany

Un ser sin pasiones es como un candil apagado: no produce humo, pero tampoco alumbra.

A. Casal Castel

Digan lo que quieran los que no ven sino la superficie, no soy un intelectual, sino un pasional. Casi todas las cosas que he dicho las han dicho cientos, miles, antes que yo; ni soy un erudito, ni soy un sabio, ni es grande la originalidad de mis ideas. ¿De dónde procede, pues, la eficacia que, gracias a Dios, he logrado? ¿De dónde esas antipatías y esas simpatías y el que pueda decir que, gracias a Dios también, casi nunca paso entre la indiferencia de mis lectores? Pues ello viene de la pasión: ello viene del tono.

Miguel de Unamuno

Sherman Rogers y yo hablamos juntos cierta vez en una misma reunión celebrada en la Cámara de Comercio de San Luis. Yo hablé primero y, si hubiera tenido una buena excusa, habría terminado en seguida, porque Rogers era el "orador de fondo". Sinceramente, esperaba aburrirme, porque suelo desconfiar de esta clase de discursos. Esta vez, sin embargo, tuve una sorpresa grata. Sherman Rogers hizo uno de los mejores discursos que haya yo escuchado.

Y ¿quién es Sherman Rogers? Un hachero que ha pasado la mayor parte de su vida en los bosques. Es ignorante y no se le dan un bledo las reglas sobre oratoria que con tanto cuidado se han escrito en eruditos libros de elocuencia. A su discurso le faltaba pulimento. Pero tenía vigor. Le faltaba delicadeza. Pero tenía fuego. Cometió algunos errores gramaticales y algunos otros que Capmany hubiera censurado. Pero no son los defectos los que anulan los discursos. Es la falta de virtudes.

Su discurso fue una página enorme, cruda, vivaz, de experiencia arrancada del libro de su propia vida de obrero y de capataz. No olía a cosa artificial. Era algo vivo. Algo que se arrastraba hasta el auditorio y se apoderaba de él. Todo cuanto decía salía caliente de su corazón. El efecto sobre el auditorio era eléctrico.

¿Cuál era el secreto de su éxito? El secreto de todo éxito mayúsculo: "Las pasiones son los únicos oradores que convencen siempre —ha dicho La Rochefoucault—. Son como un arte de la naturaleza en que las reglas fuesen infalibles; y el hombre más sencillo persuade mejor que el más elocuente, si aquél está entusiasmado y éste no lo está."

Deriva, esta palabra mágica, de dos palabras griegas: *en*, que significa *dentro de*, y *theos*, que significa *Dios*. El hombre entusiasmado es aquel que habla como si estuviera poseído de los dioses.

Esta cualidad es la más eficaz, el factor más importante en la influencia que ejerzamos sobre nuestro prójimo. "Nada realmente grande ha sido logrado sin entusiasmo", ha dicho Emerson.

Tiempo hubo en que yo me sometía considerablemente a las reglas de la oratoria; pero con el pasar de los años he venido a tener más y más fe en el brío de la oratoria.

"La elocuencia —decía Bryan— puede ser definida como el discurso de uno que sabe de qué está hablando, y siente genuino interés por lo que dice —se lo piensa con fuego... El saber tiene poca importancia para el orador que carece de vehemencia. El discurso persuasivo va de corazón a corazón, no de cerebro a cerebro. Es difícil para un orador engañar al auditorio en punto a sus propios sentimientos... Hace casi dos mil años, uno de los más grandes poetas latinos expresó este pensamiento cuando dijo: *Si quieres arrancar lágrimas de los ojos de los demás, tú mismo debes mostrar las huellas del dolor.*"

"Si quiero componer, o escribir, o rezar, o predicar bien —decía Martín Lutero—, tengo que estar indignado. Entonces toda la sangre en mis venas se revuelve, y el entendimiento se me agudiza."

Quizá no todos hayamos menester estar indignados, pero por cierto que es imprescindible estar excitados y sentir sincero e intenso fervor.

Hasta los caballos son afectados por los discursos briosos. Un famoso adiestrador de animales decía que había visto cierta vez cómo una palabra de ira elevó en diez latidos por minuto el pulso de un caballo. Sin duda que un auditorio no es menos sensible que un caballo. Los niños que asistían a las conferencias políticas de Martí, sin entender lo que tan grande orador decía, rompían a llorar cuando le escuchaban.

He aquí el factor más importante que debemos recordar: cada vez que hablamos modelamos la actitud de nuestros oyentes. Los tenemos en la palma de la mano. Si nosotros nos sentimos lánguidos, ellos se sentirán lánguidos. Si nosotros nos mostramos reservados, ellos se mostrarán reservados. Si sólo tenemos un poco de interés, ellos sólo tendrán un poco de interés. Pero si sentimos con vehemencia lo que decimos, y lo decimos con sentimiento y espontaneidad y fuerza y contagiosa convicción, el auditorio no podrá evitar el ser envuelto por nuestro espíritu.

Carlos Martínez Silva, escritor y político colombiano, nos dice que "el genuino orador, sagrado o profano, no es el que mejor discurre, ni el que más ideas lúcidas y precisas lleva al espíritu de sus oyentes, sino el que mueve, arrebata y subyuga, sin que se sepa cómo ni por qué."

Con calor, y vehemencia y entusiasmo, la influencia de un orador se expande como vapor. Puede incurrir en quinientas faltas; pero no puede fracasar. El gran Rubinstein, según dicen, tocaba miles de notas falsas; pero a nadie le importaba, porque conseguía comunicar la poesía de Chopin a almas que nunca habían visto antes otra cosa en una puesta de sol que un disco rojo que se hundía por detrás de un granero, en el horizonte.

La historia dice que cuando Pericles, el poderoso tribuno ateniense, debía hablar, rogaba a los dioses que no se escapara de sus labios una sola palabra indigna. Ponía el corazón en sus discursos. Y sus discursos iban directamente al corazón de una nación.

"Un ser sin pasiones —dice A. Casal Castel— es como un candil apagado: no produce humo, pero tampoco alumbra."

Pasión... sentimiento... brío... sinceridad emotiva... Aderecemos nuestros discursos de estas cualidades, y los oyentes perdonarán, no advertirán casi, los errores menores. La historia nos lo demuestra. Demóstenes era tartamudo. Lincoln hablaba en un tono desagradablemente alto. Abelardo López de Ayala era de palabra tarda. Aparisi y Guijarro era de figura vulgar, de voz desagradable y de maneras nada distinguidas. Pero todos estos hombres traían una vehemencia que les permitía arrollar todos los obstáculos; traían un impulso emotivo que deshizo todas las desventajas y las redujo a nada.

TENGAMOS ALGO QUE FERVIENTEMENTE DESEEMOS DECIR

"La esencia de un buen discurso —decía Brander Matthews en un interesante artículo publicado en *El Tiempo* de Nueva York— es que el orador tenga algo que fervientemente desee decir.

"Esto lo comprendí hace algunos años, cuando me nombraron juez para otorgar la medalla Curtis de oratoria en la Universidad de Columbia. Había seis graduados, todos ellos muy bien ejercitados, todos muy ansiosos de hacer buen papel. Pero, con excepción de uno, lo que todos querían era ganar la medalla. Tenían poco o ningún deseo de convencer a nadie. Habían elegido sus asuntos simplemente porque eran asuntos que permitían desarrollo oratorio. No tenían profundo interés personal en los argumentos que forjaban. Por lo cual sus respectivos discursos no fueron más que ejercicios en el arte de la elocución. La excepción fue un príncipe zulú. Había elegido como tema: *La contribución de África a la civilización moderna.* Ponía intenso sentimiento en cada palabra que pronunciaba. Su discurso no era un ejercicio. Era algo vivo, nacido de la convicción y del entusiasmo. Hablaba como representante de su pueblo, de su continente. Tenía algo para decir que quería decir; y lo decía con agradable sinceridad. Por esto le dimos la medalla, aunque probablemente no estaba más perfeccionado en esta arte que dos o tres de sus rivales. Pero los jueces reconocimos que su alocución tenía el genuino fuego del orador. Comparado con su ferviente discurso, los otros parecían flores de papel."

En esto fracasan muchos oradores. Carecen de convicción; no hay anhelo, ímpetu en su discurso. No hay pólvora en la bala.

—Ah, muy bien —dirá alguno—, pero ¿cómo podré yo desarrollar esta vehemencia y este brío y entusiasmo que aquí se alaban tanto?

Esto se puede asegurar: no lo desarrollaremos hablando desde la superficie. Cualquier oyente observador sabrá en seguida si el orador habla con impresiones superficiales, o si habla lo que le surge de las profundidades. Conque, sacudámonos de nuestra inercia. Pongamos el corazón en cuanto hagamos. Clavemos. Busquemos las fuentes escondidas que yacen enterradas dentro de nosotros. Obtengamos hechos, y detrás de los hechos, sus causas. Concentrémonos. Pensemos en ellos, meditemos hasta que nos importen. En último análisis comprobemos que todo descanse sobre minuciosa preparación, la verdadera forma de preparación. La preparación del corazón es tan indispensable como la preparación de la cabeza. Veamos un ejemplo:

Cierta vez tuve que adiestrar a cierto número de personas para que hablaran en una campaña en pro del ahorro que patrocinaba un banco de ahorros. Uno de los hombres, en particular, carecía de vigor. Hablaba porque deseaba hablar, pero no estaba encendido de celo por el ahorro. El primer paso en la educación de este hombre debía ser, por tanto, infundirle entusiasmo en el espíritu y en el corazón. Le pedí que comenzase a hablar hasta que se entusiasmara. Le recordé que, según las estadísticas, el ochenta y cinco por ciento de las personas que mueren no dejan un centavo al morir; que sólo el tres por ciento deja 150.000 pesetas o más. Debía recordar constantemente que no estaba pidiendo favores ni nada que nadie no quisiese hacer de grado. Debía decirse a sí mismo: "Estoy enseñando a esta gente cómo tener pan y ropa y comodidades en su ancianidad, y cómo no dejar a sus esposas e hijos en la miseria." Debía recordar que saldría a prestar un gran servicio social. Debía estar inspirado por la fe del cruzado, pues estaba predicando el Evangelio práctico, aplicado, de Jesucristo.

Pensó en todo esto. Lo acrisoló en su cerebro. Fue comprendiendo claramente su importancia. Despertó su *propio* interés, suscitó su *propio* entusiasmo, y llegó a creer que su ministerio era casi sagrado. Luego, cuando fue a hablar, había un como halo alrededor de sus palabras, que producía el convencimiento. Sus discursos sobre el ahorro atrajeron tanto la atención, que lo invitaron a formar parte del organismo del banco más importante de las Américas, y luego lo enviaron al extranjero.

EL SECRETO DE UN TRIUNFO

—Debo vivir —decía un joven a Voltaire.

—No veo la necesidad —le respondió el filósofo.

Tal será, en muchos casos, la actitud del mundo hacia lo que tenemos que decir: no verá la necesidad de que le digamos algo. Pero nosotros, si queremos triunfar, hemos menester sentir esa necesidad —si la hay. Debemos dejar que ella se apodere de nosotros. Debe parecernos, de momento, la cosa más importante que haya *sub solem*.

Dwight Moody se enfrascó tanto en la preparación de su sermón sobre la Gracia, se abstrajo tanto en la búsqueda de la verdad, que tomó el sombrero, salió a la calle, detuvo al primer transeúnte que encontró y sin más le espetó la pregunta: "¿Sabe usted qué es la Gracia?" ¿Es extraño, entonces, que un hombre encendido de semejante vehemencia e intensidad emotiva ejerza poder mágico sobre sus auditorios?

Hace algún tiempo, un alumno de un curso que daba yo en París hablaba noche tras noche con mucha insulsez. Era un hombre estudioso y tenía datos a porrillo para ilustrar sus discursos. Pero no soldaba los unos con los otros mediante el calor de su propio interés. Le faltaban bríos. No hablaba como si lo que dijese tuviera gran importancia, de modo que, naturalmente, el auditorio prestaba poca atención. Los oyentes apreciaban el discurso según lo apreciaba el orador. Varias veces lo interrumpí y traté en vano de inyectarle un poco de fuerza para despertarlo: era querer sacar vapor de un radiador frío. Por fin conseguí convencerlo de que su método de preparación era defectuoso. Le persuadí a que debía poner en contacto la cabeza con el corazón. Le dije que no solamente debía decirnos los datos, sino que también debía revelar su actitud hacia esos datos.

La próxima semana se presentó con nuevas ideas en

las que creía con suficiente ardor para hacer el discurso interesante. Por fin, pues, estaba apasionado por algo. Tenía un mensaje por el que sentía cariño, como sentía cariño Cervantes por su don Quijote. Estaba decidido a arrostrar cualquier dificultad por su mensaje, y el discurso que pronunció cosechó largos y sinceros aplausos. Fue un triunfo absoluto. Había originado un poco de vehemencia sincera. Esto es una parte fundamental de la preparación. Como vimos ya en el capítulo II, la preparación de un discurso, de un verdadero discurso, no consiste en anotar simplemente algunas palabras mecánicas sobre un papel, ni en aprender de coro algunas frases. Tampoco consiste en desarrollar algunos pensamientos de segunda mano, robados de algún libro o de algún artículo de periódico. No, no. Consiste en cavar profundamente en nuestra mente, en nuestro corazón, en nuestra vida, y extraer convicciones y entusiasmos genuinamente nuestros. ¡Nuestros! ¡NUESTROS! Cavemos. Cavemos. Cavemos. Hallaremos lo que buscamos. No nos quepa la menor duda. Hay vetas riquísimas, cantidades enormes, cuya existencia no habíamos soñado. "Dentro de ti llevas la luz misteriosa de todos los secretos", dijo Amado Nervo. William James afirmaba que el hombre medio no desarrolla más del diez por ciento de su capacidad mental. ¡Peor que un motor de ocho cilindros en el cual sólo funcionase uno!

Sí, pues; lo más importante en un discurso no es la fría fraseología, sino el hombre, el brío, la convicción que haya detrás de esa fraseología. El renombrado ataque de Sheridan contra Hastings en la Cámara de los Comunes fue, según famosos oradores que lo escucharon —Pitt y Burke, Wilberforce y Fox— el discurso más elocuente que se haya pronunciado en Inglaterra. Sin embargo, Sheridan comprendió que el enorme mérito de su alocución era demasiado espiritual e instable para ser tomado y encerrado por la fría imprenta; por esta razón, rehusó una oferta de ochenta mil pesetas para ser publicada; hoy no tenemos copia de esta oración. Si pudiéramos leerla, probablemente nos desilusionaría. La cualidad que la hizo genial ya no existe. Sólo tendríamos la piel mortecina, como esas águilas embalsamadas, desplegadas las alas, que se ven en las vitrinas.

Recordemos siempre que nosotros somos el factor más importante del discurso. ¡Escuchemos estas palabras de Emerson! Hay en ellas un mundo de sabiduría: *"Cualquiera sea el lenguaje que empleemos, nunca lograremos decir otra cosa que lo que somos."* Ése es uno de los pensamientos más importantes que haya leído sobre el arte de expresarse; y, en obsequio del énfasis, lo repetiré: *"Cualquiera sea el lenguaje que empleemos, nunca lograremos decir otra cosa que lo que somos."*

UN DISCURSO DE LINCOLN QUE GANÓ UN PLEITO

Lincoln quizá nunca haya leído ese pensamiento, pero de una cosa no hay duda: conocía la verdad que él encerraba. Cierto día, la viuda de un veterano de la guerra de emancipación, vieja mujer agobiada por la edad, entró en su bufete y le contó que un agente de pensiones le había cobrado la exorbitante tarifa de doscientos dólares por reunirle una suma de cuatrocientos que el gobierno le debía. Lincoln se indignó y promovió querella inmediatamente.

¿Cómo se preparó para el juicio? Se preparó leyendo una biografía de Washington y una historia de la guerra de emancipación, encendiendo su entusiasmo, avivando sus sentimientos y afectos. Cuando habló, relató las opresiones que incitaron a los patriotas a rebelarse y luchar por la libertad. Pintó las mil y una penurias que debieron sufrir en el Valle Fragua, hambrientos, arrastrándose descalzos por el hielo y la nieve. Luego, encolerizado, se volvió hacia el bribón que había robado la mitad de su pensión a la viuda de uno de estos héroes. Su mirada echaba chispas mientras de sus labios fluía la acusación que, como él había dicho, "desollaría" al culpado.

"El tiempo pasa —dijo al finalizar—. Los héroes de

1876 han muerto y están en la otra orilla. El soldado ha ido a descansar y ahora, lisiada, ciega, agotada, su viuda viene a vosotros y a mí, señores del jurado, para que enderecemos sus entuertos. No siempre fue como hoy es. Fue otrora una joven hermosa. Su paso era tan vivo, su rostro tan agraciado, su voz tan dulce como la de cualquier moza de las montañas de Virginia. Pero ahora está pobre e indefensa. Aquí, en estas praderas de Illinois, a muchas millas de las escenas de su niñez, nos ruega a nosotros, a los que disfrutamos de los privilegios que nos legaron los patriotas de la Revolución, para que le prestemos conmovida ayuda y varonil protección. Todo cuanto pregunto es esto: ¿la protegeremos?"

Cuando terminó, a algunos miembros del jurado se les caían las lágrimas, y el veredicto restituyó a la anciana hasta el último centavo que reclamó. Lincoln salió garante de costas, pagó el hotel y el viaje de regreso a la anciana, y no cobró honorarios por sus servicios.

Algunos días más tarde, el socio de Lincoln recogió un pedazo de papel en la oficina, leyó en él el bosquejo del discurso de Lincoln y se echó a reír:

"No hay contrato. No hay servicios profesionales. Tarifa irrazonable. El dinero retenido por el acu^{do}. no fue entregado a la d^{te}. Guerra de la emancipación. Describir las penurias del Valle Fragua El marido de la d^{te}. El soldado se alista en el ejército. Desollar al acu^{do}. Terminar."

Espero haya quedado en claro ya que el primer requisito para originar el propio calor y entusiasmo es prepararse hasta que tengamos un mensaje verdadero que queramos comunicar. El próximo paso es:

COMPORTARSE CON VEHEMENCIA

Como anotamos en el capítulo I, William James ha señalado que la acción y el sentimiento están estrechamente ligados; y, regulando la acción, que depende directamente de la voluntad, podemos regular el sentimiento, que es libre de ella.

De modo que, para sentir vehemencia y entusiasmo, comportémonos con vehemencia y entusiasmo. No nos apoyemos contra la mesa. Estemos erguidos. Mantengámonos firmes. No nos balanceemos hacia adelante y hacia atrás. No saltemos sobre los talones. No mudemos el peso de un pie al otro, como hacen los caballos cansados. En fin, no hagamos esa serie de movimientos nerviosos que delatan nuestra falta de serenidad y de dominio. Superémonos físicamente. Esto nos dará la sensación de tranquilidad y poder. Levantémonos y avancemos a nuestro puesto "como un hombre fuerte que se regocija de intervenir en la justa". Repito: llenemos de oxígeno los pulmones. Miremos de hito en hito al auditorio. Mirémoslo como si tuviésemos algo urgente que decirle, y de lo cual conocemos la urgencia. Mirémoslo con confianza y valor, como mira un maestro a sus alumnos, pues somos un maestro, y ellos están allí para escucharnos y aprender. Hablemos, pues, con confianza y energía. "Levantemos la voz —decía el profeta Isaías—, levantémosla. Nada debemos temer."

Y usemos ademanes enfáticos. No nos importe, por ahora, si no son gallardos o donosos. Tratemos solamente de que sean vigorosos y espontáneos. Hagámoslos, no por la impresión que causen en el auditorio, sino por el beneficio que nos rindan a nosotros mismos. Nos los rendirán maravillosos. Aun cuando hablemos por radio, accionemos, accionemos. Nuestros ademanes, desde luego, no podrán ser vistos por los invisibles oyentes, pero el resultado de estos movimientos sí los echarán de ver. Los ademanes darán mayor vivacidad y energía a nuestro tono y a nuestro estilo en general.

Cuán a menudo he interrumpido en medio de su discurso a un alumno falto de vigor, y le he enseñado y ordenado a hacer ademanes que él hubiera preferido no hacer. Pero la acción física de los ademanes obligados lo despertó finalmente, y lo estimuló hasta que comenzó a accionar espontáneamente. Hasta su rostro se animó, y todo su porte y actitud cobraron viso de vehemencia y énfasis.

Comportándonos como si estuviéramos vehementes, sentiremos vehemencia. "Pretendamos tener una virtud —dice Shakespeare— si no la tenemos."

Sobre todo, abramos la boca y hablemos alto. Wickersham, el procurador general, me dijo cierta vez: "El individuo medio, cuando intenta hablar en público, no es oído a más de diez metros de distancia."

¿Parece exagerado esto? Recientemente fui a escuchar un discurso que pronunció el presidente de una gran universidad. Me senté en la cuarta fila y apenas oí la mitad de lo que dijo. El embajador de una importante nación europea pronunció hace poco el discurso de fin de curso en el Colegio Unión; su mensaje era tan flojo, que a siete metros del tablado casi no se oía palabra.

Si los oradores avezados cometen semejantes errores, ¿qué hemos de esperar de los principiantes? Éstos no están acostumbrados a aumentar el volumen de su voz para que los escuche un auditorio. Y así, cuando hablan con suficiente vitalidad, imaginan que están gritando a voz en cuello y que la gente está pronta a reírse de ellos.

Usemos el tono que empleamos en la conversación; pero aumentemos el volumen. Intensifiquémoslo. La letra menuda la podemos leer poniéndola a diez centímetros de los ojos, pero para leer a diez metros de distancia se necesitan tamaños caracteres.

LO PRIMERO QUE HEMOS DE HACER CUANDO EL AUDITORIO SE DUERME

Cierta vez, un sacerdote de aldea le preguntó a un predicador famoso cómo había que hacer para que el auditorio no se durmiese en una tarde calurosa de domingo; y el predicador le aconsejó que tuviese un ujier armado de un arpón, para que pinchara al sacerdote de vez en cuando.

Me gusta la respuesta. Es excelente. Es sentido común

puro. Esto enseña más al orador medio que nueve décimas partes de todos los eruditos tratados que se han escrito sobre el arte de la elocuencia.

Una de las maneras más seguras de conseguir que un alumno se ponga flexible y se deje llevar de su verba, sería la de darle una tunda antes de que empezase. Esto pondría fuego y bríos en su discurso. Don Santiago Ramón y Cajal cuenta que los leones, para entrar en furor heroico, necesitan golpearse los costados del cuerpo con la cola, que está provista en la punta de una uñeta especial. No pocos actores siguen el ejemplo del león. Houdini solía saltar, entre bastidores, y azotar vigorosamente el aire con sus puños, en lucha contra un contrincante imaginario. Mansfield se enojaba de propósito con cualquier pretexto, quizá porque algún actor respiraba demasiado sonoramente; cualquier excusa era buena para acrecentarle la energía, para levantarle el espíritu. He visto a actores que, mientras esperan para entrar en escena, se golpean salvajemente el pecho. Yo he enviado alumnos a cuartos contiguos cuando faltaba poco para sus respectivos turnos, y allí que se aporreasen hasta que les saliera sangre y hasta que los ojos y el rostro resplandecieran de ardor. A menudo obligo a un alumno, antes de que hable, a que repita el abecedario acompañado de ademanes violentos y con todo el vigor y enojo de que le es posible disponer.

Inmediatamente antes de hablar, tomemos, si nos es posible, un buen descanso. Lo ideal es desnudarnos y dormir unas cuantas horas. Si podemos, tomemos luego una ducha fría y démonos masajes vigorosos. Mejor aún, mucho mejor, nademos un rato.

Charles Frohman decía que contrataba a los actores teniendo en cuenta su vitalidad. El buen actuar, como el buen hablar, desgasta mucha energía nerviosa y fuerza física. Yo he hachado nogales y partido leños; y yo he hablado en público durante dos horas seguidas. Ambas tareas son más o menos igualmente agotadoras. Durante la Gran Guerra, Malone pronunció un apasionado discurso en el Teatro del Siglo. En la parte más ardiente de su alocución, después de haber hablado durante una hora y media, se desmayó exhausto y fue retirado inconsciente del escenario.

De Daniel Webster se dijo que "era una máquina de vapor con pantalones".

"Los oradores de mayor éxito —ha declarado Beecher— son hombres de gran vitalidad y capacidad recuperativa, hombres que poseen en grado extraordinario el poder explosivo por el cual pueden arrojar sus materiales lejos de sí. Son catapultas, y el público se rinde ante ellos."

LAS "PALABRAS COMADREJAS"
Y LAS CEBOLLAS

Pongamos energía en lo que decimos y digámoslo con seguridad. Pero no con mucha seguridad. Sólo los ignorantes están seguros de todo. Sin embargo, es propio de baldragas comenzar cada párrafo con un *me parece*, o un *quizás*, o un *tengo para mí*.

La dificultad casi universal de los oradores noveles no es la de que sean muy afirmadores, sino la de que deslucen sus discursos con las tímidas frases apuntadas. Recuerdo a un orador que, describiendo un viaje, dijo: "A la izquierda del camino había *algo así como* un sembrado de cebollas." ¡Vamos! ¿Qué es esto de algo así como un sembrado de cebollas? O lo había o no lo había. No se necesitan poderes extraordinarios para reconocer un sembrado de cebollas al verlo. Esto nos enseña hasta qué absurdos extremos llega a veces un orador.

Roosevelt llamaba a estas expresiones: "palabras comadrejas", porque la comadreja chupa la yema y la clara del huevo y lo deja huero. Esto hacen también con nuestro discurso tales frases.

El apocamiento, el tono pusilánime y las frases hueras no engendran gran confianza ni convicción. Imaginemos frases de propaganda como ésta: "Visite Río de Janeiro. Creemos que se divertirá"; "Veranee usted en San Sebastián. Dicen que es uno de los balnearios más pintorescos del mundo." "El que entra con señorío, ya en la conversación, ya en el razonamiento —escribió Baltasar Gracián—, hácese mucho lugar y gana de antemano el respeto; pero el que llega con temor, él mismo se condena de desconfiado y se confiesa vencido; con su desconfianza da pie al desprecio de los otros; por lo menos, a la poca estimación."

Cuando yo era pequeño, me llamaba la atención que los candidatos presidenciales estuvieran tan seguros de su elección, y lo declararan así con tanto énfasis. La explicación es simple. Estos hombres sabían que la muchedumbre no puede hallar diferencia entre el énfasis y la prueba. Sabían que, como ha dicho Gustavo Le Bon, los hombres no pueden vivir sin certidumbres, y que, si repetían una cosa suficientemente a menudo y con el necesario vigor, la mayor parte de los oyentes acabaría por creerla.

Los grandes conductores políticos han hablado siempre como si no existiera la menor posibilidad bajo la capa del cielo de que alguien refutara sus asertos. Cuando Buda estaba moribundo, no razonó ni lloriqueó, ni discutió. Habló como aquel que tiene autoridad: "Caminad como os lo he ordenado."

El Corán, que ha sido factor dominante en la vida de millones de personas, en seguida de la oración preliminar inicia el texto con estas palabras: "No hay duda en este libro; es una guía."

Cuando el carcelero de los Filipenses preguntó a Pablo: "¿Qué debo hacer para salvarme?", la respuesta no fue una opinión, un equívoco "Pues, te diré...", un "Yo creo que..." Fue una orden superior: "Cree en nuestro señor Jesucristo y estarás salvado."

Pero no seamos, como dije antes, muy afirmadores en cualquier ocasión. Hay momentos, hay lugares, hay temas, hay auditorios, que repugnan demasiada seguridad. Por regla general, cuanto más elevado sea el índice de inteligencia del oyente, tanto menor será el éxito de los asertos. Las personas que piensan quieren que se los guíe, no que se los conduzca. Quieren que se les presenten los hechos para luego sacar sus propias conclusiones. Gustan de que se les hagan preguntas, no de que se los abrume con un torrente de afirmaciones crudas.

SIMPATICEMOS CON EL AUDITORIO

Hace algunos años tuve que adiestrar, en Inglaterra, a un grupo de oradores comerciales, a pedido de la compañía que los empleaba. Después de penosos y difíciles intentos, hubo que eliminar a tres, y enviar a uno de ellos de vuelta a América. El escollo principal con que se tropezaba era que no estaban genuinamente interesados en sus auditorios. No se les daba nada de los demás, sino de ellos mismos y los sueldos que recibían. Y esto saltaba a la vista. Eran fríos para con el auditorio; y el auditorio, en pago, era frío para con ellos. El resultado fue que estos oradores fracasaron en toda la línea.

La bien conocida raza humana es muy lista para darse cuenta de si un discurso viene del cerebro o si viene del corazón. Hasta un perro se da cuenta de eso.

Yo he hecho un estudio especial sobre Lincoln como orador público. Es, sin duda, el hombre más querido que haya producido Norteamérica; y, por cierto, ha pronunciado algunos de los mejores discursos de los Estados Unidos. Aunque en algunos aspectos era genial, creo yo que su influencia sobre los auditorios se debía no poco a su simpatía, honradez y bondad. Amaba a la gente. "Su corazón —decía su esposa— es tan grande como sus largos brazos." Era como un Cristo. Y dos mil años atrás, uno de los primeros libros escritos sobre este arte describían al orador elocuente como "un hombre bueno que sabe manejar la palabra."

"El secreto de mi éxito —decía Mme. Schumann-Heink, la famosa cantatriz— es absoluta devoción por el auditorio. Yo adoro mis auditorios. Todos son mis amigos. Siento un vínculo con ellos tan pronto como estoy delante de ellos." Conque, tal era el secreto de su triunfo mundial. Tratemos de cultivar la misma actitud.

El mayor placer que se siente al hablar, no es físico ni mental. Es espiritual. El libro que tenía Daniel Webster sobre la almohada de su lecho de muerte, es el libro que todos los oradores debieran tener sobre su escritorio "de vida".

Jesús amaba a los hombres, y el corazón de éstos ardía en su pecho cuando Jesús les hablaba. Si queremos leer un buen tratado de oratoria, ¿qué mejor que el Nuevo Testamento?

SUMARIO

1. Cada vez que hablamos, determinamos la actitud de nuestros oyentes hacia lo que decimos. Si nos sentimos lánguidos, ellos se sentirán lánguidos. Si nos mostramos poco interesados, ellos se mostrarán poco interesados. Si estamos entusiasmados, nuestro entusiasmo se contagiará a los oyentes. El entusiasmo es uno de los factores importantes —si no el más importante de todos— en el discurso.

2. "El genuino orador, sagrado o profano —dice don Carlos Martínez Silva—, no es el que mejor discurre, ni el que más ideas lúcidas y precisas lleva al espíritu de sus oyentes, sino el que mueve, arrebata y subyuga, sin que se sepa cómo ni por qué."

3. A pesar de la grande importancia de esta cualidad que es la convicción y el entusiasmo contagiosos, los más de los oradores carecen de ella.

4. "La esencia de un buen discurso —decía Brander Matthews— es que el orador tenga algo que fervientemente desee decir."

5. Meditemos nuestros datos, fundemos su valor real en nuestra mente. Creemos nuestro propio entusiasmo antes de querer convencer a otros.

6. Pongamos en contacto la cabeza con el corazón. El auditorio quiere, no que le demos datos solamente, sino que revelemos nuestra actitud hacia esos datos.

7. "Cualquiera sea el lenguaje que empleemos, nunca

lograremos decir sino lo que somos." Lo más importante en un discurso no son las palabras, sino el espíritu del hombre que hay detrás de esas palabras.

8. Para acrecer la vehemencia, para sentir entusiasmo, procedamos con entusiasmo. Mantengámonos, miremos al auditorio de hito en hito. Hagamos ademanes enfáticos.

9. Sobre todo, abramos la boca y hablemos para que los oigan. Muchos oradores no se dejan escuchar a más de diez metros.

10. Cuando un sacerdote de aldea preguntó a un famoso predicador qué era bueno para evitar que los feligreses no se durmieran, éste le respondió: "Tener un ujier armado de un arpón, para que pinche al sacerdote de vez en cuando." Éste es uno de los mejores consejos que se hayan dado sobre el arte de hablar en público.

11. No debilitemos nuestro discurso con "palabras comadrejas" tales como *yo creo que, tengo para mí, es mi humilde opinión,* etc.

12. Simpaticemos con el auditorio.

VICIOS DE LENGUAJE

VOCABULARIO

Se llama metaplasmo cualquier alteración sufrida por los vocablos en su estructura. Los hay permitidos, como *felice* por *feliz,* y vitandos, como los de la columna izquierda:

INCORRECTO	CORRECTO
Grampa	Grapa
Carqueja	Carquexia
Retorsijón	Retortijón
Sandial	Sandiar
Hornallas	Hornillas
Bracelete	Brazalete
Sacudón	Sacudión

133

INCORRECTO	CORRECTO
Grandulón	Grandullón, grandillón
Vagoroso	Vagaroso
Fragranti	Flagrante
Promisor	Promisorio
Atingente	Atinente
Cegatón	Cegato
Casona	Casón
Caleidoscopio	Calidoscopio

GRAMÁTICA

Primer, primero, primera

"La primer vez que oigo decir semejante cosa", dicen muchos.

Primer es la apócope de primero, postrer o tercer lo son de postrero y tercero. Por ello, sólo se puede emplear delante de sustantivos masculinos:

	El *primer* día del año
pero	La *primera* semana
	El *postrer* deseo
pero	La *postrera* esperanza
	El *tercer* premio
pero	La *tercera* etapa

Primero debe apocoparse indefectiblemente delante de sustantivo masculino; postrero y tercero quedan a merced del "consumidor":

El *postrero*, o *postrer*, anhelo
El *tercero*, o *tercer*, llamamiento

EJERCICIO VOCAL. DOMINIO
DE LA RESPIRACIÓN

"Si en este momento tuviera que enseñar a una niña —decía Julia Claussen, la conocida cantante—, le diría simplemente que inspirara profundamente y miraría la expansión de su cintura a la altura del diafragma. Luego le pediría que dijese tantas palabras como pudiese sin respirar de nuevo, y que sostuviera el aire con los músculos adyacentes del diafragma; es decir, que lo sostuviera sin contraerse ni tratar de desalojarlo. La clave está en conseguir el timbre más agudo, no con mucho aire, sino con poco y, sobre todo, con el menor esfuerzo posible de la garganta, que debe parecer un cendal flotante todo el tiempo... Para mí, la vocal más difícil es *a*. Es la que hace abrir más la garganta, y la que más impide el dominio del aire que sale. Por esto yo comienzo mis prácticas con estas vocales: *u, o, a, e, i,* en sucesión."

Muy bien, Julia Claussen. Nosotros no somos niñas, ni tenemos interés en cantar, pero vamos a aceptar tus consejos, y los llevaremos a la práctica para mejorar nuestra voz.

Primeramente, inspiremos profundamente. Comencemos a bostezar mientras bebemos el aire, profunda, profundamente; sintamos que los pulmones se nos inflan como globos; sintámoslos que nos empujan las costillas inferiores por los costados y la espalda. Sintámoslos que nos aplastan ese músculo arqueado que se llama diafragma. Prestemos especial atención al diafragma. Es un músculo suave. Necesita fortalecimiento.

Ahora, antes de *desembocar* en el bostezo, comencemos a cantar *a*. Cantémosla por un buen rato, hasta que nos parezca que no tenemos más aire en los pulmones. ¿Cuánto durará? Depende del dominio que tengamos del aire respirado. La tendencia natural será que el grueso del aire se escape como por el agujero de un globo pinchado. ¿Por qué? Porque los pulmones son elásticos, están dilatados y quieren contraerse. Las costillas flotantes han sido repelidas, y al volver a su posición normal comprimen los pulmones. También el diafragma, a menos que lo dominemos, adopta rápidamente su forma arqueada, y desaloja el aire de los porosos pulmones inflados.

Sin embargo, si dejamos que el aire salga con rapidez, hablaremos sofocadamente, entrecortadamente. Los tonos serán poco claros. Poco agradables. Poco audibles. ¿Cómo, pues, dominar esta fuga de vigor vocal? "Es imposible —decía Caruso— cantar artísticamente sin completo dominio del aire respirado." También es imposible tener voz agradable para hablar sin ese requisito.

¿Cómo, pues, dominar esta fuga de aire? Si no ponemos cuidado, nuestra primera tendencia será dominarlo por la contracción de los músculos de la garganta. ¿Hay algo peor que esto? Ya lo dijo Julia Claussen: "La garganta debe parecer un cendal flotante todo el tiempo."

La garganta no tiene nada que ver con la salida del aire. La garganta no nos comprime los pulmones. Lo comprimen el diafragma y las costillas. A éstos tenemos que dominar. Hagamos que la compresión sea lenta, delicada, al tiempo que decimos a. Veamos por cuánto tiempo podemos mantener este tono sin oscilaciones.

Luego sigamos con las otras notas que Julia Claussen propone: *u, o, a, e, i.*

Capítulo VI

ELEMENTOS INDISPENSABLES PARA
HABLAR CON ÉXITO

Tú, por ventura, ¿sabes lo que vale un día? ¿Entiendes de cuánto precio es una hora? ¿Has examinado el valor del tiempo? Cierto es que no, pues así, alegre, lo dejas pasar, hurtado de la hora que, fugitiva y secreta, te lleva preciosísimo robo. ¿Quién te ha dicho que lo que ya fue volverá cuando lo hayas menester si lo llamares? Dime, ¿has visto algunas pisadas de los días? No, por cierto; que ellos sólo vuelven la cabeza a reírse y burlarse de los que así los dejaron pasar.

Francisco de Quevedo

Y tenemos, sobre todo, la voluntad de la acción, la cual nunca es excesiva; porque hay que querer, querer siempre, "querer aun cuando no se pueda".

Miguel de Unamuno

Para saber qué camino se ha de seguir, es necesario saber dónde se quiere llegar. El secreto de la energía y el nervio de todas nuestras acciones consiste en eso, pues esa fijeza de objetivo hace imposible las vacilaciones en los momentos decisivos en que van a fijarse rumbos trascendentales.

Carlos Pellegrini

El día en que escribo estas líneas, 5 de enero, es el aniversario de la muerte de Sir Ernest Shackleton, el explorador. Murió mientras se dirigía hacia el Sur en su barco "Quest", para explorar el océano Antártico. Lo primero que atraía la mirada de quien entrase en este barco eran estas estrofas, grabadas sobre una plancha de bronce:

"Si sueñas, y los sueños no te arroban;
Si piensas, y pensar no es tu ambición;
Si al triunfo y al desastre te acomodas,
Y ves en uno y otro un impostor.

"Si a tu cerebro y pecho y nervio obligas
A estar despiertos, aunque ya agotados,
Y así sigues bregando con la vida
Porque tu voluntad dice ¡Sigamos!

"Si ocupas el minuto inexorable
De sesenta minutos de tu afán,
Tuyo es el mundo, tuyos sus caudales,
Y tú eres, hijo, un hombre de verdad."

"El espíritu de Quest" llamaba el famoso explorador a estos versos; y, verdaderamente, son el espíritu adecuado con que un hombre debe comenzar la exploración del Polo Sur, o con que debe obtener confianza en sí mismo si quiere llegar a hablar en público.

Pero ése no es el espíritu, lamento confesarlo, con que la mayoría de las personas comienzan a estudiar el arte de hablar en público. Hace algunos años, cuando acababa de iniciarme en las tareas educadoras, me quedé sorprendido cuando vi cuán numeroso era el tanto por ciento de los estudiantes que, habiéndose inscrito en escuelas nocturnas de diversa suerte, se cansaban y desmayaban en el camino, antes de llegar a la meta. La cantidad es lamentable y sorprendente. Ello da triste prueba de la naturaleza humana.

Ésta es la sexta lección del curso, y la experiencia me enseña que algunos de los que estas líneas leen están ya desalentándose porque, en seis cortas semanas, no han logrado vencer el temor del auditorio, ni desarrollado confianza en sí mismos. Es lástima, porque "qué pobre es aquel que carece de paciencia. ¿Cuál es la herida que no haya sanado sino gradualmente?"

NECESIDAD DE LA PERSISTENCIA

Cuando comenzamos a aprender algo, como francés, o golf, u oratoria, no adelantamos de modo uniforme, constante. No aprendemos gradualmente. Aprendemos a tirones repentinos, mediante avances bruscos. Luego permanecemos inactivos por un tiempo, o hasta podemos retroceder y perder parte del terreno que habíamos ganado. Estos períodos de estancamiento, o aun de retroceso, son bien conocidos de los psicólogos, que los han llamado "mesetas en la línea del aprendizaje". Los alumnos de oratoria a veces quedan detenidos semanas enteras en alguna de estas mesetas. Por muy duro que estudien, no pueden salir de ellas. Y entonces los débiles se dan por vencidos, desesperados. Los que tienen entereza, persisten, y se encuentran con que, de pronto, de un día para otro, sin saber cómo ni por qué, han hecho un gran progreso. Se han remontado como un ave. Bruscamente han dado en el busilis. Súbitamente han adquirido naturalidad, fuerza y confianza en sus discursos.

Uno siempre puede, como hemos dicho, sentir peregrino temor de cierta turbación, un poco de nerviosa ansiedad en los primeros momentos que se afronta un auditorio. Don Ángel Ossorio y Gallardo, después de cerca de cincuenta años de orador, confesaba sentir siempre cierta turbación, rayana a veces con el pánico, al tomar la palabra. Lo mismo le sucede a don Luis Jiménez de Asúa.

Cuando habló, don Luis, en la Universidad de Buenos Aires, hace ya algunos años, su nerviosidad era tan extrema que a punto estuvo de verter la taza de café sobre el chaleco del marqués de Amposta, embajador a la sazón de España. Hasta los grandes músicos han sentido esto, a pesar de sus muchas apariciones en público. Paderewski jugaba nerviosamente con los puños de la camisa inmediatamente antes de sentarse al piano. Nordica sentía que el corazón le latía con mayor prisa. Sembrich también. Pero en seguida se desvanecía este temor, como la niebla del amanecer en verano.

La experiencia de estas personas será nuestra. Si perseveramos, pronto borraremos todo, excepto este temor inicial. Y el temor inicial nunca pasará de temor inicial. Después de las primeras frases, recobraremos el dominio de nosotros mismos. Y entonces el hablar será un verdadero placer.

NADA DE CEJAR

Cierta vez un joven que deseaba estudiar Derecho le escribió a Lincoln pidiéndole consejo, y Lincoln le respondió: "Si está usted inflexiblemente resuelto a ser abogado, tiene usted ya la mitad de las dificultades vencidas. Recuerde usted siempre que su propia resolución de triunfar es más importante que cualquier otra cosa."

Lincoln lo sabía. Él había pasado por esto. Nunca, en toda su vida, tuvo más de un año de escuela. ¿Tuvo libros? Lincoln dijo cierta vez que había conseguido prestados todos los libros que había a cincuenta millas en torno de su casa. En la barraca en que vivía se mantenía un leño ardiendo toda la noche. A veces leía a la luz de este fuego. Los leños tenían grietas, y allí ponía Lincoln los libros para leerlos. Ni bien amaneció, arrollaba su lecho de hojas, se frotaba los ojos, tomaba el libro y comenzaba a *devorarlo*.

Caminaba veinte o treinta millas por día para escuchar a un orador y, cuando volvía a su casa, practicaba sus discursos en todas partes —en la campiña, en los bosques, delante de los parroquianos reunidos en el almacén de Jones. Se inscribió en sociedades de debates, de ciudades cercanas, y practicó sobre los temas de su tiempo, como ahora hacemos nosotros en este curso.

Tuvo siempre complejo de inferioridad. Delante de las mujeres se volvía tímido y enmudecía. Cuando hacía la corte a quien fue luego su esposa, solía sentarse con ella en la sala, avergonzado y silencioso, incapaz de hallar palabras, mientras ella hablaba por los dos. Sin embargo, éste fue el hombre que, mediante práctica y estudio, se convirtió en el orador que llegó a tener tan célebres polémicas con el consumado parlamentario Douglas. Éste fue el hombre que, en Gettysburg, y luego en su segundo mensaje inaugural, se elevó hasta alturas de elocuencia rara vez alcanzadas en los anales de la historia.

No nos extrañe, pues, que conociendo sus propias desventajas y su lucha empedernida, haya escrito: "Si está usted inflexiblemente resuelto a ser abogado, tiene usted la mitad de las dificultades vencidas."

En la oficina del presidente de los Estados Unidos hay un cuadro admirable de Abraham Lincoln. "Muchas veces, cuando tenía algún problema que resolver —decía Theodore Roosevelt—, algo complicado y de difícil solución, algo donde había derechos e intereses en pugna, miraba el cuadro de Lincoln, trataba de imaginármelo en mi lugar, trataba de figurarme qué haría él en tales circunstancias. Quizá parezca raro a muchos, pero, sinceramente, parecía hacer más fáciles de resolver los problemas que me preocupaban."

¿Por qué no aplicamos la idea de Roosevelt? ¿Por qué, si estamos desalentados y tenemos gana de darnos por vencidos en nuestro intento de hacernos oradores, no miramos un retrato de Lincoln y nos preguntamos qué hubiera hecho él en parecidas circunstancias? Todos sabemos qué hubiera hecho. Todos sabemos lo que hizo. Después de haber sido derrotado en las elecciones para senador por Stephen A. Douglas, dijo a sus partidarios que no debían "cejar por una ni por cien derrotas".

LA ESPERANZA DEL PREMIO

Qué no daría por ver a mis lectores con este libro abierto, sobre la mesa, durante una semana seguida, hasta que hayan aprendido de memoria estas palabras de William James:

"No sienta el joven ansiedad alguna en cuanto al resultado final de su educación, sean cuales fueren sus inclinaciones. Si se mantiene firmemente activo hora tras hora, día tras día, puede despreocuparse, sin riesgo, del resultado final. Sin la menor vacilación, puede contar con que un buen día despertará para hallar que es uno de los hombres competentes de su generación, en la carrera que haya elegido."

Y ahora, respaldado por la autoridad de James, aprovecharé para afirmar que aquel que siga este curso con firmeza y con entusiasmo, y que siga practicando inteligentemente, puede, con toda confianza, estar seguro de que un buen día despertará para hallarse entre los oradores competentes de su ciudad o país.

Por muy fantástico que esto pueda parecer a algunos, por ahora, *es cierto como principio general*. Excepciones, desde luego, siempre hay. Un hombre que tenga mentalidad y personalidad inferiores no llegará nunca a ser un Emilio Castelar; pero, dentro de lo razonable, la afirmación es correcta.

Pongamos un ejemplo concreto.

El ex gobernador de Nueva Jersey, Stokes, concurrió al banquete con que dimos fin a un curso de oratoria, en Trenton. Y me confesó que los discursos pronunciados en esa noche por los alumnos eran tan buenos como los que se oían en el Congreso de la Nación. Esos discursos habían sido pronunciados por profesionales que pocos meses antes enmudecían de miedo delante de un auditorio. No eran oradores incipientes estos hombres. Eran profesionales típicos con que uno topa en cualquier ciudad del mundo. Sin embargo, un buen día despertaron para hallarse entre los oradores competentes de su ciudad.

El problema de nuestro éxito como oradores gira en torno de dos factores: nuestra capacidad ingénita, y la profundidad y fervor de nuestros deseos.

"Quered tan sólo, y cambiará la faz del mundo", decía Lammenais, el fogoso teólogo y predicador francés. De la intensidad de nuestro deseo depende la solidez de nuestros logros. Si queremos ser buenos oradores, seremos buenos oradores; sólo hemos menester desearlo enérgicamente.

Yo he conocido y observado a miles de hombres, literalmente, en su lucha por adquirir confianza en sí mismos y llegar a hablar en público. De los que triunfaron, sólo unos pocos eran hombres de luces. Los demás eran profesionales que estamos acostumbrados a ver en nuestras respectivas ciudades. Pero perseveraron. Hombres más inteligentes se desalentaron o se dedicaron a otros menesteres, y no llegaron muy lejos; pero el individuo medio que sólo tenía firmeza y unidad de propósito, "siendo de los últimos llegó a ser de los primeros".

Esto no es más que humano y natural. ¿No lo comprobamos, acaso, todos los días en cualquier manifestación de la vida? "No se concluye nada con el ímpetu del genio —ha dicho Lamounty— si no se le agrega la paciencia." Por mucho talento que el alumno tenga, nunca logrará llegar al fin de este curso si carece de la otra virtud.

El mariscal Foch, que llevó a la victoria a uno de los ejércitos más grandes de que se tenga memoria, declaró que sólo poseía una virtud: la de nunca perder las esperanzas.

Cuando los franceses se replegaron hacia el Marne, en 1914, el general Joffre dio instrucciones a sus generales, que tenían dos millones de hombres a su mando, de que interrumpieran el repliegue y comenzaran la ofensiva. La nueva batalla, una de las más decisivas en la historia de la humanidad, se había prolongado dos días ya cuando el mariscal Foch, encargado del centro de Joffre, le envió este impresionante telegrama: "Mi centro cede. Mi derecha pierde terreno. La situación es excelente. Atacaré."

Ese ataque salvó a París.

Del mismo modo, querido orador, en lo más recio de la lucha, cuando todo parezca perdido; cuando nuestro centro ceda y la derecha pierda terreno, "la situación es excelente". ¡Ataquemos! ¡Ataquemos! Ataquemos y salvaremos la mejor parte de nuestra virilidad: el valor y la fe.

ESCALAMIENTO DEL "INDÓMITO KÁISER"

Hace algunos veranos decidí escalar un pico de los Alpes austríacos llamado el *Indómito Káiser*. Me dijeron que la ascensión era difícil, y que los alpinistas aficionados necesitaban imprescindiblemente de un guía. Nosotros, un amigo mío y yo, no teníamos guía, y, por cierto, éramos sólo aficionados; alguien nos preguntó si creíamos que íbamos a llegar.

—Desde luego —respondimos nosotros.

—¿Y qué razones tienen para estar tan seguros? —preguntó.

—Pues, otros lo han hecho sin guía —dije—, por lo cual sé que es posible hacerlo sin guía; y, además, nunca emprendo nada pensando que quizá fracase.

Como alpinista, soy el novicio más torpe y chapucero de cuantos hay. Pero ésa es la actitud mental adecuada para emprender cualquier cosa, desde hablar en público hasta escalar el Aconcagua.

Pensemos en el éxito, en este curso. Imaginémonos hablando en público con perfecto dominio de nosotros mismos.

Está en las manos de todos nosotros el hacer esto. Creamos que triunfaremos. Creámoslo firmemente, y luego ya iremos haciendo lo necesario para provocar el éxito.

El almirante Dupont dio varias razones para no haber introducido sus cañoneros en el puerto de Charleston. El almirante Farragut escuchaba atentamente sus razones.

—Pero hubo otra razón que usted no ha mencionado —dijo, cuando Dupont acabó de exponer.

—¿Cuál?

—Que no creyó usted que podría hacerlo.

Lo más valioso que adquieren los alumnos de un curso

de oratoria es la confianza en sí mismos, la mayor fe en su capacidad de lograr sus propósitos. Y, ¿qué más importante que eso para el éxito de cualquier empresa?

LA VOLUNTAD DE VENCER

Miguel Antonio Caro, altísimo poeta colombiano, y prosador incomparable, concluyó así un discurso:

"¿Qué haré yo para ser santo?, pregunta un alma tímida a Santo Tomás, y el angélico doctor respondió con una sola palabra: *¡Queriendo! Sí,* pero queriendo de veras; y quien no perseveró no quiso bien, pues la constancia es el comprobante de la firmeza de una resolución. Un escritor eminente ha proclamado que el genio es la paciencia; un filósofo insigne os inculca, en el sentido, sin duda, de la palabra de Santo Tomás, que todo deseo enérgico se realiza; y para concluir, a todos y a cada uno de vosotros diré yo con un gran poeta:

"Ten fijo en la memoria
Que nadie sin afán y ardua fatiga
Supo arrancar las palmas de la gloria."

Napoleón, Wellington, Bolívar, Foch, todos los grandes jefes militares, han reconocido que la voluntad de vencer de un ejército, y la confianza en su capacidad de hacerlo, son el factor principal para lograr el éxito de las armas.

"Noventa mil hombres vencidos —dice el mariscal Foch— se retiran ante noventa mil hombres vencedores sólo porque han sufrido demasiado, porque ya no creen en la victoria, porque se han desmoralizado, porque están al extremo de su resistencia moral."

En otras palabras, los noventa mil hombres que se retiran no lo hacen porque se les haya infligido un castigo físico muy duro, sino porque se les ha infligido un castigo moral, porque han perdido el valor y la confianza. No hay esperanza para un hombre así vencido.

Victorio Alfieri, el gran poeta trágico de Italia, se dedicó a las letras siendo ya adulto. Y para recuperar el tiempo perdido, se encerró en su habitación y se dedicó a estudiar y escribir intensamente. Cuando sus amigos le preguntaban cómo pudo vencer sus inclinaciones frívolas para convertirse en tan grande escritor, les respondía: "Volli, sempre volli, fermissimamente volli."

Antonio Maura, mallorquín, hablaba tan defectuosamente el castellano, que cuando fue a estudiar a Madrid, todos los compañeros reían y se burlaban de él. Pero Maura, decidido a dominar el castellano, y a convertirse en famoso orador, comenzó a estudiar con ahínco la lengua de Cervantes, llegando a los pocos años a ser uno de los oradores más castizos de las Cortes, y más tarde, a dirigir nada menos que la Real Academia Española de la Lengua. Su refrán favorito era el tan traído, y por traído descuidado, de "Querer es poder".

Sea nuestra canción de batalla este soneto de Almafuerte, el segundo de los siete medicinales:

No te des por vencido ni aun vencido;
No te sientas esclavo ni aun esclavo;
trémulo de pavor, piénsate bravo,
y acomete feroz, ya mal herido.

Ten el tesón del clavo enmohecido,
que ya viejo y ruin vuelve a ser clavo;
no la cobarde intrepidez del pavo
que amaina su plumaje al primer ruido.

Procede como Dios, que nunca llora;
o como Lucifer, que nunca reza;
o como el robledal, cuya grandeza
necesita del agua y no la implora...

¡Que muerda y vocifere, vengadora,
ya rodando en el polvo, tu cabeza!

SUMARIO

1. Nada aprendemos —sea francés, golf u oratoria— por medio de mejoramiento gradual. Adelantamos a tirones repentinos, mediante avances bruscos. Luego permanecemos estacionarios durante algunas semanas, y aun llegamos a perder parte de la perfección lograda. Los psicólogos llaman a estos períodos de estacionamiento "mesetas en la línea del aprendizaje". Quizá tengamos que luchar duro por un tiempo, sin lograr salir de una de estas mesetas ni seguir adelantando. Algunas personas, por no conocer este curioso fenómeno de nuestra manera de progresar, se desalientan al verse atascadas y cesan en los esfuerzos. Esto es muy lamentable, porque si persistieran, si siguieran practicando, comprobarían que de pronto se elevan como un ave y hacen gran progreso de un día para otro.

2. Quizá nunca logremos deshacernos de cierta nerviosa ansiedad que se apodera de nosotros poco antes de comenzar. Ossorio y Gallardo, Jiménez de Asúa y muchos otros oradores, hasta el final de su vida, experimentaron esta nerviosidad inicial. Si perseveramos, pronto nos desharemos de todas las dificultades, excepto de este temor; y, luego de hablar unos segundos, tal temor desaparecerá.

3. William James ha dicho que nadie ha de preocuparse por el resultado final de su educación, que si se mantiene firmemente ocupado, "sin la menor vacilación puede contar con que un buen día despertará para hallar que es uno de los hombres competentes de su generación, en la carrera que haya elegido". Esta verdad psicológica que el famoso sabio ha enunciado, tiene aplicación en nosotros y en nuestros esfuerzos para aprender a hablar en público. No puede haber duda respecto de esto. Los hombres que han triunfado en este curso no han sido, por regla general, hombres de dotes extraordinarias. Sólo tenían en su haber persistencia y tozuda determinación. No cejaron. Y llegaron.

4. Pensemos en el éxito con respecto a nuestros estudios. Esto nos obligará a hacer las cosas necesarias para provocar el éxito.

5. Si nos desalentamos, miremos un retrato de Lincoln, o de Victorio Alfieri, o de Antonio Maura, y preguntémonos qué hubieran hecho ellos en circunstancias similares.

6. Cuando los amigos le preguntaban a Alfieri cómo había vencido sus inclinaciones frívolas, respondía: "Quise, siempre quise, firmísimamente quise."

VICIOS DE LENGUAJE

VOCABULARIO

Todas las palabras que doy a continuación en la columna de la derecha, son correctas. Pero muchas personas desconocen su verdadera pronunciación.

INCORRECTO	CORRECTO
Impugne	Impune
Piemontés	Piamontés
Irisión	Irrisión
Decolorar	Descolorar
Garraspera	Carraspera
Despaturrar	Despatarrar
Contraversia	Controversia
Desvastar	Devastar
Decaecer	Descaecer
Magüer	Maguer
Aveniencia	Avenencia

Descolorar tiene dos sustantivos sinónimos, uno regular y otro irregular: *Decoloración* y *descoloramiento.*

No hay que confundir *devastar* con *desbastar,* que es quitar las partes bastas.

GRAMÁTICA

"Tan es así"

Tan, apócope de *tanto*, puede usarse delante de adjetivo, adverbio y otras partes de la oración excepto el verbo. La frase del epígrafe debe ser "Tan así es" o "Tanto es así."

De balde y en balde

En balde quiere decir en vano. *De balde* quiere decir gratis, graciosamente.

"Conseguí dos billetes *de balde* para el teatro."
"Es *en balde* que vengas; no te recibiré."

"Si por los vuestros estuviese la victoria, será suya la honra, y nuestro trabajo *en balde.*"

MARIANA

"Aquí enterraron *de balde,*
Por no hallarle una peseta...
No sigas: era poeta."

MARTÍNEZ DE LA ROSA

De una persona que está ociosa se dice que "*está de balde*".

EJERCICIO VOCAL. LA PUNTA DE LA LENGUA

Caruso atribuía gran parte de su éxito como cantante al dominio extraordinario que tenía de la lengua. Lo mismo la Galli-Curci. Lo mismo muchísimos otros grandes cantantes. Caruso se ejercitó hasta que tuvo la punta de la lengua ágil y fuerte en extremo. Utilizaba la punta de la lengua, mientras la parte posterior estaba muerta y relajada. Esto tiene gran importancia, pues los músculos de la parte posterior están unidos a la laringe. Por lo cual, si utilizamos dicha parte posterior, provocamos tensiones y contracciones innecesarias en la garganta.

Uno de los mejores métodos para desarrollar fuerza y actividad en la punta de la lengua consiste en gorjear la r. Pronunciémosla incesantemente, como un canario. Imitemos el sonido de una ametralladora lejana. No es sólo una sucesión de erres lo que necesitamos, es un gorjeo. ¿No ha oído nadie cómo vibran los cascabeles de la serpiente antes del ataque? Ello nos dará una idea de la manera en que debe vibrar la punta de la lengua contra el cielo de la boca, inmediatamente detrás de los dientes. ¿Quién no ha oído un picamaderos picoteando una rama seca al comenzar la primavera? Nuestro gorjeo tiene que ser tan rápido como un *stacatto*. El gorjeo tiene que recordarnos la tapa de las calderas cuando el agua comienza a hervir.

Comencemos a decir *par*. Cuando lleguemos a la erre, comencemos el gorjeo. *Prrrrrrrrrrrr*. Hagamos lo mismo con *zar* y *mar*.

Comencemos ahora a bostezar, respirando profundamente, sintiendo actividad en medio del tronco. Antes de que se produzca el bostezo, comencemos a gorjear la erre. Gorjeémosla por cuanto nos quede aire. Apliquemos los métodos de dominio del aire respirado que vimos en el capítulo V.

El gorjeo de la erre es un ejercicio importante; pero no creamos que con ejecutar este y los otros ejercicios un minuto por semana, y olvidarlos el resto del tiempo, obtendremos halagüeños resultados. "Los dioses venden todo a buen precio", decía Emerson. Y el buen precio que debemos pagar por el mejoramiento de la voz es la práctica, la práctica, la práctica. No necesitamos, desde luego, excluir otras actividades para practicar. Podemos hacerlo mientras nos estamos bañando. Leamos en voz alta el siguiente poema. Sintamos cómo la punta de la lengua nos toca rápida, perentoriamente, las espaldas de los dientes. Sintamos cómo recalcamos las ideas importantes con ese golpecito nítido y elástico:

¡Todo hacia la muerte avanza,
de concierto;
toda la vida es mudanza
hasta ser muerto!
¡Quién vio por tierra rodado
el almenar,
y tan alto levantado
el muladar!
¡Mi existir se cambia y muda
todo entero,
como árbol que se desnuda
en el enero!
¡Fueron mis goces auroras
de alegrías,
más fugaces que las horas
de los días!
¡Y más que la lanzadera
en el telar,
y la alondra tan ligera
en el volar!
¡Alma, en tu recinto acoge
al dolor,
como la espiga en la troje
el labrador!
¡Levántate, corazón,
que estás muerto!
¡Esqueleto de león
en el desierto!
¡Pide a la muerte posada,
peregrino,
como espiga que granada
va al molino!
¡La vida!... Polvo en el viento
volador.
¡Sólo nos muda el cimiento
del dolor!

RAMÓN DEL VALLE-INCLÁN

Después que hayamos leído esta poesía en la manera indicada, leámosla por segunda vez aplicando los principios enseñados por Julia Claussen en el capítulo V. Respiremos con el diafragma. Preparémonos para bostezar. Hablemos. Pensemos que el sonido va a la cabeza, no a la garganta. Dominemos el diafragma. No dejemos que el aire se nos escape irrefrenable. Tratemos de leer correctamente esta poesía con sólo dos inspiraciones.

Capítulo VII

EL SECRETO DE LA BUENA ELOCUCIÓN

Es menester algo más que el simple conocimiento del tema. Es menester vestirlo de vehemencia. Es menester estar convencido de que sabemos algo que la gente debe imprescindiblemente conocer.

Bryan

Hagamos una cosa por vez, y esa cosa, como si de ella dependiese nuestra vida.

Lema de Eugene Grace

Poco después de terminada la Gran Guerra, conocí en Londres a los hermanos Ross y Keith Smith. Acababan de efectuar el primer vuelo desde Londres hasta Australia; habían ganado el premio de cuatrocientas mil pesetas ofrecido por el gobierno australiano; habían causado sensación en todo el Imperio Británico; y habían sido armados caballeros por el rey.

El capitán Hurley, conocido fotógrafo, había volado con ellos en parte del viaje, para tomar películas; yo, pues, les ayudé a preparar un relato ilustrado del viaje y les enseñé a decirlo. Dos veces por día, durante cuatro meses, pronunciaron este discurso en el Edificio Filarmónico de Londres: uno hablaba por la tarde y otro hablaba por la noche.

Habían tenido exactamente la misma experiencia; habían estado hombro con hombro mientras daban media vuelta al mundo; y pronunciaban el mismo discurso, casi palabra por palabra. Sin embargo, había marcada diferencia entre uno y otro.

Hay algo, aparte las palabras, que es decisivo. Me refiero al sabor con que uno las dice. "No importa tanto lo que decimos, cuanto cómo lo decimos."

Cierta vez, en un concierto, me tocó estar al lado de una joven que iba leyendo la partitura de una mazurca de Chopin mientras Paderewski la ejecutaba al piano. Estaba perpleja. No acertaba a comprender. Los dedos del maestro tocaban exactamente las mismas notas que los suyos habían tocado tantas veces. Sin embargo, la ejecución suya había sido vulgar, y la de Paderewski en cambio era inspirada, encerraba inefable belleza, sojuzgaba el ánimo de los oyentes. No era sólo tocar las notas. Era la manera en que las tocaba, el sentimiento, el arte, la personalidad que ponía en su ejecución lo que establecía la diferencia entre la mediocridad y el genio.

Brulloff, el gran pintor ruso, corrigió en una ocasión el

dibujo de un alumno. El alumno miró asombrado el dibujo y exclamó:

—¡Cómo! Lo ha reformado usted un poquito y, sin embargo, parece otro dibujo.

Y Brulloff respondió:

—El arte comienza donde comienza el poquito.

Esto es tan cierto para la oratoria como lo es para la pintura o para las ejecuciones de Paderewski.

Hay un antiguo dicho en el parlamento británico, según el cual todo depende de la manera en que se habla, y no de las palabras que se dicen. Esto lo dijo Quintiliano hace algún tiempo, cuando Inglaterra era una de las colonias de Roma.

Como a los más de los dichos antiguos, es menester tomar a éste *cum grano salis;* pero, indudablemente, un discurso bien pronunciado puede convertir un tema desnudo en un tema muy acicalado. Esto explica que Nicolás Avellaneda, enseñando una asignatura tan poco atrayente cual era la *Economía Política,* atrajese tanto público a su aula de la Universidad de Buenos Aires. He observado muchas veces, en los concursos, que no siempre es el orador con mejor material quien gana. Por regla general, gana el orador que, por hablar bien, hace que su material parezca el mejor.

"Tres cosas importan en un discurso —decía con cínica picardía Lord Morley—, y son: quién lo dice, cómo lo dice, y qué dice. De todas tres, la última es la menos importante." ¿Es exageración? Sí, pero escarbemos un poco, y debajo de la superficie de esta afirmación hallaremos la verdad.

Pi y Margall escribía discursos brillantes en cuanto a lógica, razonamiento y composición. Sin embargo, como orador, era un fracaso. No sabía decir sus frases de modo que resultasen interesantes y vigorosas. Cuando se levantaba para hablar, los colegas comenzaban a salir de la sala, y sólo quedaban Castelar, Cánovas, Ríos Rosas, etc., que escuchaban con verdadero provecho sus discursos.

Podemos arrojar una bala de acero contra un hombre, y no conseguiremos ni siquiera rasgar su vestido. Pero

158

pongamos pólvora detrás de una vela de sebo, y perfora-
remos con ella una tabla de pino. Muchos discursos de
sebo, pero con pólvora, causan más impresión, lamento
decirlo, que un discurso de acero falto de fuerza
propulsora.

Cuidemos, entonces, la elocución.

¿QUÉ ES LA ELOCUCIÓN?

Cuando un enamorado hace sus protestaciones de
amor a la mujer amada, ¿le dice *Te adoro* como quien
dice *Esta noche iré al teatro,* o emplea el tono y estilo
adecuados para impresionarla? Desgraciadamente, no
todos los oradores alcanzan esto.

Veamos un ejemplo que es característico en miles de
oradores. Hace un tiempo estaba en Mürren, un lugar de
veraneo de los Alpes suizos. Me hospedaba en un hotel
cuyo directorio enviaba semanalmente dos conferenciantes para que hablasen a los huéspedes. Uno de estos
conferenciantes fue una conocida novelista. Su tema fue
El futuro de la novela. Confesó que no había elegido el
tema ella misma y el resultado de esto fue que lo que dijo
no le incumbía suficientemente para preocuparse de
cómo lo decía. Había preparado algunas notas apresuradamente; y allí estaba, frente al auditorio, haciendo poco
caso de sus oyentes, sin mirarlos siquiera, ya fijando la
mirada por sobre nuestras cabezas, ya contemplando el
piso. Iba extrayendo la palabra con mirada distraída en
los ojos y tono distraído en la voz.

Esta clase de discursos están divorciados de la elocución. Son soliloquios. No existe en ellos el sentido de la
comunicación. Y ése es el principal elemento de un buen
discurso: el sentido de la comunicación.

El oyente debe sentir que el mensaje surge de la mente
y del corazón del orador, para inundar directamente la
mente y el corazón propios. La conferencia que acabo de
describir habría podido, de igual modo, ser dada en el
arenoso desierto de Gobi. Y por cierto que parecía más

bien haber sido pronunciada en lugar semejante que ante un grupo de seres humanos.

El secreto de pronunciar un buen discurso es un proceso a la vez muy sencillo y muy complicado. Y que se presta a malas interpretaciones y a no pocas exageraciones.

EL SECRETO DE LA BUENA ELOCUCIÓN

Sobre el arte de la elocución se han escrito memeces y disparates sin cuento. Se la ha rodeado de reglas, ritos y artes misteriosos.

La antigua "elocución pomposa", ese horror de los horrores, ha hecho que a menudo se la considere burlonamente. El profesional medio que ha ido a las bibliotecas y librerías en busca de libros de oratoria, se ha encontrado con que la mayor parte de tales libros no tenían la menor aplicación práctica. A pesar del progreso logrado en otras ramas, todavía se nos quiere enseñar a hablar de la manera exornada en que hablaba un Castelar o un Mirabeau —lo que está tan fuera de lugar y de boga como los sombreros con que las esposas de estos insignes oradores causaban la envidia de sus contemporáneas.

En los tres cuartos de siglo últimos se ha ido formando una nueva escuela de oratoria que está más a tono con los tiempos que corren. Es tan moderna como un cuadro de Picasso, tan precisa como un telegrama, tan formal como una función de gala en el teatro Colón.

Toda la pirotecnia verbal que en otro tiempo era indispensable, ya nadie la tolera en este año de gracia.

Un auditorio moderno, sean treinta alumnos en el aula de una facultad, o sean mil personas en una tienda de lona, quieren que el orador no haga rodeos inútiles y que hable del mismo modo que si estuviera charlando en un corrillo de dos o tres personas.

Del mismo *modo,* dije; no con el mismo volumen de voz. Si empleamos el mismo volumen de voz nadie nos oirá. Precisamente para parecer más naturales, es menester que hablemos con mayor energía delante de cuarenta personas que delante de sólo una, así como una estatua a la que se coloca sobre un edificio tiene que tener tamaño gigantesco para que parezca proporcionada a quien la contempla desde el suelo.

Al terminar Mark Twain un discurso que pronunció en un campamento de Nevada, se le acercó un anciano buscador de oro y le preguntó:

—¿Es ése su tono natural?

Esto quiere el auditorio: *el tono natural*, aumentado en volumen.

Hablemos en un banquete del mismo modo que le hablaríamos a Fulano Pérez y Pérez. Al fin y al cabo, ¿qué es un banquete sino una colección de Pérez y Pérez? Los mismos métodos que son eficaces con cada uno de ellos individualmente, ¿no lo han de ser con todos colectivamente?

Acabo de describir la conferencia de cierta novelista. En el mismo salón en que ella habló, tuve el placer, algunos días más tarde, de escuchar a Sir Oliver Lodge. El tema elegido fue *Átomos y mundos*. Sir Oliver ha dedicado a este tema más de cincuenta años de reflexiones, estudios, experimentos e investigaciones. Tenía para decir algo que era parte esencial de su corazón, de su cerebro, de su vida, algo que fervientemente deseaba decir. Olvidó —y yo, entre otros, agradezco a Dios que lo haya olvidado—, olvidó, digo, que tenía que hacer un discurso. Ése era su menor cuidado. Lo que le importaba era explicar a su auditorio todo lo que sabía sobre átomos, y decírselo con exactitud, claridad y vivacidad. Quería por todos los medios hacernos ver lo que él veía, y hacernos sentir lo que él sentía.

¿Cuál fue el resultado? Que pronunció un discurso excelente. Un discurso que tenía encanto y vigor, y que causó impresión profunda. Sir Oliver es un orador consumado. Sin embargo, tengo para mí que él no lo sabe. Tengo para mí que muy pocas de las personas que le oyen hablar le consideran para nada un orador.

Si nosotros, querido lector, hablamos en público de tal

guisa que el auditorio sospeche que hemos recibido adiestramiento en oratoria, no haremos mucho honor a nuestro profesor. El profesor quiere que hablemos con tanta y tan grande naturalidad, que los oyentes nunca sospechen que hemos seguido un curso de elocuencia. Una buena ventana no atrae la atención hacia sí. Deja simplemente que pase la luz. Lo mismo debe hacer el orador. Debe ser tan natural que sus oyentes no reparen en su modo de hablar, sino solamente en la sustancia de sus razones.

LA INDIVIDUALIDAD

"La desigualdad mental entre los individuos adultos de la especie humana —escribe José Ingenieros— es un postulado básico de la psicología. Podrán las costumbres y las leyes establecer derechos comunes a todos los seres humanos, pero éstos siempre serán desiguales entre sí. Cada individuo, psicológicamente considerado, es una síntesis sistemática de elementos afectivos, intelectuales y activos, diversos por su origen, que se coordinan de manera varia y según relaciones complejas." Esto es especialmente cierto en lo que atañe a la oratoria. No hay en el mundo otra persona que sea como nosotros. Cientos de millones de personas tienen un par de ojos, una nariz y una boca; pero ninguno es exactamente igual a ninguno de nosotros. Y así también, ninguno de ellos tiene las características, métodos y vaciado de nuestra mente. Muy pocos entre ellos hablarán y se expresarán del mismo modo en que nosotros hablamos y nos expresamos ordinariamente. En otras palabras: tenemos individualidad. Como oradores, ésta es nuestra más preciosa virtud. Aferrémonos a ella. Cuidémosla. Desarrollémosla. Ella es la chispa que encenderá la fuerza y la sinceridad en nuestro discurso. "Es nuestro único derecho a la importancia."

Sir Oliver Lodge habla diferentemente que otros hombres, porque él es diferente. La manera de hablar de una persona es parte tan esencial de su individualidad como lo son su barba y su cabeza calva. Si hubiera tratado de imitar a su compatriota Lloyd George, hubiese sido falso y habría fracasado.

En las Cortes españolas de mediados del siglo pasado fueron famosos los debates entre don Antonio Cánovas del Castillo, jefe del partido conservador, y don Práxedes Mateo Sagasta, jefe del partido liberal. Cánovas tenía el aspecto de un hombre vulgar, así por sus ademanes como por su atavío. Sagasta, en cambio, era elegantísimo y hasta coqueto. Estos hombres eran tan diferentes en sus caracteres y mentalidad como lo eran en su aspecto físico. Sagasta tenía sonrisa burlona, sarcástica. Cánovas la tenía bonachona. Los ademanes y gestos de aquél eran impecables. Los de éste, torpes. Tenía la costumbre de guiñar, de torcer la boca y de hacer cuatro o cinco subidas de hombros al terminar los períodos. Cánovas poseía una cultura universal que le permitía improvisar eruditamente sobre cualquier tema. Sagasta era menos culto, pero tenía mayor rapidez mental y era vivísimo para los duelos verbales y las respuestas instantáneas. Poseía enorme don de simpatía y gran habilidad para persuadir. "Más temo a don Práxedes en una conferencia particular que en pleno Parlamento", dijo Cánovas cierta vez. Cánovas, en cambio, era de semblante tan duro que, sin serlo, echó fama de orgulloso. Pero era tan consumado político y estadista, que cuando llegaron las nuevas de su asesinato a Madrid, Sagasta comentó: "Después de la muerte de Cánovas todos los demás políticos podemos llamarnos de tú". Tanto uno como otro, sin embargo, a pesar de sus diferencias, eran oradores consumados, porque tenían el valor de ser ellos mismos. Si uno de ellos hubiera tratado de imitar al otro, habría fracasado lastimosamente. Pero cada uno, desarrollando en la mayor medida posible sus talentos y modalidades propias, se hacía individual y poderoso. *Ve tú, y procede en esta guisa.*

Es ésta una indicación fácil de dar. ¿Es también fácil de seguir? Por cierto que no. El mariscal Foch decía, a propósito del arte de la guerra: "Es bastante fácil en cuanto a concepción, pero desgraciadamente es complicado en cuanto a ejecución".

Es necesario practicar para llegar a ser natural delante de un auditorio. Los actores lo saben bien. Cuando teníamos cuatro años, probablemente, si lo hubiésemos intentado, habríamos podido subir a un tablado y recitar con naturalidad delante de un auditorio. Pero ahora que tenemos veinticuatro, o cuarenta y cuatro, ¿qué sucede si subimos a un tablado y comenzamos a hablar? ¿Daremos muestra de aquella inconsciente naturalidad que poseíamos a los cuatro años? Quizá, por excepción, pero lo más seguro es que nos pondremos tiesos, ceremoniosos y mecánicos, y nos retraeremos en nuestras corazas, como una tortuga herida.

El problema de enseñar el arte de la elocución no consiste en acrecer el horizonte mental del alumno con nuevos conceptos, sino en extirpar escollos, en liberar de trabas al alumno, en lograr que hable con la misma naturalidad con que hablaría si alguien le diera un puñetazo.

Cientos de veces he interrumpido a mis alumnos en medio de sus discursos y les he rogado que "hablen como seres humanos". Cientos de noches he vuelto a mi casa mentalmente fatigado y con el sistema nervioso exhausto de tanto adiestrar y obligar a los alumnos a que hablen con naturalidad. Por Dios, no es tan fácil, no, como parece.

Y el único método que hay bajo la capa del cielo para adquirir esta naturalidad es la práctica. Y si, mientras practicamos, caemos en la cuenta de que estamos ceremoniosos, detengámonos y ordenémonos mentalmente: "¡Ea! ¿Qué pasa? ¡Despierta! ¡Sé humano!" Busquemos luego con la vista a algún oyente, el que tenga cara de más tonto, y dirijámonos a él. Olvidemos que haya otros. Conversemos con éste. Supongamos que nos ha hecho una pregunta y que estamos contestándole. Si él llegara a ponerse en pie y a dirigirnos la palabra, y nosotros fuéramos a responderle, tal proceso, inmediata e inevitablemente, haría más familiar, más natural, más directo nuestro discurso. Hagamos la cuenta, pues, de que tal cosa ha ocurrido, precisamente.

Hasta podemos hacernos preguntas a nosotros mismos y luego contestarlas. Por ejemplo, en medio del discurso podemos interrumpir el hilo y decir: "Alguien quizá quiera saber qué pruebas tengo de lo que afirmo. Tengo suficientes pruebas, y las expondré inmediatamente..." Y en seguida procedamos a responder a la pregunta imaginaria. Esto se puede hacer con naturalidad. Romperá la monotonía del discurso y lo hará más directo, más agradable, más íntimo.

La sinceridad, el entusiasmo y la vehemencia contribuyen también a la naturalidad. Cuando una persona está dominada por la pasión, su verdadera personalidad surge a la superficie. Las barreras caen. El calor de sus sentimientos destruye todas las vallas. Procede con espontaneidad. Habla con espontaneidad. Está natural.

Conque, a la postre, hasta el problema de la elocución se reduce finalmente a lo que ya hemos repetido con tanta energía anteriormente: hay que poner el corazón en el discurso.

Orestes Ferrara, hablando de José Martí, dice que "era tan sincero en su convicción, que sus acentos oratorios subyugaban a sus propios adversarios".

"Sincero en su convicción." He aquí el secreto. Sin embargo, no se me escapa que consejos así no son populares. Parecen vagos. Suenan a indeterminados. El alumno medio quiere reglas seguras. Algo preciso. Reglas tan exactas como las instrucciones para hacer funcionar un automóvil.

Esto quiere. Esto quisiera yo darle. Sería más fácil para él. Sería más fácil para mí. Y, a decir verdad, existen reglas que reúnen esas condiciones. Pero tienen un inconveniente: no dan resultado. Despojan al discurso de toda su naturalidad, calor, espontaneidad y gracia. Créaseme. Cuando era joven, malgasté no poca energía probándolas. No aparecerán en estas páginas, porque, como alguien hizo observar cierta vez, "para nada sirve lo que no sirve para nada".

¿HACEMOS ESTO CUANDO HABLAMOS
EN PÚBLICO?

Vamos a tratar a continuación las características de la naturalidad en el discurso, a fin de hacerlas más claras y vivaces. He vacilado antes de escribir esto, porque no faltará quien se diga: "Ah, ya, con que me obligue a llevar a la práctica estos consejos, tengo resuelto el problema". Pues no lo tendrá. Quien se *obligue* a llevar estos consejos a la práctica, será más torpe y mecánico que antes.

Todos hemos aplicado estos principios hoy en nuestra conversación, los hemos aplicado tan inconscientemente como hemos digerido el almuerzo. Así es como debemos aplicarlos. Otro modo no hay. Y esto lo lograremos, en lo que a hablar en público se refiera, mediante el ejercitamiento.

PRIMERO: DESTAQUEMOS LAS PALABRAS
IMPORTANTES Y SUBORDINEMOS
LAS NO IMPORTANTES

Cuando conversamos, golpeamos ciertas sílabas con bastante fuerza y luego decimos las siguientes a mayor prisa. Por ejemplo: CanTÁbrico, seLECto, biblioTEca, ÁLgido. Igual cosa hacemos con las frases. Hacemos que una o dos palabras importantes descuellen sobre las otras, como altozanos.

Esto no es un proceso extraño o inusitado. Escuchemos. Continuamente lo podemos oír. Nosotros mismos lo hemos llevado a cabo hoy cien veces, quizá mil. Mañana, indudablemente, lo llevaremos a cabo cien veces más.

He aquí un ejemplo. Leamos el siguiente párrafo, golpeando las palabras que están en mayúsculas. Leamos las otras rápidamente. ¿Qué sucede?

"Se necesita VALOR para sobrellevar las desgracias inesperadas. Para realizar los EMPEÑOS. Para salir airoso y triunfante de las posiciones DIFÍCILES. Para no acobardarse ante los PELIGROS." Esteban Echeverría.

Ésta no es la única manera en que se pueden leer estas líneas. Otros la leerán de diferente modo. El énfasis no tiene reglas fijas, sino que depende de diversas circunstancias.

Leamos con vehemencia las citas que hay a continuación, tratando de que las ideas sean claras y convincentes. ¿Verdad que acentuamos con fuerza las palabras importantes, mientras decimos las otras con prisa, casi con descuido?

"Lo que no logres hoy quizá mañana
Lo lograrás; no es tiempo todavía;
Nunca en el breve término de un día
Madura el fruto ni la espiga grana.

"No son jamás en la labor humana
Vano el afán ni inútil la porfía:
El que con fe y valor lucha y confía,
Los mayores obstáculos allana.

"Trabaja y persevera, que en el mundo
Nada existe rebelde e infecundo
Para el poder de Dios, o el de la idea;

"Hasta la estéril y deforme roca
Es manantial cuando Moisés la toca
Y estatua cuando Fidias la golpea."

M. DE SANDOVAL

"Hácese un general a costa de su sangre y de la ajena; un orador después de mucho estudio y ejercicio; hasta un médico, que para levantar a uno de la cama echó ciento a la sepultura. Todos se van haciendo hasta llegar al punto de la perfección." Baltasar Gracián.

SEGUNDO: VARIEMOS EL TONO DE VOZ

El tono de la voz, en la conversación, recorre toda la escala desde la nota más alta a la más grave, y viceversa, sin detenerse jamás, constantemente inquieto como la superficie del mar. ¿Por qué? No lo sabemos, ni nos importa. Nunca nos enseñaron a hacerlo. Lo aprendimos de niños, sin quererlo ni saberlo. Ahora bien: que nos pongan delante de un auditorio, y la voz se nos tornará monótona, apagada e insípida como los desiertos de la Patagonia.

Cuando caigamos en la cuenta de que estamos hablando con este tono monótono —generalmente será tono alto—, detengámonos un momento y digámonos para nosotros: "Hete aquí hablando como si fueras un destripaterrones. *Conversa* con estas personas. Sé humano. Sé natural".

Levantando o bajando repentinamente el tono de voz sobre una palabra o frase, podemos hacerlas resaltar como pisadas en la nieve. Así hacía José Martí, "el Apóstol". Así hacía don José María Rojas Garrido, el colombiano. Así don Melquíades Álvarez, el vibrante tribuno español. Así hacen casi todos los buenos oradores.

Bajemos, en las citas que siguen, el tono de voz cuando leamos las palabras que están en bastardilla. ¿Qué sucede?

"Nadie es dueño del público sino cuando es dueño de sí; nadie es dueño de sí sino cuando *es dueño de la voz.*" Ernesto Legouvé.

"Es preciso dominarse mucho para vencer la monotonía de la voz. Cuando comenzamos en un tono y seguimos en el mismo, *los que nos escuchan dejan de estar atentos al poco tiempo.*" Roberto Ardigó.

TERCERO: VARIEMOS LA VELOCIDAD
DEL DISCURSO

Cuando un niño habla, o cuando hablamos nosotros, en la conversación cotidiana, *cambiamos constantemente la velocidad del discurso*. Lo cual es agradable. Es natural. Es inconsciente. Es enfático. Es, en fin, nada menos que una de las mejores maneras de hacer resaltar un concepto con suficiente vigor.

Walter Steven cuenta que el siguiente era uno de los métodos favoritos de Abraham Lincoln para dar eficacia a algún lugar:

> "Decía varias palabras con gran rapidez, y al llegar a la palabra o frase que deseaba recalcar, su voz se tornaba lenta y fuerte de expresión; y en seguida se lanzaba hasta el final de la frase como un rayo... Dedicaba tanto tiempo a cada palabra que deseara subrayar, como a cinco o seis de las otras."

Parecido método tenía Nicolás Salmerón. Describiendo su oratoria, dice don Niceto Alcalá-Zamora:

> "No era tarda, ni menos premiosa, la emisión de aquella voz singular; pero reflexiva y consciente, cuidaba la pausa, para dar a cada palabra el relieve de su individualidad, y aun dentro de ella a cada elemento el valor de su etimología, todo con un enlace perfecto que él llamaba concatenación."

Semejante método no puede menos que fijar la atención. Vaya un ejemplo. A menudo, en mis conferencias, he citado un párrafo de Roberto Ardigó que hemos leído antes. Yo quería recalcar la idea de que la monotonía es deplorable. Entonces me detuve en las palabras que anoto en bastardilla, las aislé de las otras, y hablé como si estuviera impresionado por ellas —como, por otra parte, lo estaba—. Leamos el párrafo en voz alta, siguiendo el mismo método, y observemos el resultado.

"Es preciso dominarse mucho para *vencer* la *monotonía de la voz*. Cuando comenzamos en un *tono* y seguimos en el *mismo, los que escuchan dejan de estar atentos al poco tiempo.*" Roberto Ardigó.

Probemos esto: digamos "dos millones de libros" rápidamente y con talante trivial, de modo que parezca una cantidad pequeña. Digamos ahora "doscientos libros". Digámoslo lentamente, digámoslo con emoción; digámoslo como si estuviéramos terriblemente asombrados de la enormidad del número. ¿No es verdad que hemos logrado hacer de dos millones una cantidad más pequeña que doscientos?

CUARTO: HAGAMOS PAUSA ANTES Y DESPUÉS DE LAS IDEAS IMPORTANTES

Sagasta solía hacer muchas pausas en sus discursos. Cuando comenzaba a hablar, apoyaba las manos sobre el banco y echaba un poco el cuerpo hacia adelante, mirando el suelo. Se atusaba luego el pelo, con la mayor calma, y paseaba una mirada magnética por el recinto. Este silencio, esta "pausa" que hacía antes de comenzar, atraía irresistiblemente la atención de todos, y se hacía en la sala un profundo silencio. Luego repetía el recurso cuando deseaba realzar un párrafo: se detenía, paseaba su mirada y su sonrisa burlona por la Cámara, y lograba así el máximo de intensidad en la atención e interés de sus oyentes.

Sir Oliver Lodge hace también frecuentes pausas en sus discursos, tanto antes como después de enunciar las ideas importantes; hace pausa hasta tres y cuatro veces por frase, pero lo hace naturalmente y sin caer en la cuenta de ello. Nadie, a no ser que estuviese analizando el método de Sir Oliver, podría reparar en este pormenor.

"Al buen callar llaman Sancho", dice un viejo refrán castellano. Nunca es tan valioso el silencio como cuando aprovechamos de él con prudencia en medio del discurso. Es un instrumento poderoso, demasiado importante para descuidarlo, y sin embargo, los más de los oradores noveles le atribuyen poca o ninguna importancia.

En el trozo que sigue, fragmento de la segunda catilinaria con que el gran escritor ecuatoriano Juan Montalvo apostrofó al tirano Veintemilla, he marcado los puntos donde debiera hacer pausa un orador. No pretendo que éstas sean las únicas posibles, ni siquiera las mejores. Los lugares donde hacer las pausas no están sujetos a reglas fijas e inviolables. Es cuestión de temperamento, de sentido y de sentimiento. En un mismo discurso, puede uno hacer pausa en tal lugar hoy y en tal otro mañana. Leamos este trozo en voz alta y sin hacer pausas; luego leámoslo nuevamente, atendiendo a las indicaciones que van entre paréntesis. ¿Qué sucede?

"Una tiranía fundada con engaño (pausa para que se absorba la idea de *fundada con engaño),* sostenida por el crimen (pausa), yacente en una insondable profundidad de vicios y tinieblas (pausa), podrá prevalecer por algunos años sobre la fuerza de los pueblos (pausa para que se absorban todos estos conceptos). Las más de las veces la culpa se la tienen ellos mismos (pausa): como todas las cosas, la tiranía principia, madura y perece (pausa para que se absorba esto); y como todas las enfermedades y los males (pausa), al principio opone escasa resistencia, por cuanto aún no se ha dado el vuelo con que romperá después por leyes y costumbres (pausa). La tiranía es como el amor (pausa), comienza burlando (pausa), toma cuerpo si hay quien lo sufra (pausa), y habremos de echar mano a las armas para contrarrestar al fin sus infernales exigencias (esto dicho con rapidez. Pausa para que el auditorio lo absorba). A la primera de las suyas (pausa), alce la frente el pueblo (pausa), hiera el suelo con el pie (pausa), échele un grito (al llegar aquí, hagamos una pausa mayor, tratando de crear ansiedad en el auditorio sobre qué vamos a decir), y de seguro se ahorra asaz de tribulaciones y desgracias."

Leamos los siguientes párrafos en voz alta, con vigor y sentido.

"Por grandes y profundos que sean los conocimientos de un hombre, el día menos pensado encuentra en el libro que menos valga a sus ojos alguna frase que le enseña algo que ignora." Mariano José de Larra.

"Carácter quiere decir, en su significación literal, alguna cosa impresa, que permanece constante y, en consecuencia, invariable como un sello; se refiere al modo de obrar en las contingencias de la vida como una norma para cada individuo, que, en las circunstancias difíciles y graves, se estima como una cualidad preciosa." G. Sergi.

Pueden seguirse las indicaciones que he dado en esta lección y, no obstante ello, cometer cien faltas. Puede el orador hablar en público como si se tratase de una conversación y, como consecuencia, hablar con voz desagradable, cometer errores gramaticales, ser torpe, ofender y muchas otras cosas por el estilo. Quien quiera aplicar su manera cotidiana de conversar a la oratoria necesitará, probablemente, gran número de perfeccionamientos. Perfeccionemos nuestro método de conversar, y luego podremos conversar sobre el tablado.

SUMARIO

1. Hay algo, aparte las simples palabras, que es decisivo en el discurso. Me refiero al sabor con que uno las dice. "No importa tanto lo que decimos, cuanto cómo lo decimos."

2. Muchos oradores no prestan atención a sus oyentes y dirigen sus miradas a la pared del fondo o al suelo. Se diría que están hablando solos. No hay sensación de contacto entre el auditorio y el orador, falta el "tome y traiga". Semejante actitud sería fatal en una conversación. No lo es menos en un discurso.

3. Buena elocución significa el tono y precisión de la conversación, aumentados. Hablemos en un banquete del mismo modo que hablaríamos a Fulano Pérez y Pérez. Al fin y al cabo, ¿qué es un banquete sino un concurso de Pérez y Pérez?

4. Todos tenemos en nosotros el don de la elocuencia. Si alguien lo duda, pruebe a dar un puñetazo al hombre más ignorante que conozca. Cuando éste se levante, muy probablemente le echará un "discurso" en estilo casi impecable. Esta naturalidad es lo que hemos menester para hablar en público. Para desarrollarla, debemos practicar. No imitemos a otros. Si hablamos con espontaneidad, hablaremos de diferente manera que todos los oradores del mundo. Pongamos en la elocución nuestra propia individualidad, nuestras propias características.

5. Hablemos a nuestros oyentes como si en cualquier momento se fuesen a levantar y refutar lo que decimos. Si así lo hiciéramos no cabe duda de que nuestra elocución mejoraría inmediatamente y de manera notable. Imaginémonos, pues, que alguien se ha puesto en pie y nos ha interrogado, y que nosotros le estamos respondiendo. Digamos en voz alta: "alguien entre vosotros se preguntará cómo sé yo esto. Pues bien, os lo diré". Esto parecerá perfectamente natural, deshará la formalidad de la fraseología, dará más calor y familiaridad a nuestra manera de hablar.

6. Pongamos el corazón en nuestro discurso. La sinceridad verdadera y emotiva mejorará más un discurso que todas las reglas que haya bajo la capa del cielo.

7. He aquí cuatro cosas que todos efectuamos inconscientemente en la conversación acalorada. ¿Las efectuamos también cuando hablamos en público? La mayor parte de los alumnos no lo hacen:

a. ¿Acentuamos las palabras importantes de una frase, para subordinar las no importantes? ¿Prestamos a cada palabra, incluso *el* y *pero,* el mismo grado de atención aproximadamente, o decimos una sentencia del mismo modo que decimos CanTÁbrico?

b. ¿Recorre nuestro tono de voz la escala de arriba abajo y viceversa, como sucede con los niños cuando hablan?

c. ¿Variamos la velocidad del discurso, diciendo rápidamente las palabras de poca importancia, y deteniéndonos más tiempo en las que queremos destacar?

d. ¿Hacemos pausa antes y después de los conceptos importantes?

VICIOS DE LENGUAJE

VOCABULARIO

Las palabras derivadas de la columna izquierda no son, en rigor, incorrectas, porque están formadas de acuerdo con el genio del idioma. Pero el uso de Castilla ha hecho prevalecer las de la columna derecha, que son las que debemos preferir.

DERIVADAS	CASTIZAS
Evacuación	Evacuamiento
Extinguidor	Extintor
Ocultamiento	Ocultación
Retardamiento	Retardación, retardo
Retardante	Retardador
Vacilamiento	Vacilación
Adecuamiento	Adecuación
Agregamiento	Agregación
Efectuación	Efectuamiento
Desborde	Desbordamiento
Trasborde	Trasbordo
Rinde	Rendimiento
Sugerencia	Sugestión
Becado	Becario
Disparatero	Disparatador
Vivar	Vitorear
Rosedal	Rosalera, rosaleda

GRAMÁTICA

"Un alma despiadada"

El castellano rechaza el encuentro de dos vocales tónicas iguales, y por esta razón decimos *el águila* en vez de *la águila,* porque ambas aes son tónicas. Pero no decimos *el afrenta,* sino *la afrenta,* porque la a del artículo es tónica, pero la primera de *afrenta* no lo es; luego no se repelen. Sea aplicada la regla a *una, esta, aquella*, etc. ¿Tienen aes finales tónicas? No, puesto que son graves. Luego, no repelen las aes iniciales de ninguna palabra. *"Un* alma despiadada", es tolerada por la Academia Española porque el uso general lo ha impuesto, aunque castizamente deberíamos decir: *una alma, una arte plástica, aquella ánfora*, etc.

"Siento *una* aura juvenil que remoza mis años y enciende en mi corazón la lámpara de los sueños."

RICARDO LEÓN

EJERCICIO VOCAL. TONOS VIVOS Y ATRAYENTES

He aquí tres ejercicios que, si los efectuamos con fidelidad, nos avivarán la voz y nos la tornarán atrayente.

1. Desarrollar la resonancia nasal. Inspiremos profundamente, y observemos la sensación libre, suelta, expansiva de la nariz al entrar el aire. Repitamos las palabras que siguen. Graduemos su tono en la nariz. Insistamos en el sonido *nd*, de cada palabra, durante dos o tres segundos. Dejemos que resuenen en la cavidad nasal como una campana que tañese a muerto:

Cantando	*Vitando* ....
Trayendo	*Amando* ....
Atuendo	*Bando* ....
Horrendo	*Péndulo* ....
Pendón	*Esconde* ....

2. Por quién sabe qué extraña razón, la práctica de la voz en falsete aumenta la vivacidad de los timbres naturales. ¿Cómo se logra el falsete? Quizá lo logremos así: subamos de tono hasta el más alto que nos sea posible, hasta que la voz se confunda con un chillido. Es un tono cómico, muy afeminado. Nos fatigará pronto. Dejemos de practicarlo no bien comience a dolernos la garganta. Recitemos esta estrofa en falsete:

"Madre, yo al oro me humillo:
él es mi amante y mi amado,
pues de puro enamorado,
de continuo anda amarillo;
que pues, doblón o sencillo,
hace todo cuanto quiero,
poderoso caballero
es don Dinero."

El poeta Longfellow aconsejaba a Mary Anderson, famosa actriz dramática, que leyera todos los días algunas poesías jocundas y líricas para aumentar el encanto de la voz. Los tonos de felicidad, los tonos de alegría y optimismo, causan siempre buena impresión, son siempre atrayentes. Si leemos en voz alta poesías optimistas, poesías alegres, y las leemos de corazón, nuestra voz aprehenderá pronto los tonos que estamos imitando. No puede haber asomo de duda en punto a la verdad psicológica de esto. (Véase la cita de William James en el capítulo I.)

3. Galli-Curci decía que uno de los principios que le habían servido de guía era el de sentir "el gozo del canto" en sus ensayos y actuaciones. Nuestros oyentes tienen que notar en nosotros el gozo de hablar.

Leamos varias veces, en voz alta, la poesía que doy más adelante. Tratemos de sentir lo que sintió el autor. Hagamos por impregnarnos del espíritu que le animó al escribirla. Rezumamos este espíritu por el metal de la voz. Abramos a menudo el libro en esta página, y leamos esta poesía. O, mejor, aprendámosla de memoria y excusemos la lectura:

"Ya vuelve la primavera:
Suene la gaita, — ruede la danza:
Tiende sobre la pradera
El verde manto — de la esperanza.
Sopla caliente la brisa:
Suene la gaita, — ruede la danza:
Las nubes pasan aprisa,
Y el azur muestran — de la esperanza.

La flor ríe en su capullo:
Suene la gaita, — ruede la danza:
Canta el agua en su murmullo
El poder santo — de la esperanza.
¿La oís que en los aires trina?
Suene la gaita — ruede la danza:
—Abrid a la golondrina,
Que vuelve en alas — de la esperanza.
Niña, la niña modesta:
Suene la gaita, — ruede la danza:
El Mayo trae tu fiesta
Que el logro trae — de tu esperanza.
Cubre la tierra el amor:
Suene la gaita, — ruede la danza:
El perfume engendrador
Al ceño sube — de la esperanza.
Todo zumba y reverdece:
Suene la gaita, — ruede la danza:
Cuanto el son y el verdor crece,
Tanto más crece — toda esperanza.
Sonido, aroma y color
Suene la gaita, — ruede la danza:
Únense en himnos de amor,
Que engendra el himno — de la esperanza.
Morirá la primavera:
Suene la gaita, — ruede la danza:
Mas cada año en la pradera
Tornará el manto — de la esperanza.
La inocencia de la vida
(Calle la gaita, — pare la danza)
No torna una vez perdida:
¡Perdí la mía! —¡ay, mi esperanza!

PABLO PIFERRER

Capítulo VIII

PORTE Y PERSONALIDAD EN LA TRIBUNA

"*Si la elocuencia no es nada sin la acción, y si, aun sin la elocuencia, ella es poderosa, débese afirmar que su función es importantísima en la oratoria*". Y Oreste Ferrara explica que la acción "*es la voz, el gesto, la fisonomía, la manera de dar el período y fijar las pausas, en fin, la adaptación escénica, contenida pero sensibilísima, de toda la persona a las ideas que vierte, de manera que éstas sean comprendidas por el oyente en tal forma perfecta que provoquen en toda su plenitud los sentimientos deseados*".

CICERÓN

Son muy conocidas las anécdotas de oradores que, teniendo que improvisar, adornaron con gestos y gritos, no sólo vacuidades y frases hechas, sino ideas contrarias a las que debieran mover al público; y el resultado fue el mismo. Huarte dice agudamente que la gesticulación "es tan importante en los predicadores, que con sólo ella, sin tener invención ni disposición sino de cosas de poco momento y vulgares, hacen un sermón que espanta al auditorio", por tener "acción", es decir, gesto. "En esto, añade, hay una cosa notable en la cual se descubre cuánto puede esta gracia —la gesticulación—, y es que los sermones que parecen bien por la mucha acción y espíritu, puestos en el papel no valen nada ni se pueden leer; y es la causa que con la pluma no es posible pintar los meneos y gestos con los cuales parecieron bien en el púlpito."

GREGORIO MARAÑÓN

El Instituto Carnegie de Tecnología sometió cierta vez a prueba a cien profesionales destacados. Y el resultado movió a los psicólogos del Instituto a declarar que la personalidad contribuye más que la inteligencia al éxito en la vida.

Es una afirmación importante. Para el profesional, el educador, el hombre de negocios, el orador.

La personalidad es —con excepción de la preparación—, probablemente el factor más importante del arte de hablar en público. "En el discurso elocuente —decía Hubbard—, es el talante el que conquista, que no las palabras." Pero la personalidad es algo vago y fugaz, que, como el perfume de la violeta, elude el análisis. Es la combinación total del hombre, lo físico, lo espiritual, lo mental; sus características, sus predilecciones, sus tendencias, su temperamento, el vaciado de su espíritu, el vigor, la experiencia, la cultura, su vida, en fin. Es algo tan complejo como la teoría de la relatividad de Einstein, y casi tan difícil de comprender.

La personalidad de un hombre es principalmente el resultado de su herencia. Está, en gran parte, determinada antes del nacimiento. Verdad es que el ambiente influirá sobre ella, pero, por regla general, es un factor extremadamente difícil de alterar ni mejorar. A pesar de esto, podemos, merced a nuestro esfuerzo, fortificarla en cierta medida y hacerla más vigorosa y atractiva. Y, en el peor de los casos, podemos esforzarnos para sacar el mejor provecho posible de este extraño elemento con que Natura nos surtió. El tema es de inmensa importancia para todos. Las posibilidades de mejoramiento, no obstante ser limitadas, son lo suficientemente grandes para que se plantee en su torno la discusión y se promueva la investigación.

Si queremos aprovechar lo más posible nuestra individualidad, presentémonos descansados ante el auditorio.

Un hombre cansado no es magnético ni atractivo. No incurramos en el tan común error de postergar la preparación y el planeamiento del discurso para el último minuto, y entonces ponernos a trabajar como esclavos, afanosos de recuperar el tiempo perdido. Si procedemos de este modo, acumularemos toxinas corporales y cansancio cerebral, trabas terribles ambas que nos atarán de pies y manos, nos minarán la vitalidad y nos debilitarán los nervios y el cerebro.

Si hemos de pronunciar un discurso importante a las cuatro de la tarde, no nos entreguemos, si está en nuestra mano evitarlo, a las tareas ordinarias después del almuerzo. Tomemos un almuerzo liviano y refresquémonos con una siesta. Descanso: eso necesitamos; descanso físico, mental y nervioso.

Geraldine Farrar solía asombrar a sus nuevas relaciones cuando daba las buenas noches y se recogía temprano, dejando a su esposo encargado de honrar a los huéspedes por el resto de la velada. Esta mujer conocía las exigencias que su arte le imponía.

La Nordica decía que ser cantatriz implicaba renunciar a todo cuanto era agradable: compromisos sociales, amigos, yantares tentadores, etc.

Cuando tengamos que pronunciar un discurso importante, no nos dejemos arrastrar por el hambre. Comamos tan sobriamente como un poeta pobre. Antes de pronunciar sus sermones, Henry Beecher no come más que galletas y leche.

"Cuando tengo que cantar por la noche —decía la Melba—, tomo tan sólo una cena liviana a las cinco de la tarde, la cual consiste en pescado, o en pollo, o en mollejas de ternera, con una manzana asada y un vaso de agua. Cuando vuelvo de la ópera a casa, siempre tengo mucha hambre, y entonces vuelvo a cenar."

Con cuánta prudencia procedían Beecher y la Melba, no llegué a comprenderlo hasta que fui orador profesional y quise pronunciar un discurso de dos horas, diariamente, después de haber comido opíparamente. La experiencia me ha demostrado que no se puede gozar de un *filet de sole aux pommes nature* seguido de una chuleta con papas fritas a la francesa, más ensalada, legumbres y postre, y a la hora, levantarse y tratar de complacer o a uno mismo, o al discurso, o al propio cuerpo. La sangre que debiera estar en el cerebro está en el estómago, forcejeando con las chuletas y las patatas. Paderewski tenía razón: decía que cuando comía a hartarse antes de un concierto, el animal que llevaba adentro se le escapaba a la superficie, y se apoderaba hasta de las puntas de sus dedos, por lo cual entorpecía y deslucía la ejecución.

POR QUÉ CIERTOS ORADORES ATRAEN MÁS QUE OTROS

No tratemos de apagarnos la energía. La energía es magnética. La vitalidad, la vivacidad, el entusiasmo: he aquí algunas de las virtudes que he buscado siempre en mis instructores auxiliares. La gente se apeñusca alrededor de un orador enérgico, dínamo humana, como gansos salvajes en un sembrado de trigo otoñal.

A menudo he visto la comprobación de esto en los oradores al aire libre, en Hyde Park (Londres). Hay allí, cerca de la entrada del Arco de Mármol, un lugar de reunión para los oradores de todos los credos y razas. Los domingos por la tarde puede uno elegir entre un orador católico que expone la doctrina de la infalibilidad del Papa, y un socialista que propugna el evangelio económico de Carlos Marx, o un hindú que explica por qué es justo y necesario que los mahometanos tengan cuatro esposas, etc., etc. Alrededor de un orador hay cientos de oyentes, en tanto que su vecino sólo tiene un puñado. ¿Por qué? ¿Es el tema elegido la razón adecuada de tamaña disparidad entre el poder de atracción de los diferentes oradores? No. Por regla general, la explicación estará en el orador: está más interesado y, por tanto, es más interesante. Habla con más vida y bríos. Irradia vitalidad y animación. Y la atención no puede ser sorda a esto, y se doblega.

CÓMO NOS AFECTAN LOS VESTIDOS

Un psicólogo, que es también presidente de una universidad, preguntó a un grupo numeroso de personas qué impresión les causaban las ropas. Unánimemente, todos declararon que cuando estaban bien peinados, afeitados e impecablemente vestidos, la noción de esto, la sensación, producía un efecto que, aunque difícil de precisar, era definido y muy positivo. Les aumentaba la confianza en sí mismos. Les producía mayor fe, elevaba ante sus propios ojos el concepto de sus personas. Confesaron que cuando tenían aspecto de triunfo les parecía más fácil pensar en el triunfo y lograrlo. Tal es el efecto de los vestidos sobre la persona.

¿Qué efecto producen sobre el auditorio? Yo he observado muchas veces que si un orador tiene los pantalones arrugados, la chaqueta y los zapatos sucios, el bolsillo superior lleno de lápices y estilográficas, un periódico o una cajetilla de tabaco en los bolsillos laterales, he observado, digo, que el auditorio siente tan poco respeto por este hombre como el que él siente por su propia apariencia. ¿No es probable que supongan que el cerebro de este hombre está tan descuidado como sus zapatos sucios o su pelo desgreñado?

UNO DE LOS PESARES DEL GENERAL GRANT

Cuando el general Lee llegó al Tribunal de Appomattox para rendir su ejército, vestía impecable uniforme nuevo y traía una espada de valor extraordinario. El general Grant, en cambio, estaba sin chaqueta, sin espada, vistiendo el uniforme de campaña de cualquier soldado. "Debo de haber producido muy extraño contraste —escribía en sus *Memorias*— delante de un hombre tan finamente ataviado, de tan apuesta estatura y tan impecable uniforme." El hecho de no haberse vestido adecuadamente para ocasión tan histórica fue una de las cosas que más lamentó Grant durante toda su vida. En el Ministerio de Agricultura de

Washington hay varios cientos de panales experimentales de abejas. Cada panal tiene adherido un gran vidrio de aumento, y apretando un botón, se puede iluminar el interior. De este modo, noche y día, las abejas pueden ser sometidas a minucioso escrutinio. Pues bien: lo mismo sucede con un orador; está rodeado de vidrio de aumento, todas las miradas convergen hacia él. La más mínima desarmonía en su apariencia personal será tan notoria como un cometa en el cielo.

"ANTES DE HABLAR, YA ESTAMOS CONDENADOS O APROBADOS"

Hace algunos años escribí para la *Revista Americana* la historia de un banquero. Pedí a uno de sus amigos que me explicara la causa del éxito de este banquero. No poco, me dijo, se debía a su sonrisa simpática. Quizás esto parezca, al principio, algo exagerado, pero yo creo que es realmente verídico. Otros hombres, docenas, cientos, quizás hayan tenido mayor experiencia y parecido talento financiero, pero él tenía una ventaja de que aquéllos carecían: personalidad sumamente agradable. Y la sonrisa cálida, amable, era una de las características principales de esta personalidad. Cuantos le veían confiaban en él inmediatamente. A todos nos agrada ver triunfar a un hombre como éste, y es un verdadero placer prestarle nuestro apoyo. "Aquel que no pueda sonreír —dice un proverbio chino— no debe tener tienda." ¿Y no resulta igualmente agradable la sonrisa, delante de un auditorio que detrás de un mostrador? Recuerdo en este momento a un alumno de oratoria que siempre se presentaba al auditorio con talante que parecía decir "Me encanta estar aquí. No hay tarea más agradable que dirigiros la palabra". Sonreía y se comportaba como si estuviese contentísimo de volver a vernos; y como consecuencia inmediata e inevitable, sus oyentes sentían simpatía por este orador, y se alegraban también de que les hablara.

Pero, en cambio, he visto oradores —alumnos de mi curso, lamento decir— que suben al tablado con ademán frío y descuidado, como si tuvieran alguna tarea desagradable que llevar a cabo y que, al acabarla, darán gracias al cielo. Nosotros, los oyentes, comenzamos pronto a sentirnos de la misma manera. Estas actitudes son contagiosas.

"Ojo por ojo —dice el profesor Overstreet en su libro *De la influencia sobre la conducta humana*—. Si nosotros nos interesamos por nuestro auditorio, lo más probable es que nuestros oyentes se interesen también por nosotros. Si les ponemos mala cara, seguramente, interna o externamente, ellos nos pondrán mala cara a nosotros. Si nos mostramos tímidos y un poco aturrullados, sin duda perderán la confianza en nosotros. Si las echamos de descarados y jactanciosos, se recubrirán de su propia defensa de egotismo. Aun antes de hablar, las más veces, ya estamos condenados o aprobados. Es, pues, el partido más razonable asegurarnos que nuestra actitud sea tal que coseche un cálido recibimiento."

HAGAMOS QUE EL AUDITORIO ESTÉ APIÑADO

Como orador público, muchas veces he hablado ante un concurso poco numeroso de oyentes por la tarde, dispersos todos en una inmensa sala, y por la noche y en el mismo lugar, ante un concurso numeroso y apiñado. El auditorio nocturno se ha destornillado de risa por chistes que a la tarde sólo habían producido sonrisas. El concurso nocturno ha aplaudido generosamente ciertos lugares que no habían causado la menor impresión algunas horas antes. ¿Por qué?

Por una razón: las mujeres ancianas y los niños que suelen asistir a las conferencias de la tarde no son tan vivaces en sus exteriorizaciones como el concurso más fresco e inteligente que asiste por la noche; pero ésta es una explicación parcial.

La verdad es que no se impresiona fácilmente un auditorio que está disperso. Nada ahoga tanto el entusiasmo como los claros grandes y las butacas vacías.

Henry Beecher decía en una conferencia sobre el arte de predicar.

"A menudo la gente me dice: ¿No le parece que es mucho más fortificante hablar a un auditorio numeroso que no a un auditorio pequeño? No, respondo yo. Me da lo mismo hablar ante veinte personas que ante mil, siempre que estas veinte estén cerradas alrededor mío, de tal modo que se toquen unos con otros. Pero mil oyentes, situados a sólo un metro de distancia los unos de los otros, me causarían la misma sensación que una sala vacía. Apiñemos el auditorio, y lo dominaremos con la mitad del esfuerzo."

El hombre que forma parte de concursos numerosos tiende a perder su personalidad. Se torna un miembro de la muchedumbre y entonces es más fácil guiarle que como a individuo aislado. Reirá y aplaudirá pasajes que no se le hubieran dado un bledo si sólo hubiera con él cinco o seis personas escuchando nuestras palabras.

Es mucho más fácil influir sobre las acciones de una muchedumbre que sobre las de un individuo solo. Los hombres que van a las batallas, por ejemplo, sienten, invariablemente, deseos de cometer la imprudencia más peligrosa que se puede cometer: amontonarse. Durante la Gran Guerra, muchos soldados alemanes iban a la batalla de bracero con los camaradas.

¡Muchedumbres! ¡Muchedumbres! Constituyen un fenómeno curiosísimo. Todos los grandes movimientos y reformas populares han sido llevados a cabo merced a la mentalidad rebañega de la muchedumbre. Sobre este tema hay cuatro libros muy interesantes, entre otros: *Psicología de las muchedumbres,* de Gustavo Le Bon, *La rebelión de las masas,* de José Ortega y Gasset, *Ensayos liberales (Psicología del gesto),* de Gregorio Marañón, y *Psicología colectiva,* de Sigmund Freud.

Si tenemos que hablar a un concurso reducido de oyentes, debemos elegir una sala pequeña. Es mejor tener gente parada en los pasillos de un teatrillo que tenerlos desparramados entre los solitarios y desolados espacios de un salón inmenso.

Si nuestros oyentes están dispersos, pidámosles que se adelanten y se sienten cerca de nosotros. Insistamos en esto antes de comenzar a hablar.

Si el auditorio no es demasiado numeroso, y no hay razón importante ni necesidad de que el orador hable desde el tablado, no lo usemos. Pongámonos al mismo nivel que los oyentes. Estemos cerca de ellos. Violemos la formalidad. Establezcamos cierto íntimo contacto. Convirtamos el discurso en conversación.

EL COMANDANTE QUE ROMPÍA LOS VIDRIOS

Debemos componérnoslas para que haya ventilación en la sala. En el proceso del habla, el oxígeno es tan imprescindible como lo son la laringe, la faringe y la epiglotis. Ni toda la elocuencia de Cicerón ni toda la femenina belleza de la Venus de Milo lograrán mantener despierto a un auditorio donde el aire está viciado.

Durante catorce años el comandante James Pond, administrador de Henry Beecher, recorrió el país para negociar los sermones de aquél, a la sazón en la cumbre de su popularidad como predicador. Antes de la conferencia, Pond visitaba indefectiblemente la sala, iglesia o teatro en que aquél debía hablar, examinaba cuidadosamente la luz, asientos, temperatura y ventilación. Pond había sido un oficial tempestuoso y bramador, que gustaba de impartir órdenes; cuando el lugar era demasiado sofocante, o cuando no circulaba aire y las ventanas no se podían abrir, les arrojaba algunos libros y rompía los cristales. Creía, con Spurgeon, que "después de la Gracia de Dios, nada hay tan valioso para el predicador como el oxígeno".

"HÁGASE LA LUZ"... SOBRE NUESTRO ROSTRO

A no ser que queramos demostrar una teoría espiritista delante de un grupo de oyentes, inundemos de luz la sala, si esto es posible. Más fácil es domesticar una codorniz que provocar el entusiasmo de un auditorio sumido en las tinieblas de una sala pobremente iluminada.

Leamos los artículos de David Velasco sobre arte teatral, y veremos que el orador medio no tiene la menor idea sobre la enorme y tremenda importancia de la iluminación adecuada.

La luz debe darnos sobre el rostro. El público quiere vernos. Las minúsculas alteraciones que se deben producir en nuestras facciones, son una parte, y una parte muy importante, del proceso de la expresión. Oradores hubo que se distinguieron más por la mímica que por el verbo. Hablando de Nocedal y Romea, famoso orador español, dice don Niceto Alcalá-Zamora:

> "En todos los oradores, si no por temperamento inicial, por necesidad al cabo, el gesto ayuda, subraya, matiza, aclara, anticipa o prolonga el efecto de la palabra; pero en Nocedal el gesto era lo esencial, porque en su rostro hablaban todas las facciones: la frente, las cejas, los ojos, la nariz, los pómulos, la barba; el gesto equivalía a un discurso, y por ello fue el único orador, que sin necesidad de pronunciar palabra, tuvo éxitos con el solo recurso del *mutis.*"

Es menester convencerse de que los gestos, como lo da a entender claramente Alcalá-Zamora, son a veces más importantes que las palabras. Si nos colocamos debajo de una lámpara, nuestro rostro quedará probablemente oscurecido por una sombra. Si la lámpara está detrás de nosotros, no se distinguirá más que la forma de la cabeza. ¿No es prudente, entonces, resolver antes de levantarnos cuál sea el mejor sitio desde donde hablar?

NADA DE CACHIVACHES EN TORNO
DE NOSOTROS

Mucho cuidado con ocultarnos detrás de una mesa. El público nos quiere ver de cuerpo entero. Hasta estira el pescuezo para lograr este propósito.

Alguna persona bien intencionada seguramente nos instalará una mesa, una garrafa y un vaso, pero si se nos seca la garganta, un pellizco de sal o unas gotas de limón nos volverán un torrente de saliva con más eficacia que el agua.

Conque, afuera con el agua y la garrafa. Afuera también con todas esas garambainas inútiles y nada vistosas que inundan generalmente los tablados y tribunas.

Las joyerías de la calle Florida, en Buenos Aires, están instaladas en edificios suntuosos, agradables a la vista. Las perfumerías de París llaman la atención también por el lujo y el arte con que están dispuestas. ¿A qué se debe esto? A que es buen negocio. Se siente mayor respeto, mayor confianza, mayor admiración, por una firma comercial tan decorosamente establecida.

Por la misma razón, el orador debe tener un fondo agradable. La disposición ideal, en mi opinión, es no tener ningún mueble en el escenario o en el tablado. Nada debe haber detrás o al costado del orador que pueda atraer la atención, nada, excepto una cortina de terciopelo azul oscuro.

Pues, ¿qué suele tener detrás de sí el orador? Mapas, carteles, mesas, quizás un montón de sillas polvorientas, algunas de ellas encimadas. ¿Y cuál es la consecuencia? Que este aspecto chabacano y desordenado repercute en el ánimo del público. Conque, al traste con los trastos.

"El factor más importante de una conferencia —decía Henry Beecher— es el orador."

Hagamos que el orador resalte, pues, como la cima tocada de nieve del Jungfrau, que se eleva hacia el cielo azul de Suiza.

ESTEMOS SOLOS EN EL TABLADO

Cierta vez estuve en Londres de Ontario y concurrí a una conferencia del primer ministro de Canadá. Estaba éste hablando, cuando el conserje, provisto de una pértiga, comenzó a abrir las ventanas de la sala para ventilación. ¿Qué ocurrió? Pues nada, que el auditorio, en forma casi simultánea, olvidó por un momento al primer ministro y se dedicó a contemplar al conserje, con tanto interés como si lo que este hombre hacía fuesen milagros.

Un auditorio no puede resistir o, lo que es lo mismo, no quiere resistir la tentación de mirar algo que se mueve. Si los alumnos recuerdan esta verdad, se ahorrarán más de un disgusto y de una molestia innecesaria. En primer término, es menester que no juguemos con los dedos ni con las ropas, ni hagamos movimiento nervioso alguno que pueda quitarnos mérito. Recuerdo que, en una conferencia pronunciada por un conocido orador, el público pasó media hora observándole las manos mientras aquél hablaba y jugueteaba con un adorno de la tribuna. En segundo término, debe tratar de que el público se vaya sentando de tal modo que los que llegan tarde no distraigan la atención de los ya sentados.

En tercer término, debe estar solo en el tablado o escenario. Entre las conferencias que pronunció don Salvador de Madariaga durante su última visita a Buenos Aires, hubo una quizá más interesante que las otras. El tema fue *Lo español en la historia,* y la sala de la Sociedad Científica Argentina estaba de bote en bote. Muchísimas personas, sin embargo, terminada la conferencia, sólo tenían una idea desordenada del discurso de don Salvador. La razón de esto: a pocos pasos del orador, en el escenario, había dos taquígrafos que tomaban razón de sus palabras. Y todos aquellos oyentes —y no son pocos— cuya capacidad de atención es un poquito frágil, no podían evitar el distraerse del discurso para prestar atención a los ágiles movimientos de los escribientes.

Otros oradores tienen la costumbre de invitar a amigos y correligionarios a sentarse en el escenario. El mismo

Madariaga, en una conferencia pronunciada en el Teatro Argentino, llenó el escenario con la comisión del Centro Gallego. Y bastaba que uno de los invitados se cruzase de piernas o se sonase para que el auditorio quitase la mirada del orador y la clavase en ese otro ser extraordinario, capaz, a lo que parece, de semejantes hazañas. Si a un conferenciante amenísimo y cautivador como es Madariaga le ocurre esto, ¿qué no le sucederá a un orador novel?

David Velasco no consentía en que hubiese flores rojas en el escenario, porque atraen mucho la atención. ¿Por qué entonces ha de permitir un orador que se siente un ser humano, móvil como es, frente al auditorio mientras él habla? Esto no es nada prudente. Y, si tiene una pizca de sentido común, no lo permitirá.

EL ARTE DE SENTARSE

¿No es cierto que conviene más no sentarse antes de empezar? ¿No es mejor llegar como "pescado fresco" que estar ya allí?

Pero si hemos de sentarnos, cuidemos de qué modo lo hacemos. Todos hemos visto a esos individuos que buscan una silla con los movimientos, más o menos, con que un perro se echa a dormir. Van de un lado a otro y, cuando hallan una silla, se dejan caer con toda la gracia de un saco de patatas.

Se sienta bien quien nota que sus piernas tocan la silla, y entonces, con el cuerpo grácilmente eréctil desde la cabeza hasta la cadera, se *hunde* en la silla, manteniendo perfectamente el dominio de todo el cuerpo.

LA SERENIDAD EN EL PORTE

Ya dijimos antes que no debemos jugar con la ropa porque llama la atención. Pero hay otra razón aun: da sensación de debilidad, de falta de dominio. Todo movimiento que no mejore nuestro porte, lo empeora. No hay movimientos neutrales. Ninguno. Conque, estémonos quietos y dominémonos físicamente. Esto dará idea de dominio mental, de serenidad.

Cuando nos levantamos para pronunciar el discurso, no nos corra prisa por comenzar. Esto es la estampa que distingue a los oradores aficionados. Respiremos profundamente. Paseemos nuestra mirada por el auditorio, como hacían Sagasta y Olózaga, y si se produce algún ruido o movimiento, esperemos hasta que cese.

Saquemos pecho. Pero, ¿por qué esperar hasta estar frente a los oyentes para hacer esto? Hagámoslo de diario en casa, y luego lo haremos inconscientemente en público.

"No hay uno entre diez —dice Luther Gulick en *La vida eficaz*— que se comporte de tal modo que cause la mejor impresión posible... Apretemos el pescuezo contra el cuello de la camisa." He aquí el ejercicio diario que recomienda: "Aspiremos lentamente y con tanta fuerza como nos sea posible. Al mismo tiempo apretemos el pescuezo fuertemente contra el cuello de la camisa. Retengámoslo allí. No hay daño alguno en hacer esto exageradamente. La finalidad es fortalecer la parte de la espalda que está directamente entre los hombros. Esto agranda el pecho."

Y ¿qué hacer con las manos? Olvidarnos de ellas. Si cuelgan con naturalidad, magnífico. Si nos parecen un racimo de plátanos, no nos aterroricemos figurándonos que el público les presta la mínima atención, o que tiene el mínimo interés en ellas.

La mejor postura para las manos es la de pender naturalmente a los costados del cuerpo. Así es como menos atención fijan. Ni el más criticón puede criticar esta postura. Además, estarán desembarazadas y libres para efectuar cualquier ademán cuando la necesidad de esto se haga sentir.

Pero supongamos que estamos demasiado nerviosos y que nos parece que cruzar las manos por atrás o ponerlas en los bolsillos nos ayudará a librarnos de nuestra nervosidad, ¿qué haremos entonces? Usar nuestro sentido común. Muchos oradores, si no los más, se ponían las manos en los bolsillos a ratos. Bryan, el orador inglés, lo hacía. Joarizti, diputado español, no se quitaba las manos de los bolsillos cuando hablaba, ni para secarse el sudor de la frente. Hasta un pisaverde tan fastidioso como Disraeli sucumbió a veces a esta tentación. El mundo no estalló en pedazos por ello, y si mal no recuerdo, el sol salió al día siguiente como si nada hubiese ocurrido. Si el orador tiene algo importante que decir, y lo dice con contagiosa convicción, importará muy poco, por cierto, qué haga con las manos o con los pies. Si la cabeza la tiene ocupada de lo que va a decir, y el corazón lo tiene conmovido por el entusiasmo, estos pormenores secundarios se las arreglarán por sí solos. Al fin y al cabo, la parte de importancia capital en un discurso es la posición psicológica del orador, que no la de sus extremidades.

ANTIGUALLAS ABSURDAS QUE PASAN POR ADEMANES

Y así desembocamos, naturalmente, en el tan traído asunto de los ademanes. La primera lección que recibí yo de oratoria me la dio el presidente de la Universidad del Medio Oeste. Esta lección, según la recuerdo, trataba principalmente de los ademanes. No sólo era inútil, sino que movía a engaño y era decididamente perjudicial. Me enseñó, por ejemplo, a dejar que el brazo pendiera libremente con la palma hacia atrás, los dedos recogidos y el pulgar sobre la pierna. Me ejercitó en elevar el brazo con curva graciosa, hacer un balanceo clásico con la muñeca y desplegar los dedos, partiendo del índice y terminando en el meñique. Ejecutado este movimiento estético y ornamental, el brazo debía describir la misma curva graciosa y artificial y volver a su primitiva posición. Era esto torpe y melindroso. No había allí nada sensato ni honesto. Me enseñaron a comportarme como ninguna persona, en posesión de su juicio, ha procedido jamás.

No hicieron el menor intento de desarrollar mi propia individualidad en los movimientos que hacía. No lo hicieron tampoco para darme a comprender y sentir la necesidad de los ademanes. El menor esfuerzo por canalizar el ímpetu y la sangre hacia el proceso de donde los ademanes surgirían inconscientes e inevitables. La menor instancia a romper, como un pollito, esta cáscara de huevo que es la indiferencia, a hablar y obrar como un ser humano. En vez, todos los movimientos debían ser de lamentable mecanismo, como los de un mecanógrafo, tan hueros de vida como un nido de pájaros abandonado, tan ridículos como una jota bailada con traje de etiqueta.

Esto sucedió en 1902. Parece increíble que antiguallas tan absurdas se hayan enseñado en pleno siglo veinte; sin embargo, todavía no están extirpadas. Hace apenas unos años se publicó un libro sobre el arte de los ademanes, cuyo autor es un profesor universitario: todo un libro dedicado a convertir en autómatas a los oradores, enseñándoles qué ademán conviene a tal frase, cuál se debe hacer con sólo una mano, cuál con ambas, cuál alto, cuál mediano, cuál bajo, cómo colocar tal dedo, cómo colocar tal otro. He visto a veinte hombres delante de una clase, leyendo a veces los mismos párrafos exornados y rumbosos, todos haciendo precisamente los mismos ademanes en precisamente las mismas palabras, y todos poniéndose precisamente en ridículo.

Artificial, pesado, mecánico, dañoso, este libro ha desacreditado el arte de la oratoria en muchos sectores. El decano de cierta facultad me dijo recientemente que su institución no tenía cursos de oratoria porque él, personalmente, nunca había topado un método que fuese realmente práctico, un método que enseñase a los hombres a hablar con sensatez.

He apoyado cálidamente al decano.

Nueve décimas partes de cuanto se ha escrito sobre este tema de los ademanes ha sido una lastimosa pérdida —y aun peor que eso— de impecables cuartillas de papel blanco y de donosos litros de tinta negra. Ademán aprendido en libro, no puede respirar vida. El mejor maestro es el corazón, la mente, el interés que pongamos en el tema, el deseo de hacer comprender a otros lo que nosotros ya comprendemos, los propios impulsos, en fin. Los únicos ademanes que tienen valor son los que surgen por la excitación del momento. Una onza de espontaneidad vale más que diez arrobas de preceptos.

El ademán no es algo que lo podemos calzar en nosotros como un par de botines. Es sólo la expresión externa de un estado interno, como lo son los besos, los cólicos, la risa y el mareo de mar.

Y los ademanes de una persona, como el cepillo de dientes, son algo personal. Y, como todos los hombres son diferentes, sus ademanes serán individuales cuando los hagan con naturalidad.

No se debe enseñar a dos hombres a que hagan sus ademanes exactamente de la misma manera. En el último capítulo he hablado de la diferencia que había entre Sagasta y Cánovas del Castillo. Imaginémonos a Sagasta, tan impecable en su vestimenta, tan elegante y caballeresco en su porte, haciendo los guiños torpes y los ademanes pesados de Cánovas. Sería ridículo.

"Lincoln —según menta su biógrafo y socio, Herndon— no hacía tantos ademanes con las manos cuantos gestos y movimientos de la cabeza. Era frecuente verle menear la cabeza hacia un lado y otro. Este movimiento era muy significativo mando deseaba reforzar algún párrafo. A veces la movía con sacudón seco, tal como si arrojase chispas eléctricas sobre material combustible. Nunca azotó el aire ni rasgó el espacio hasta convertirlo en jirones, como hacen otros oradores. Jamás buscó el efecto teatral. A medida que se internaba en el discurso, adquiría mayor soltura y desembarazo en los movimientos; en esto tenía donaire. Poseía perfecta naturalidad e individualidad vigorosa. Y en esto tenía gravedad. Despreciaba el oropel, el rumbo, los ademanes aprendidos y estereotipados, y todo cuanto trajese consigo falsedad. Había un mundo de sentido y de énfasis en los dedos pequeños y huesudos de su mano derecha cuando imprimía sus ideas al auditorio. A veces, para expresar alegría o placer, levantaba ambas manos hasta formar un ángulo de unos cincuenta grados, con las palmas hacia arriba, tal como si quisiese abrazar el espíritu de lo que le había agradado. Si su ánimo era de detestación —cuando denunciaba la esclavitud, por ejemplo—, agitaba sus brazos muy en alto, cerrados los puños, con lo que expresaba verdaderamente sublime execración. Éste era uno de sus más eficaces ademanes, que expresaba con suma vivacidad su firme determinación de arrastrar el objeto de su odio por el suelo y de pisotearlo hasta destruirlo. Siempre se paraba con severo erguimiento, cuidando que los pulgares del pie estuviesen juntos; es decir, nunca ponía un pie delante del otro. Tampoco tocaba cosa alguna ni se apoyaba en nada para sostenerse. Mudaba muy poco sus posturas y actitudes. Nunca caminaba mientras hablaba. Para tener mayor libertad en los brazos se tomaba frecuentemente la solapa de la chaqueta con la mano izquierda, el pulgar hacia el cielo, dejando el brazo derecho para los ademanes." Tal es la actitud en que lo ha sorprendido Saint-Gaudens, uno de sus escultores. Roosevelt era más vigoroso, más ardiente, más activo, su cara toda reflejaba calor. Cerraba los puños cuando hablaba, y hacía de su cuerpo un instrumental de expresión. Calderón Collentes hablaba tieso como una estatua, sólo movía un poco la cabeza hacia un lado u otro. Pi y Margall accionaba con la mano derecha, cuyo índice apuntaba incesantemente nadie supo nunca a qué o a quién. Cánovas solía golpear el pupitre. También Gladstone golpeaba la mesa con la mano, o golpeaba el suelo con el pie, con lo cual producía un baque que resonaba por toda la sala, y que expresaba claramente su energía. Ah, pero antes había ya energía en el pensamiento y en la convicción del orador; esto hacía que sus ademanes fuesen robustos y espontáneos.

Espontaneidad, vida: tales son los valores principales de la acción. Aparisi y Guijarro no era nada distinguido en sus ademanes. Henry Irving tenía la desventaja de una pierna coja y de movimientos excesivamente ridículos. Pi y Margall era torpe en sus ademanes. También lo era Lord Macaulay. "La solución, por tanto —dice Curzon en una conferencia sobre Elocuencia Parlamentaria—, parece ser la de que los oradores hagan sus propios ademanes, y aunque un orador bien parecido y de movimientos donosos tiene, indudablemente, una ventaja, no perjudica mucho el ser feo y torpe."

Algunos años atrás escuché un sermón del famoso Gipsy Smith. Me sentí transportado por la elocuencia de este hombre que ha convertido a tantos miles de incrédulos. Y hacía ademanes, muchísimos ademanes, pero los hacía sin percatarse de ello más que del aire que respiraba. Tal el modo ideal.

Y tal el modo en que tú, lector, llegarás a hacer tus ademanes si practicas y aplicas los principios enunciados en este curso. No puedo darte preceptos sobre el arte de los ademanes, porque todo depende del temperamento del orador, de su entusiasmo, de su personalidad, del tema, del auditorio, de la oportunidad, en fin.

ALGUNOS CONSEJOS QUE ACASO RESULTEN PROVECHOSOS

Daré, con todo, algunos consejos que quizá resulten de provecho. No repitamos un ademán hasta que se torne monótono. No hagamos movimientos breves y rápidos con el antebrazo. Los movimientos del brazo completo parecen más elegantes en la tribuna. No terminemos los ademanes con demasiada brusquedad. Si queremos emplear el dedo índice para reforzar la eficacia de un pensamiento, no temamos continuar ese ademán por toda la sentencia. Es error muy común y perjudicial interrumpirlo antes de tiempo, lo que deshace el énfasis y hace que lugares sin importancia parezcan importantes, y que otros que lo son realmente sepan a trivial comparación.

Cuando pronunciemos un discurso de veras ante un auditorio de verdad, hagamos tan sólo los ademanes que nos nazcan espontáneamente. Pero cuando practiquemos delante de otros alumnos de la clase, obliguémonos, si es necesario, a emplearlos. Obliguémonos, que, como indiqué en el capítulo V, ello despertará y estimulará nuestra soltura hasta que los movimientos surjan por sí solos.

Cerremos este libro. No se puede aprender ademanes en un texto impreso. Los propios impulsos, mientras hablamos, son más de confiar que cuanto nos pueda enseñar instructor alguno.

Si acaso olvidamos todo cuanto hemos dicho sobre ademanes y elocución, recordemos esto por lo menos: que cuando una persona está tan absorta en lo que tiene que decir, tan ansiosa por comunicar a otros sus ideas que se olvide de sí misma y hable y proceda con espontaneidad, entonces sus ademanes y elocución, por poco estudiados que estén, serán probablemente perfectos. Si ponemos en duda esto, démosle un puñetazo a cualquier desconocido. Deberemos reconocer, cuando reaccione, que el discurso que nos eche raya en lo perfecto como elocuencia.

He aquí las once mejores palabras que haya leído yo sobre elocuencia:

Llénese el tonel.
Quítese el bitoque.
Déjese manar libremente el contenido.

SUMARIO

1. De acuerdo con experiencias realizadas por el Instituto Carnegie de Tecnología, la personalidad contribuye más al éxito en la vida que la inteligencia. Esto no es menos cierto de la oratoria que de los negocios y profesiones. La personalidad, sin embargo, es algo tan intangible, tan fugaz y misterioso, que resulta poco menos que imposible dar consejos para desarrollarla; a pesar de esto, algunas de las sugestiones expresadas en este capítulo pueden ayudar al orador a que perfeccione la suya, dentro de sus posibilidades.

2. No hablemos cuando estemos cansados. Descansemos, recuperémonos, almacenemos energías.

3. Comamos frugalmente antes de hablar.

4. No hagamos nada que pueda reducir nuestra energía. La energía es magnética. La gente se apiña alrededor del orador enérgico como gansos salvajes en un sembrado de trigo otoñal.

5. Vistamos pulcra y elegantemente. La conciencia de estar bien vestidos eleva ante nuestros propios ojos el concepto de nuestras propias personas. Cuando el orador tiene los pantalones arrugados, el pelo sin peinar y los zapatos sucios, los bolsillos abarrotados de lápices, estilográficas, cajetillas de tabaco, etc., el auditorio no sentirá probablemente más respeto por este orador que el que él siente por sí mismo.

6. Sonriamos. Presentémonos ante el auditorio con actitud tal que indique nuestra alegría de verlos y hablarles. "Ojo por ojo —dice Overstreet—. Si nosotros nos interesamos por nuestro auditorio, lo más probable es que nuestros oyentes se interesen también por nosotros. Si les ponemos mala cara, seguramente, interna o externamente, ellos nos pondrán mala cara a nosotros. Si nos mostramos tímidos y un poco aturrullados, sin duda perderán la confianza en nosotros. Si las echamos de descarados y jactanciosos, se recubrirán de su propia defensa de egotismo. Aun antes de hablar, las más veces, ya estamos condenados o aprobados. Es, pues, el partido más razonable asegurarnos de que nuestra actitud sea tal que coseche un cálido recibimiento."

7. Hagamos que el auditorio esté apiñado. Es difícil influir en el auditorio que está desparramado. El individuo que forma parte de un auditorio apiñado reirá, aplaudirá y aprobará cosas que quizá pondría en tela de juicio y aun rechazaría si estuviese solo o en un concurso disperso de oyentes.

8. Si tenemos que hablar ante un grupo poco numeroso, acomodémoslo en una sala pequeña. No hablemos desde un tablado. Pongámonos al mismo nivel que los oyentes. Imprimamos a nuestro discurso un sello de intimidad, de familiaridad, de conversación en corrillo.

9. Mantengamos el aire fresco.

10. Inundemos la sala de luces. Hablemos en tal lugar

donde la luz nos dé de frente en el rostro, para que se puedan apreciar nuestros gestos.

11. No nos coloquemos detrás de muebles. Hagamos a un lado las sillas y las mesas. Despejemos el escenario de carteles desagradables y otros trastos que a menudo se suele poner allí.

12. Si tenemos invitados en el escenario, no hay duda de que de vez en cuando efectuarán algún movimiento; y, cada vez que se muevan, fijarán sobre sí la atención del auditorio. El auditorio no puede resistir la tentación de mirar algo que se mueve; ¿por qué, entonces, fastidiarnos a nosotros mismos y crearnos competencia?

13. No nos sentemos como si fuésemos un saco de patatas. Toquemos la silla con las piernas, y entonces, con el cuerpo graciosamente erguido, *hundámonos* en la silla.

14. Estémonos quietos. No hagamos movimientos nerviosos, pues sólo delatan nuestra nerviosidad. Movimiento que no mejora nuestro porte, lo empeora.

15. Dejemos los brazos pendientes a los costados del cuerpo. Ésta es la posición ideal. Sin embargo, si nos resulta más cómodo el cruzarlos por detrás, o ponerlos en los bolsillos, no hay inconveniente en que lo hagamos. Si la cabeza y el corazón los tenemos ocupados de lo que tenemos que decir, estos otros problemitas se resolverán por sí solos.

16. No tratemos de aprender el arte de los ademanes en un libro. Nuestros impulsos son el mejor maestro. Abandonémonos a ellos. La espontaneidad, la vida y la naturalidad son los requisitos indispensables, que no la gracia melindrosa y la obediencia a preceptos antiguos.

17. Al hacer ademanes, no repitamos un movimiento hasta tornarlo monótono, ni hagamos movimientos breves y rápidos con el antebrazo. Sobre todo, sigamos los ademanes hasta el fin, de modo que la culminación del movimiento coincida con la culminación del pensamiento.

VICIOS DE LENGUAJE

VOCABULARIO

Por una letra pronuncian muchos erradamente los siguientes vocablos:

INCORRECTO	CORRECTO
Garrón	Gorrón
Cabretilla	Cabritilla
Melopea	Melopeya
Arrellenarse	Arrellanarse
Inficcionar	Inficionar
Pulimiento	Pulimento
Inapto	Inepto
Aditamiento	Aditamento
Senusitis	Sinusitis
Aereación	Aeración

GRAMÁTICA

Cualquier, cualquiera

Esta palabra nada tiene que ver con las que integran el grupo de *primer-o postrer-o y tercer-o*. Aquí, el quita y pon de la última vocal no depende de regla fija, sino del criterio y gusto eufónico de quien la emplee. La dificultad de esta palabra estriba en su plural, que pone en confusión a muchas personas. El plural de esta palabra, que en otro tiempo se escribió *cual quiera*, es *cualesquier* o *cualesquiera*, así como el plural de *hijodalgo* (hijo de algo) es, naturalmente, *hijos-dalgo*. También *quienquiera* hace su plural con *quienes-quiera*.

"Con aquel remedio podía acometer desde allí delante *cualesquiera* riñas, batallas, etcétera."

MIGUEL DE CERVANTES

EJERCICIO VOCAL. REPASO

1. He aquí un ejercicio que Lampert, el famoso maestro italiano de canto, hacía practicar diariamente a sus alumnos. Es el ejercicio fundamental de la técnica de la respiración. Relajemos la quijada, dejando que se abra libremente. Sintamos el comienzo de un bostezo en la garganta. Empecemos a respirar jadeantemente, haciendo que el aire entre y salga en corta cantidad por la boca. Aumentemos la rapidez hasta que produzcamos el típico sonido del perro acezoso. Este sonido es consecuencia del choque del aire expelido contra el paladar. Una garganta angostada, estrechada, no podría producir este sonido. ¿Dónde está el poder motor de este jadeo? En el diafragma. Éste actúa como un fuelle para expulsar el aire en chorritos rápidos. Ni más ni menos que una bomba. No podemos menos que reparar en esto. Apoyemos la mano debajo del esternón, y notaremos el movimiento con mayor evidencia.

2. Relajémonos; sintamos en la garganta la fresca y deliciosa sensación de un naciente bostezo; aspiremos profundamente una bocanada de aire. Sintamos el aire empujándonos las costillas inferiores a los costados, y aplastando el arqueado diafragma. Tratemos ahora de dominar, por medio del diafragma, la fuga de este aire. Acerquémonos una vela encendida a la boca. Tratemos de vaciar los pulmones con tanta lentitud y suavidad, que la llama no se menee un milímetro así esté pegada a la boca. Es menester que practiquemos esto hasta que podamos espirar firmemente durante treinta o cuarenta segundos sin que tiemble la llama de la vela.

Pero este ejercicio será más que inútil si estrechamos la garganta. El escape del aire debe ser dirigido. No lo olvidemos nunca. Debemos dirigirlo desde donde notamos el movimiento de bomba cuando jadeábamos.

Hagamos este ejercicio tres o cuatro veces. Luego apaguemos la vela con una bocanada de aire expulsada mediante violenta contracción del diafragma.

3. Al final de este párrafo ponemos el inmortal consejo que da Hamlet al grupo de actores. Es también un excelente consejo para los estudiantes de oratoria. Leámoslo en voz alta, poniendo en práctica todo cuanto hemos aprendido ya en punto a respiración diafragmática y dominio de la respiración. Imaginemos que el tono surge como de un bostezo o de un sollozo. Tengamos siempre una buena reserva de aire en los pulmones. Recalquemos las ideas enfáticas con la punta de la lengua. Sintámosla golpearnos levemente, rápidamente, la parte posterior de los dientes y la parte anterior del cielo de la boca. Hagamos esto. Y nos quedaremos probablemente halagados del metal de voz que nos salga. Qué claro y armonioso. Qué atrayente.

Pertenece la traducción de este trozo a don Luis Astrana Marín.

"Te ruego que recites el pasaje tal como lo he declamado yo, con soltura y naturalidad, pues si lo haces a voz en grito, como acostumbran muchos de vuestros actores, valdrá más que diera mis versos a que los voceara el pregonero. Guárdate también de aserrar demasiado el aire, así, con la mano. Moderación en todo, pues hasta en medio del mismo torrente, tempestad, y aun podría decir torbellino de tu pasión, debes tener y mostrar aquella templanza que hace suave y elegante la expresión. ¡Oh! me hiere el alma oír a un robusto jayán con su enorme peluca desgarrar una pasión hasta convertirla en jirones y verdaderos guiñapos, hundiendo los oídos de los "mosqueteros", que, por lo general, son incapaces de apreciar otra cosa que incomprensibles pantomimas y barullo. De buena gana mandaría azotar a ese energúmeno por exagerar el tipo de Termagante. ¡Esto es ser más herodista que Herodes! ¡Evítalo tú, por favor!

"No seas tampoco demasiado tímido; en esto tu propia discreción debe guiarte. Que la acción corresponda a la palabra y la palabra a la acción, poniendo un especial cuidado en no traspasar los límites de la sencillez de la Naturaleza, porque todo lo que a ella se opone, se aparta igualmente del propio fin del arte dramático, cuyo objeto, tanto en su origen como en los tiempos que corren, ha sido y es presentar, por decirlo así, un espejo a la humanidad; mostrar a la virtud sus propios rasgos, al vicio su verdadera imagen y a cada edad y generación su fisonomía y sello característicos. De donde resulta que si se recarga la expresión o si ésta languidece, por más que ello haga reír a los ignorantes, no podrá menos de disgustar a los discretos, cuyo dictamen, aunque se trate de un solo hombre, debe pesar más en vuestra estima que el de todo un público compuesto de los otros. ¡Oh!, cómicos hay a quienes he visto representar y a los que he oído elogiar, y en alto grado, que, por no decirlo en malos términos, no teniendo ni acento ni traza de cristianos, de gentiles, ni tan siquiera de hombres, se pavoneaban y vociferaban de tal modo, que llegué a pensar si proponiéndose algún mal artífice de la Naturaleza formar tal casta de hombres, le resultaron unos engendros: ¡tan abominablemente imitaban la Humanidad!"

Capítulo IX

CÓMO INICIAR UN DISCURSO

Si pertenecéis a un círculo de oradores públicos que refieren experiencias propias, oiréis a menudo el siguiente comentario, a propósito de la construcción de un discurso: Haced un buen principio y un buen final, y en medio poned lo que os agrade.

VÍCTOR MURDOCK

En los discursos públicos, es de primerísima importancia comenzar bien. En el de suyo arduo proceso de pronunciar un discurso, nada es tan arduo como establecer un contacto suave y hábil con el auditorio. Mucho depende de la primera impresión y de las palabras iniciales. A menudo, se gana o se pierde un auditorio con las cinco o seis primeras frases.

LOCKWOOD THORPE

Cierta vez pregunté al doctor Lyan H. Hough, presidente que fue de la Universidad del Noroeste, qué era lo más importante que había aprendido en su larga experiencia como orador. Después de meditar un momento me respondió:

—Preparar un comienzo interesante, algo que arrebate la atención inmediatamente.

El doctor Hough prepara de antemano las palabras aproximadas con que piensa iniciar y terminar su oración. Lo mismo hacían Gladstone, Lincoln, Ríos Rosas y, en fin, casi todos los oradores que tengan sentido común y experiencia.

Pero, ¿el principiante? ¿Lo hace también? Rara vez. Planear significa pensar, perder tiempo, tener fuerza de voluntad. La cogitación es un proceso doloroso. Thomas Edison ha hecho colgar en las paredes de sus fábricas este pensamiento de Reynolds:

"No hay arbitrio a que el hombre no recurra para zafarse del trabajo de pensar."

El novicio generalmente confía en la inspiración del momento, y la consecuencia es que se halla

"sembrado de asechanzas y de bretes
el camino que debe recorrer."

El finado Lord Northcliffe, que de pobre asalariado semanal llegó a ser, merced a su esfuerzo y talento, el periodista más rico y poderoso del Imperio Británico, decía que estas tres palabras de Pascal eran, de cuanto había leído, las que más habían contribuido a su éxito:

"Prever es prevalecer"

He allí un excelente lema para tener sobre el escritorio cuando se planea un discurso. Preveamos el comienzo mientras nuestro espíritu esté sereno para medir cada palabra. Preveamos la última impresión que hemos de dejar, porque, una vez producida, nada la podrá ya alterar.

Desde los tiempos de Aristóteles, todos los libros que se han escrito sobre este asunto han convenido en que la oración se divide en tres partes: introducción, cuerpo y conclusión. Hasta hace relativamente poco tiempo, la introducción era —y había razón para ello— la parte más sencilla y fácil del discurso. El orador oficiaba entonces de entretenedor y novelero, y a menudo se le veía hacer el papel de periódico, radio, teléfono y cinematógrafo.

Pero las circunstancias han cambiado profundamente. El mundo se ha reformado. Los inventos han acelerado más el ritmo de la civilización en estos últimos cien años que en lo que va de Nabucodonosor y Baltasar hasta Napoleón. Automóviles, aeroplanos, radio, todo esto nos dice de la prisa creciente que se ha apoderado del mundo. Y el orador debe entonces ir de consuno con el ritmo impaciente de nuestro siglo. Si hemos de emplear la introducción, empleémosla, pero, por Dios, que sea lo más breve posible. La mayor parte de los auditorios modernos razonan más o menos así: "¿Tiene usted algo que decir? Pues bien, dígalo presto y sin arrequives. ¡Nada de retóricas! Si tiene algo interesante que contar, cuéntelo pronto y luego siéntese."

En el apéndice publicamos el primer discurso que pronunció Emilio Castelar ante público numeroso. Era ya muy entrada la noche, habían hablado muchos oradores, y el público comenzaba a sentir sueño. El comienzo de su discurso no pudo ser más directo y breve:

"Señores: Voy a defender las ideas democráticas, si es que deseáis oírlas."

En un momento difícil de su presidencia, Nicolás Avellaneda anunció el tema y reconcentró la atención de los congresistas con esta frase profunda y categórica:

"Nada hay dentro de la nación superior a la nación misma".

Santiago Pérez, ex presidente de Colombia y escritor de nota, al ser elegido para presidir una sesión del Ateneo de Bogotá, empleó solamente dos oraciones para introducción. Reparemos en la sencillez y brevedad de sus palabras iniciales:

"Señoras y señores: Una designación tan inmerecida como indeclinable me impone el deber de abrir la presente sesión y exponer su objeto. Voy, con vuestra aquiescencia, a desempeñar mi tarea."

Pero, ¿dan muestra los oradores inexpertos de tan encomiable garbo y concisión en sus introducciones? Por respeto de la verdad debemos reconocer que no. La mayor parte de los oradores noveles comienzan sus discursos de una de dos maneras —ambas igualmente pésimas. Veamos cuáles son.

¡CUIDADO CON COMENZAR POR UN CUENTO HUMORÍSTICO!

Por no sé qué malhadada razón, el novicio cree que debiera ser festivo en la tribuna. Quizá sea, por naturaleza, más serio y solemne que la enciclopedia, sin el menor asomo de ligereza; pero, no bien se levanta a hablar, cree ya sentir, o cree que debiera sentir, el espíritu de Vital Aza posesionándose de su persona. Y entonces se siente propenso a iniciar el discurso con un cuento humorístico, especialmente si está en un banquete. ¿Y qué resulta? Pues nada: que en noventa y cinco casos de ciento, la narración, el modo de relatar de un comerciante metido a cuentista es tan ameno como un diccionario. Lo más probable es que su cuento no "encaje". En el lenguaje del inmortal Hamlet, resulta "tedioso, rancio, insulso e infructuoso".

Si un cómico profesional cometiera varios yerros a este tenor, el auditorio, que ha pagado la entrada, probablemente armaría la gran rechifla. Pero el concurso medio de

211

oyentes que escuchan a un orador es más benévolo; y así, sólo por caridad, se las compondrá para fabricar algunas risitas; pero, en lo profundo de sus corazones, sólo sienten conmiseración hacia este pretendido orador, por su fracaso. Ellos mismos se sienten incómodos. ¿Quién no ha sido testigo, y muchas veces, de fiascos a este tenor? El autor lo ha sido.

En el de por sí difícil reino de los discursos, ¿qué hay de más difícil, de más raro, que la habilidad de hacer reír a un auditorio? El buen humor en el discurso no es soplar y hacer botellas. Es menester mucha personalidad, mucha individualidad. Nacemos para humoristas o no nacemos para humoristas, del mismo modo que nacemos con ojos castaños o con ojos azules. Cosas hay que son inmutables.

Recordemos esto: rara vez es el chiste lo que de suyo mueve a risa. El éxito se debe exclusivamente a la manera de contarlo. Noventa y nueve hombres de ciento fracasarán irremediablemente con los mismos relatos que hicieron famoso a Mark Twain. Leamos los cuentos que Lincoln narraba en las tabernas de Illinois. La gente recorría millas y millas de distancia sólo por oír estos relatos; y se estaba toda la noche escuchándolos; según un testigo presencial, había veces en que a los oyentes "les daba ataques de risa tan grandes que se dejaban caer al suelo". Leamos estos cuentos a nuestra familia y veamos si podemos cosechar siquiera una sonrisa. He aquí uno que Lincoln contaba con éxito clamoroso. ¿Por qué no lo probamos? Pero en privado, por Dios, que no ante un auditorio. Un viajero retrasado trataba de llegar a su casa por los fangosos caminos de las praderas de Illinois, cuando de pronto rompió a llover. La noche estaba oscura como boca de lobo. La lluvia caía como si se hubiese roto algún dique en el cielo. Horrísonos truenos rasgaban las ceñudas nubes como estallidos de dinamita. Los culebreantes relámpagos hacían ver los árboles que la tempestad iba derribando. Por fin, un estrépito más horrendo, más horroroso que cuantos había escuchado el pobre hombre en su vida, le hizo caer de rodillas. No sabía rezar, pero esta vez, "Oh, Señor —musitó—, si a ti te da lo mismo, haz que haya un poco más de luz y un poco menos de ruido."

Quizás alguno de nosotros sea uno de esos raros escogidos que tienen el exquisito don del humorismo. A ése yo le pido que, por lo que más quiera, cultive este don. Será bienvenido en cualquier parte en que hable. Pero si nuestro talento apunta hacia otra dirección, es locura, y aun traición, querer seguir los pasos de un Gómez de la Serna.

Si fuéramos a estudiar los discursos de estos hombres, y los de muchos otros, Lincoln entre ellos, nos asombraría ver cuán pocos relatos humorísticos hay en ellos, sobre todo en el comienzo. James Cattell me decía que jamás había contado un cuento sólo por buen humor. Tenía que venir muy a pelo, debía ejemplificar algún punto. Sea el buen humor los confites que adornan el pastel, la crema que le da color, pero no el pastel mismo. Gillilan, el mejor conferenciante humorista de los Estados Unidos, tiene por regla no contar nunca una narración humorística durante los tres primeros minutos de sus conferencias. Si a él le resulta prudente este sistema, no veo cómo no nos lo ha de resultar también a nosotros.

¿Debe, entonces, el comienzo, ser pesado, torpe y excesivamente solemne? De ningún modo. Movamos a risa, si podemos, mediante alguna referencia, algo que tenga que ver con el momento y la ocasión, o con las ideas de algún otro orador. Cuando don Pedro Mata tenía que contestar, en el Ateneo viejo, a un latoso orador que se apellidaba Malo, provocaba la risa de todos con este comienzo:

"Nos dice el 'bueno' del señor Malo..."

Pongamos sobre el tapete algún absurdo. Exagerémoslo. Esta clase de buen humor tiene cincuenta probabilidades más de éxito que los anticuados cuentos de Pepe y Juanito, o de la suegra o de la cabra.

El novelista José Zahonero, que es muy feo, comenzó así una conferencia:

213

"El hombre, hecho a imagen y semejanza de Dios (aunque mirándome a mí es cosa de ponerlo en duda)", etc., etc.

Esto no sólo nos hace reír a mandíbula batiente, sino que nos despierta intensa simpatía por este hombre capaz de chancearse con sus propios defectos físicos.

Quizá la manera más fácil de crear regocijo sea la de contar un cuento en que nosotros seamos la víctima. Pintémonos en situación ridícula y apretada. Esto llega hasta la esencia de lo cómico. Los esquimales ríen cuando a un tío cualquiera se le rompe una pierna. Los chinos se destornillan de risa cuando un perro cae desde un techo y se mata. Nosotros somos un poquito más benévolos, pero, sin embargo, no podemos contener la risa cuando vemos a alguien en persecución de su sombrero, o dándose tremendo porrazo con una cáscara de banana.

Cualquiera puede hacer reír a un auditorio mediante la asociación de dos o más ideas discordantes, como por ejemplo la de aquel que decía que "tres males hay que son inevitables: el olvido, la muerte y los impuestos".

Don Salvador de Madariaga comenzó una conferencia sobre *Galicia entre las Españas* en la siguiente manera. Reparemos que no son cuentos prefabricados que nos narra, sino algunas experiencias propias, exageradas. Su comienzo tiene además otra virtud: despierta la curiosidad por lo inusitado de la confesión. Pero de esto hablaremos más adelante:

"Señor presidente y miembros de la Junta del Centro Gallego; señoras y señores: Aunque nacido en el número 16 de la calle de Orzán, en La Coruña, el 23 de julio de 1886, yo no me enteré que era gallego hasta fines del año 1927, en Nueva York. *(Risas.)* Porque esto de ser gallego es una cosa muy seria y hay mucha gente que cree serlo y que no lo es, y un poco que lo es y no sabe serlo. *(Risas.)* En primer lugar, como todos los que en esta gentil, y como dijo el señor presidente, hospitalaria tierra viven, o todos los que por ella han pasado, saben que hay *gallegos y gayegos*. El *gallego* es el que nació en Galicia, y el *gayego* es todo español. Que yo era *gayego* lo sabía; que era *gallego,* no. *(Grandes risas.)*

NO COMENCEMOS CON UNA DISCULPA

El segundo desatino garrafal que suelen cometer los principiantes es éste: disculparse. "Yo no soy orador", "No estoy preparado para hablar", "Qué quieren que les diga yo", etc. ¡No hagamos esto nosotros! ¡No lo hagamos! Hay una poesía que dice: "¿Para qué continuar?" Esto es precisamente lo que piensa el auditorio cuando un orador comienza de tal modo.

Sea como fuere, si no estamos preparados, algunos lo echarán de ver sin que se lo digamos. Otros, en cambio, no caerán en la cuenta. ¿Para qué llamarles la atención sobre ello? ¿Por qué insultar a los oyentes insinuando que no los creímos dignos de molestarnos para preparar el discurso, y que supusimos que cualquier cosa sería buena para ellos? No, no. Nadie quiere escuchar nuestras excusas. El auditorio está allí para aprender y pasar un rato agradable. Pasar un rato agradable, recordemos.

Tan pronto como llegamos frente al auditorio, éste fija su atención en nosotros. Esto es natural e inevitable. No es difícil retener en nosotros esta atención durante los primeros cinco segundos, pero sí lo es retenerla durante los primeros cinco minutos. Si la perdemos una vez, será doblemente difícil reconquistarla. Comencemos entonces con algo interesante en la primera frase. No en la segunda. Ni en la tercera. ¡En la primera! PRI-ME-RA. ¡Primera!

"Y ¿cómo?" preguntará alguien. Un poquito difícil de responder la pregunta, lo reconozco. Y al tratar de reunir material para responder será menester andar por muchas sendas tortuosas y oscuras, porque tanto hay que depende del orador, tanto del auditorio, tanto del tema, tanto del material, tanto de la ocasión. Sin embargo, espero que las sugestiones que haga y ejemplifique en el resto del capítulo, dejarán enseñanzas aprovechables y de valor.

DESPERTEMOS LA CURIOSIDAD

He aquí un comienzo empleado por el señor Howell Healy en un discurso pronunciado en una de mis clases. ¿No es agradable? ¿No nos atrae inmediatamente la atención?

"Hace ochenta años, y aproximadamente por este tiempo, se publicó en Londres un librito, un cuento, destinado a ser inmortal. Mucha gente lo ha llamado 'el más grande libro pequeño del mundo'. Cuando apareció por vez primera, los amigos, al encontrarse en los lugares elegantes y céntricos de Londres se preguntaban unos a otros: '¿Lo has leído?' Y la respuesta era, invariablemente: 'Sí, Dios lo bendiga, lo he leído.'

"En el día de su publicación se vendieron mil ejemplares. Antes de los quince días, la demanda había sido de quince mil. Desde entonces se han hecho innumerables ediciones y airadas, y se lo ha traducido a todas las lenguas del mundo. Hace algunos años, J. P. Morgan compró el manuscrito original por una cantidad fabulosa; y ahora lo tiene entre sus otros inapreciables tesoros, en esa magnífica galería de arte que posee en Nueva York y que él llama su biblioteca.

"¿Cuál es este libro mundialmente famoso? *El villancico de Navidad,* de Charles Dickens."

¿No es éste un buen comienzo? ¿Retuvo nuestra atención? ¿Suscitó nuestro interés a medida que avanzaba? ¿Por qué? ¿No fue acaso porque despertó nuestro interés y nos mantuvo en suspenso?

¡La curiosidad! ¿Quién no es sensible a su influjo?

Yo he visto volar los pájaros por encima de mi cabeza cuando he ido a un bosque, y estarse así durante una hora, movidos por pura curiosidad. Conozco a un cazador alpino que para atraer las gamuzas arroja una sábana al suelo y comienza a reptar, despertando así su curiosidad. Los perros son curiosos, y también los gatos y, en fin, todas las suertes de animales, sin excluir el harto conocido *genus homo.*

Despertemos la curiosidad de nuestro auditorio con la primera frase, y habremos conquistado el interés de su atención.

Yo solía comenzar mis conferencias sobre las aventuras de Lawrence de Arabia en esta manera:

"Lloyd George dice que para él Lawrence de Arabia es uno de los caracteres más románticos y pintorescos de nuestra época."

Este comienzo tenía dos ventajas: Primera, que una cita de un hombre eminente tiene considerable valor para atraer la atención. Segunda: suscitaba curiosidad: "¿Por qué romántico?" era la pregunta natural. "¿Por qué pintoresco? Nunca he oído hablar de él. ¿Qué hizo?"

Lowell Thomas comenzó su conferencia sobre el coronel Lawrence con estas palabras:

"Iba yo un día caminando por la calle del Cristiano, en Jerusalén, cuando topé con un hombre que vestía las suntuosas ropas de potentado oriental; al costado llevaba la corva espada de oro que sólo llevan los descendientes del profeta Mahoma. Pero este hombre no tenía ninguna característica árabe. Tenía ojos azules, y los ojos de los árabes son siempre negros o castaños."

Esto excita nuestra curiosidad, ¿verdad? Queremos enterarnos mejor. "¿Quién era? ¿Por qué vestía a lo árabe? ¿Qué hacía? ¿Qué fue de él?"

El alumno que comenzó su discurso con esta pregunta: "¿Saben ustedes que hay diecisiete países en el mundo donde todavía hoy existe la esclavitud?", no sólo despertó la curiosidad, sino que además asombró a los oyentes. "¿Esclavitud? ¿Hoy? ¿Diecisiete países? Parece increíble. ¿Qué países?"

También se puede atizar la curiosidad comenzando con un efecto y dejando al auditorio ansioso de conocer la causa. Uno de mis alumnos, por ejemplo, comenzó un discurso con el siguiente aserto:

"Un miembro de una de nuestras legislaturas pidió la palabra recientemente en la asamblea legislativa y propuso la votación de una ley por la que se prohibía que los renacuajos se convirtiesen en sapos a menos de dos millas de una escuela."

Uno se sonríe. ¿Se estará chanceando el orador? Qué absurdo. ¿Ocurrió realmente semejante cosa? Sí. El orador procedió a explicar.

En el primer párrafo del discurso de Madariaga citado antes, hay también un absurdo semejante.

Un artículo titulado *Con los bandidos*, que apareció en una revista semanal, comenzaba así:

"¿Están realmente organizados los bandidos? Generalmente sí. ¿Cómo?..."

Con sólo ocho palabras, como vemos, el escritor de este artículo anunció su tema, nos dijo algo del mismo y despertó nuestra curiosidad sobre la manera en que los bandidos están organizados. Muy encomiable. Todos los que aspiren a hablar en público debieran estudiar la técnica desarrollada por algunos periodistas para atraer la atención del lector inmediatamente. Podemos aprender mucho más de ellos sobre la manera de comenzar un discurso, que por el estudio de recias antologías de oratoria.

¿POR QUÉ NO COMENZAR CON UNA NARRACIÓN?

Sabido es que los novelistas y cuentistas son, de los hombres de letras, quienes más ganan. Un novelista tiene ganancias muchísimo mayores que un historiador o un poeta de talentos iguales y aun superiores. Emilio Zola se hizo rico y famoso de la noche a la mañana con su segunda novela, *Naná.* Menéndez y Pelayo, en cambio, que se dedicó a otras actividades literarias, no logró nunca contar con ingresos muy abundantes, no obstante tener sólo veinte años cuando su fama comenzó a echar firmes raíces en Europa. ¿Y cuál es la razón de esto? El afán del público porque le narren cosas interesantes.

He aquí un discurso pronunciado por Belisario Roldán en la Cámara de Diputados de la Argentina:

"Señor Presidente: Cuenta una antigua y conocida fábula lugareña, que un buen día el diablo en persona se pavoneaba por el mundo. En una aldea, donde quién sabe qué travesuras andaba tramitando, lo sorprendió un temporal, y he aquí que no encontraba el muy ladino otro lugar para asilarse que una iglesia. Parece que el diablo tenía vergüenza de entrar en la iglesia; pero el bueno del cura, que lo reconoció, se adelantó a ofrecerle generosa hospitalidad, asegurándole que la casa de Dios era también la casa de todos."

Esto gana la atención del auditorio. Esta clase de comienzo es casi infalible. Tiene movimiento propio. Camina. Y nosotros vamos detrás. Queremos saber qué va a suceder.

Si el relato pertenece a la experiencia propia de quien lo narra, miel sobre hojuelas. Esto place mucho más aun al público.

Es la clase de comienzo que utilizamos en el capítulo V de este libro.

He aquí las frases iniciales de dos cuentos aparecidos en revistas:

1. "El seco amartillamiento de un revólver rasgó el silencio."
2. "El agrimensor Gleb Gavrilovitch Smirnof llega a la estación de Chiluckki. Unos trece kilómetros lo separan de la hacienda adonde se dirige; esto admitiendo que el cochero no esté borracho y que los caballos no sean unos rocines, en cuyo caso el trayecto equivaldrá a 50 kilómetros." Anton Chejov.

Notemos que estos comienzos tienen vivacidad: Inician algo. Despiertan nuestra curiosidad. Queremos seguir leyendo. Queremos enterarnos mejor. Queremos saber de qué se trata.

Hasta los principiantes logran muchas veces comienzos interesantes mediante la aplicación acertada de esta técnica.

COMENCEMOS CON UN EJEMPLO PRECISO

Es difícil, es arduo, para el auditorio medio, seguir proposiciones abstractas por mucho rato. Los ejemplos son más fáciles de escuchar, mucho más fáciles. ¿Por qué, entonces, no comenzar con un ejemplo? Es difícil convencer a los alumnos de esto. Lo sé bien. Yo he tratado de hacerlo. Creen que deben comenzar con algunos juicios generales. Pero, ¿por qué? Comencemos con un ejemplo, avivemos el interés; luego continuemos con observaciones generales. Encontraremos un ejemplo de esta técnica en el capítulo VII de este libro.

¿Qué técnica hemos aplicado para iniciar este capítulo?

MOSTREMOS ALGÚN OBJETO

Quizá la manera más sencilla del mundo para atraer la atención sea la de mostrar algún objeto para que el público lo mire. Hasta los salvajes y los idiotas, los nenes que todavía están en la cuna, los monos de una jaula y los perros que van por la calle prestarán atención a esa clase de estímulos. A veces se lo puede usar con eficacia delante del auditorio más solemne. Por ejemplo, S. S. Ellis inició una de sus conferencia cogiendo una moneda entre el pulgar y el índice, y levantando la mano por encima de la cabeza. Desde luego, todos miraron. Y entonces preguntó: "¿Alguien entre ustedes ha hallado alguna vez una moneda como ésta en la acera? Ello quiere decir que quien haya tenido esa suerte recibirá graciosamente muchas más en tal y tal explotación de bienes raíces." Luego el señor Ellis se internó en el tema y pronunció una excelente conferencia.

HAGAMOS UNA PREGUNTA

El comienzo de Ellis tiene otra característica encomiable: comenzó haciendo una pregunta, logrando que el

auditorio piense con el orador y coopere con él. Notemos
que el artículo sobre los bandidos comienza con dos
preguntas en las tres primeras frases: "¿Están organizados
los bandidos?... ¿Cómo?" El uso de este recurso es uno
de los métodos más seguros y sencillos para abrir la
mente de los oyentes y entrarnos en ella. Cuando otras
estratagemas resulten inútiles, recurramos a ésta.

¿POR QUÉ NO COMENZAR CON UNA CITA DE ALGÚN ORADOR FAMOSO?

Las palabras de un hombre famoso siempre atraen la
atención. Por esto, una cita apropiada es la mejor manera de
iniciar una alocución. He aquí un comienzo de esta clase,
que pertenece al doctor Carlos Cortés Lee, ex secretario del
Arzobispado de Bogotá:

"Entre todas las palabras humanas —dice Bossuet— no
hay ninguna tan agradable como la palabra libertad, pero
tampoco hay otra igualmente engañosa y alucinadora. Dondequiera que se pronuncia, como no sea entre hombres
ruines y apocados, despierta eco simpático en los corazones; enardece a las almas bien nacidas; causa en ellas
entusiasmos y arrebatamientos, y cuando se trata de alcanzar o conservar el bien que con ella se significa, es aguijón
que las mueve a todo linaje de sacrificios."

Como comienzo, tiene este discurso varios rasgos
encomiables. El nombre de Bossuet nos fija la atención, y
la cita nos despierta la curiosidad y la duda. ¿Qué inten-
ciones se trae el orador? ¿Hablará en contra o en favor de
la libertad? ¿Qué quiere decir con esto de alucinadora y
engañosa? Si el orador hace una pausa después de la
cita, el efecto es mayor. Vamos, siga ya. Queremos saber
su opinión al respecto. Quizá no concuerde con la nuestra, pero dígala, de todos modos.

VINCULEMOS NUESTRO TEMA CON AQUELLO POR LO QUE NUESTROS OYENTES SIENTEN MAYOR INTERÉS

Comencemos con algún punto que toque directamente los egoístas intereses del auditorio. Ésta es una de las mejores maneras de comenzar. No puede menos que atraer la atención. Todos sentimos el mayor interés por lo que nos atañe grande y trascendentalmente.

Esto no es más que sentido común. Sin embargo, su aplicación no es nada común. Por ejemplo, hace muy poco tiempo concurrí a una conferencia que versaba sobre el tema de las revisiones periódicas de sanidad. Y ¿sabéis cómo comenzó el orador? Pues, narrando la historia del instituto de Acrecentamiento Vital, la manera en que estaba organizado y los servicios que prestaba. ¡Absurdo! Los oyentes no tenían el más mínimo, el más remoto interés en saber cómo estaba organizado ningún instituto del mundo; en cambio, están enormemente y continuamente interesados en sí mismos.

¿Por qué no reconocer esta verdad fundamental? ¿Por qué no demostrarnos que ese instituto es de trascendental importancia para nosotros? ¿Por qué no comenzar así, o de parecido modo?: "¿Sabéis vosotros cuántos años vais a vivir, de acuerdo con las estadísticas? La probabilidad de vida que tenéis es de dos tercios del tiempo entre vuestra edad actual y los ochenta años. Por ejemplo, si tenéis treinta y cinco años ahora, la diferencia entre vuestra edad actual y los ochenta es de cuarenta y cinco años; lo probable entonces es que viváis dos tercios de esta cantidad, o sea treinta años más. ¿Es suficiente esto? No, por cierto. Todos estamos ansiosos por vivir más. Estas estadísticas, sin embargo, se basan sobre millones de casos. ¿Podemos nosotros tener esperanzas de superarlas? Sí; tomando las precauciones necesarias, podemos esperar tal cosa. Pero la primera providencia que debemos dictar es la de hacernos revisar concienzudamente por el médico..."

Entonces, si explicamos detalladamente por qué es necesaria la revisión médica periódica, el oyente puede interesarse en algún instituto creado especialmente a ese fin. Pero comenzar hablando sobre el instituto de modo tan impersonal es desastroso. ¡Mortífero!

Vaya otro ejemplo. Durante la última temporada de clases, un estudiante comenzó su discurso sobre la necesidad impostergable de conservar nuestros bosques. Comenzó así: "Nosotros, como ciudadanos de este país, debiéramos sentirnos orgullosos de los recursos nacionales..." Luego comenzó a demostrarnos que estábamos malgastando la madera a paso vergonzoso e insostenible. Pero el comienzo fue pésimo; demasiado general, demasiado vago. No hizo aparecer el tema como algo de vital importancia para nosotros. Entre el auditorio había un impresor. La destrucción de nuestros bosques influirá funestamente sobre su industria. Había también un banquero; la destrucción afectará a él también puesto que afectará nuestra prosperidad general, etc., etc. ¿Por qué no comenzar, entonces, con estas palabras?: "El tema que voy a tratar afecta sus negocios, señor Mansilla, y los suyos, señor de Guzmán. La verdad, afecta en cierto modo el precio de la comida que comemos y el del alquiler que pagamos. Hiere, en fin, el bienestar y la prosperidad de todos nosotros."

¿Es esto exagerar la importancia de conservar nuestros bosques? No lo creo. Sólo es observar aquello de que "se debe pintar el cuadro grande y poner el asunto en él de modo que atraiga la atención".

LA ATRACCIÓN QUE EJERCE UN ASERTO SORPRENDENTE Y EXTRAORDINARIO

"Un buen artículo de revista —decía Mc Clure, fundador del periódico que lleva su nombre— es una serie de sorpresas."

Ellos sacuden y desbaratan nuestros arrobamientos diurnos, para apoderarse de nuestra atención. Vayan algunos ejemplos. Ballantine comenzó un discurso sobre *Las maravillas de la radio* con el siguiente aserto:

"¿Saben ustedes que el sonido de una mosca que camina sobre un panel de vidrio puede ser transmitido por radiotelefonía hasta el corazón de África, y allí hacerlo bramar como si fuesen las cataratas del Niágara?"

Henry Jones comenzó una conferencia sobre *La situación criminal* con estas palabras:

"La administración de nuestro código penal —ha dicho William Taft, a la sazón presidente de la Corte Suprema de los Estados Unidos— es una vergüenza para la civilización."

Este comienzo tiene la doble ventaja de que no sólo es un aserto sorprendente, sino que este aserto pertenece a una autoridad en jurisprudencia.

Paul Gibbons, presidente del Círculo de Optimistas de Filadelfia, comenzó un discurso sobre *El crimen* con estos interesantísimos párrafos:

"Los norteamericanos son los mayores criminales del mundo. Aunque parezca esto extraño, es la verdad. La ciudad de Cleveland tiene seis veces más criminales que todo Londres. Tiene ciento setenta veces más ladrones, de acuerdo con su población, que la capital de Inglaterra. Roban o asaltan con fines de robo a más gente en Cleveland que en Inglaterra, Escocia y Gales juntas. Hay más asesinos en Nueva York que en toda Francia o Alemania o Italia o las Islas Británicas. Lo más lamentable de todo esto es que el criminal no es castigado. Si alguien comete un crimen, hay cien probabilidades contra una de que no se le ejecutará. Cualquiera de nosotros, como pacíficos ciudadanos, tiene diez veces más probabilidades de morir de cáncer, que de morir colgado por matar a un hombre."

Este comienzo dio buen resultado, porque el señor Gibbons puso el necesario vigor y vehemencia en sus palabras. Y entonces sus palabras vivían. Respiraban. Sin embargo, he oído a otros estudiantes hablando sobre la situación criminal, y a pesar de que comenzaban con frases parecidas a las citadas, no pasaban de ser mediocres. ¿Por qué? Palabras, palabras, palabras. La técnica de su construcción era intachable, pero faltaban bríos. El modo en que lo decían minaba y zapaba cuanto decían.

EL VALOR DE UN COMIENZO
APARENTEMENTE CASUAL

¿Les parece eficaz a mis lectores el comienzo que cito a continuación? ¿Por qué? Pertenece a un discurso que pronunció Indalecio Prieto durante su última visita a la Argentina, en 1939.

"Días atrás, durante una mañana espléndida, quienes constituíamos la embajada extraordinaria que en representación de España había concurrido a la transmisión del mando presidencial en Chile, navegábamos por los aires desde Chile a la Argentina. Al remontar los Andes, el sol hacía rebrillar las tierras bermejas de las cumbres, sobre las cuales montaba altaneramente su centinela, tocado de blanco, el Aconcagua. Refulgía, bruñido por el sol, el aparato en que navegábamos, y cuando, poco después, transpuesta la majestuosa cordillera, asomamos sobre las llanuras mendocinas, hubimos de distinguir que a la par del cóndor de plata que a nosotros nos traía volaba abajo, a ras de tierra, siguiendo nuestro mismo trayecto, un gran pájaro negro. El avión, para ganar suavidad en el descenso, describió varias circunferencias en derredor de Mendoza, y el pájaro grande que volaba a ras de tierra siguió ante nosotros, sumisamente sometido a nuestro recorrido, hasta que, al fin, cuando el avión se posó en Los Tamarindos, el pájaro negro desapareció. El avión se fundió en él, embebiéndolo, besándolo. El pájaro que nosotros distinguíamos era el perfil, la sombra del aeroplano proyectada por el sol."

Luego el orador abandonó aparentemente esta alusión, y continuó con la descripción del aterrizaje en Mendoza, primeras impresiones, etc. En seguida, relacionándolo con este aterrizaje, entró en el tema de su conferencia, que era *La actitud de los rebeldes ante las tradiciones españolas.* Y terminó el discurso así:

"Ahora recuerdo otra vez el viaje en el cóndor de alas de plata en que navegábamos sobre los Andes los enviados extraordinarios que España había mandado a Chile, a la transmisión de los poderes presidenciales. Recuerdo el vuelo majestuoso sobre la ingente cordillera de caperuzas nevadas y de tierras bruñidas por el sol. Recuerdo la sombra del pájaro oscuro que volaba por debajo de nosotros, a ras de tierra: la sombra del avión con la cual éste se fundió, a la cual éste besó, en la cual se embebió. Me imaginaba yo, abriéndoseme el corazón ante el paisaje argentino, que el avión interpuesto entre el sol y la tierra, los reflejos de cuyas alas de plata acariciaban las nieves del Aconcagua y chispeaban en las tierras rojizas de las cumbres, era España, y la sombra, América, su hija. Entonces, cuando el avión y la sombra se besaron, me parecía que también se fundían en el abrazo y en el beso España, la inmortal, la eterna, y América, que empieza también a caminar por la senda de la eternidad."

Personalmente, me gustan mucho estos comienzos. La primera frase es buena. Nos promete una reminiscencia interesante. Queremos escuchar los pormenores que vendrán en seguida. Además, sabe a natural, no tiene ese gustillo de lo estudiado, lo de rigor. "Días atrás, durante una mañana espléndida, navegábamos por los aires desde Chile a la Argentina." Nos parece espontáneo, natural, humano. Nos da la sensación de que es una persona que está relatando un cuento a otra. A los auditorios les agrada esto. Pero corre el peligro quien lo use de dejarse notar la falta de genuinidad. Queremos el arte que oculta el arte.

SUMARIO

1. Un buen comienzo es difícil. Y es de suma importancia, porque la mente de nuestros oyentes está fresca entonces y es relativamente fácil de impresionar. Es demasiado trascendental para dejarlo al azar. Es menester prepararlo cuidadosamente de antemano.

2. La introducción debe ser breve; constará, a lo sumo, de una o dos frases; a menudo se prescindirá de ella. Entremos en el corazón de nuestro tema con el menor número posible de palabras. Nadie se opondrá.

3. Los principiantes están propensos a empezar con un cuento humorístico o con una excusa. Ambos comienzos son malos. Muy pocas personas —muy, muy pocas— pueden narrar una anécdota humorística con éxito. Generalmente, el auditorio queda desconcertado en vez de divertido. Los cuentos deben venir a pelo, que no traídos de los cabellos. El humor debe ser los confites que adornan el pastel, no el pastel mismo. No pidamos disculpas jamás. Es afrentar al auditorio; les aburre. Vayamos al grano, digamos lo que tenemos que decir y sentémonos.

4. El orador puede atraer inmediatamente la atención del auditorio de los siguientes modos:

    a) Despertando la curiosidad. (Ejemplo: *El villancico de Navidad,* de Dickens.)

    b) Relatando una narración de interés. (Ejemplo: El cuento del diablo, de Belisario Roldán.)

    c) Comenzando con un ejemplo determinante. (Ejemplo: El comienzo del capítulo VII, de este libro.)

    d) Atrayendo la atención con algún objeto. (Ejemplo: La moneda entre el pulgar y el índice.)

    e) Haciendo una pregunta. (Ejemplo: ¿Alguien entre ustedes ha encontrado alguna vez una moneda como ésta en la acera?)

    f) Comenzando con la cita certera (Ejemplo: "Entre todas las palabras humanas —dice Bossuet— no hay ninguna tan agradable como la palabra libertad, pero tampoco hay otra igualmente engañosa y alucinadora.")

g) Mostrando cómo el tema afecta los intereses supremos del auditorio. (Ejemplo: "La probabilidad de vida que tenéis es de dos tercios del tiempo entre vuestra edad actual y los ochenta años. La primera providencia que debemos dictar es la de hacernos revisar concienzudamente por el médico", etc., etc.)

h) Comencemos con acertos sorprendentes. (Ejemplo: "La administración de nuestro código penal es una vergüenza para la civilización.")

5. No hagamos muy formal el comienzo. Ocultemos las junturas. Hagámoslo aparecer desembarazado; inevitable, fruto de la casualidad. Esto se puede lograr refiriéndose a algo que acaba de ocurrir, o que ha sido dicho poco antes. (Ejemplo: "Días atrás, durante una mañana espléndida...")

VICIOS DE LENGUAJE

VOCABULARIO

Hay verbos que tienen dos terminaciones en el infinitivo. Se consideran más castizas las de la segunda columna, aunque las otras son también correctas:

Usurar	Usurear
Mordisquear	Mordiscar
Hachar	Hachear
Vapulear	Vapular
Cernir	Cerner
Asperger	Asperjar
Hamacar	Hamaquear
Besucar	Besuquear
Ventisquear	Ventiscar
Cizañear	Cizañar
Cabriolear	Cabriolar
Borbotear	Borbotar

GRAMÁTICA

De color de

Si queremos decir que un objeto es verde, diremos: "este objeto es *de color verde*", o, mejor aun, "este objeto es *verde*" a secas. Decir que un objeto sea *color verde*, sin la preposición, es incorrecto. Si en vez de usar la palabra *verde*, queremos usar la palabra *oliva*, como *oliva* no es un color sino una planta, no diremos ya "*de color oliva*", sino "*de color de oliva*"; con preposición antes de ambos sustantivos. La palabra *rosa* es también una planta, que no un color. No se debe, pues, decir

> Un vestido *rosa*,
> Un rostro *color rosa*,
> sino
> Un vestido *de color de rosa*,
> Un rostro *de rosa*, etc.

EJERCICIO VOCAL. RELAJAMIENTO DE LA MANDÍBULA

En los ejercicios de los capítulos III y IV señalamos la necesidad de la relajación, sobre todo en el cuello. La mandíbula también debe relajarse. Los más de nosotros tenemos propensión a retenerla rígida. ¿Cuál es el resultado? Que el tono se ve obligado a zafarse como de una prisión: y se torna débil y forzado. Semejante tono, en semejantes condiciones, no agrada. El aire se transforma en palabras gracias, en gran parte, a los labios y a la lengua —a ésta más que a aquéllos. Una quijada rígida deforma este molde bucal, y estropea la belleza y precisión de los sonidos que surgen de él.

Además, las quijadas rígidas provocan generalmente lenguas torpes; y son lenguas rápidas, y fuertes, y elásticas, lo que nosotros queremos.

Probemos a vencer la mandíbula con estos ejercicios:

1. Inclinemos la cabeza sobre el pecho hasta que la barba nos toque la camisa. Levantemos toda la cabeza, excepto la mandíbula inferior. Si la relajamos completamente, la fuerza de la gravedad nos la mantendrá caída, del mismo modo que nos mantiene pegadas a los muslos las manos relajadas.

2. Sentémonos así, con la mandíbula relajada, la boca abierta y el mirar perdido, como los imbéciles, hasta que nos parezca un peso extraño al resto de la cabeza el de la mandíbula.

3. Apoyemos los dedos a un centímetro por delante de los oídos, donde la mandíbula inferior está enquiciada. Abramos la boca. Mastiquemos. Notemos el movimiento debajo de los dedos. Cerremos la boca nuevamente, y dejemos caer nuevamente la mandíbula. Si lo hemos hecho correctamente, no notaremos con los dedos el movimiento que notamos antes.

4. Cuando tratamos de escuchar una conversación a la distancia, y no la podemos escuchar nítidamente, ¿qué hacemos? Inconscientemente inspiramos profundamente, abrimos la boca y escuchamos con atención, ¿verdad? Imaginémonos escuchando en esas circunstancias. Imaginemos que hemos pescado alguna especie de esa conversación que nos ha causado profundo asombro. ¿Qué hacemos? Dilatamos y erguimos el tronco, hacemos una inspiración mayor y abrimos inconscientemente la garganta. Digamos ahora: "Oh, ¿sabes qué dijo?" ¿Verdad que la voz sale libre y cómodamente?

Recordemos que sólo podemos dominar la mandíbula relajándola. Practiquemos, pues, estos ejercicios hasta que la mandíbula sea una dócil servidora en vez de rígida y entorpecedora.

Ejercicio de repaso: 1. Leamos este párrafo de Alberto Gerchunoff, uno de los grandes escritores argentinos. Leámoslo en voz alta, en falsete, para mayor brío. (Véase Ejercicio Vocal, capítulo VII.)

"El arte es nuestro consuelo. ¿Qué me importa, en realidad, un dolor, si al salir de la boca del sapo que está en mi mesa, se transforma en bálsamo, se vuelve mi propia confidencia? ¿Qué me importa el ensueño roto si vuelvo a enhebrarlo aquí, sobre el papel, en la madrugada en que me contemplo con pena? Al escribir, al pintar, al esculpir, dejamos de ser lo que somos. Nos convertimos en esos geniecillos inocentes que cabalgan en un rayo de luna, que se empeñan en recoger en su vocecilla los rumores imperceptibles que vagan bajo el cielo; y cuando el alba sobreviene, cuando el día siguiente nos agobia de nuevo, no sabemos lo que hicimos la víspera. Sabemos únicamente que nos confesamos, y, como dice Heine, hacemos canciones de nuestros pesares."

2. Leamos este mismo párrafo, ahora con voz natural. Usemos la punta de la lengua para reforzar las ideas enfáticas. (Véase Ejercicio Vocal, capítulo VI.)

3. Inspiremos profundamente, cuidando que el diafragma se aplaste, y con la garganta relajada digamos a. Digámoslo sin el menor esfuerzo. Con comodidad.

4. Veamos el Ejercicio Vocal del capítulo VII, y leamos nuevamente, con alegría, esos versos que comienzan:

"Ya vuelve la primavera:
Suene la gaita, — ruede la danza:
Tiende sobre la pradera
El verde manto — de la esperanza."

231

CAPÍTULO X

CÓMO GANAR INMEDIATAMENTE LA VOLUNTAD DEL AUDITORIO

Para hacer escuchar lo que decimos, es menester ponernos en el lugar de aquellos a quienes nos dirigimos.

J. J. ROUSSEAU

¡Oh maravilloso poder del verbo! ¿quién te resiste? ¡Oh formidable fuerza de la palabra! ¿quién te vence?

En el medroso silencio, qué bien te insinúas en la oreja tímida; en el fragoroso estruendo, qué bien retumbas en el pecho esforzado.

¡Qué prudente, si aconsejas; qué sutil, si engañas; qué blando, si acaricias; qué rústico, si ofendes; qué cálido, si enamoras!

JOSÉ MARÍA PINEDO

Hace algunos años, la Compañía de Combustibles y Hierro de Colorado tenía dificultades con los obreros. Había habido tiroteos y se había derramado sangre. El aire estaba cargado de odios profundos. El solo nombre de Rockefeller era una anatema. Sin embargo, John D. Rockefeller (jr.) quería hablar con los empleados de esa empresa. Quería explicarles, persuadirlos, hacer que aceptasen sus opiniones. Comprendió que en el comienzo del discurso debía ya borrar todos los malos sentimientos del auditorio, todos los antagonismos. Y en los primeros párrafos lo logró, de manera magnífica y sincera. La mayor parte de los oradores pueden estudiar con provecho su método:

"Éste es un día inolvidable de mi vida. Es la primera vez que tengo la buena suerte de encontrarme con los representantes de los obreros de esta gran compañía, con los capataces y superintendentes, todos juntos, y puedo asegurar que estoy orgulloso de verme aquí, y que recordaré esta reunión mientras viva. Si esta asamblea se hubiese llevado a cabo dos semanas atrás, yo sería un extraño para los más de vosotros, y muy pocos rostros me serían familiares. Pero habiendo tenido la oportunidad en la última semana de visitar todas las minas de carbón del Sur, y de hablar con casi todos los representantes, sólo exceptuados aquellos que estaban ausentes; habiendo visitado vuestros hogares, conversado con muchas de vuestras esposas e hijos, hoy nos reunimos aquí, no como extraños, sino como amigos, y es con ese espíritu de mutua amistad que me congratulo de tener esta oportunidad para discutir con vosotros nuestros comunes intereses.

"Como ésta es una asamblea de jefes de la compañía y representantes de los empleados, es sólo por vuestra cortesía que estoy yo aquí, pues que no tengo la buena fortuna de ser ni lo uno ni lo otro; y, sin embargo, me siento íntimamente asociado con vosotros, porque, en cierto modo, represento a los accionistas y a los directores."

Esto es tino, sumo tino. Y el discurso, a pesar del profundo odio existente, tuvo éxito. Los hombres que habían estado luchando y haciendo huelgas para conseguir mejores sueldos, no mencionaron más el asunto luego que Rockefeller les hubo explicado los pormenores de la situación.

UNA GOTA DE MIEL Y UN AUDITORIO DE ARMAS TOMAR

"Hay un viejo y sabio refrán que dice que 'una gota de miel coge más moscas que una azumbre de hiel'. Esto se puede aplicar a los hombres. Si queremos ganar un hombre a nuestra causa, convenzámosle primero de que somos su sincero amigo. Allí ya hay una gotita de miel que agrada a su corazón; la miel, diga él lo que dijere, es el camino real que conduce a su corazón, el cual, una vez conquistado, nos permitirá, con poco trabajo, convencerle de la justicia de nuestra causa, si, en realidad, tal causa es verdaderamente justa."

Tal era el plan de Abraham Lincoln. En 1858, durante su campaña para la senaduría nacional, se anunció que iba a pronunciar un discurso en lo que entonces era la semibárbara región de Illinois del Sur, llamada "El Egipto". Los hombres de estos parajes eran muy poco pacíficos, por cierto, y llevaban sendas pistolas y cuchillos a la cintura, de los cuales no se deshacían ni en las fiestas públicas. Su odio por todos los antiesclavistas era sólo comparable a su amor por las riñas y la bebida. Muchos sureños, dueños de esclavos algunos de ellos, vinieron desde Kentucky y Misuri para no perderse la de "padre y muy señor mío" que esperaban se iba a armar. Y había, por cierto, ambiente de discordia, porque los trapisondistas más consuetudinarios habían jurado que, si Lincoln trataba de hablar, "echarían al maldito abolicionista de la ciudad" y "le harían colador".

Lincoln había oído estas amenazas, y sabía que el horno no estaba para bollos, que había verdadero peligro. "Si me dan la oportunidad de decir unas pocas palabras iniciales —dijo— los dominaré fácilmente." Antes de comenzar el discurso se hizo presentar a los cabecillas, a quienes dio la mano cordialmente. Su comienzo es uno de los más cautos y atinados que haya leído en mi vida:

"Conciudadanos de Illinois del Sur; conciudadanos del estado de Kentucky; conciudadanos del estado de Misuri: Me dicen que hay algunos entre vosotros los aquí presentes que querrían alborotarme el cortijo. No veo por qué han de querer hacer esto. Soy un hombre sencillo y común como vosotros todos; ¿por qué, pues, no he de tener el mismo derecho de expresar mis ideas que vosotros todos? Vamos, amigos míos, yo soy uno de los vuestros. No soy un intruso. Nací en Kentucky y me crié en Illinois, tal como los más de vosotros, y luego fui progresando merced a muchos sacrificios. Conozco a la gente de Kentucky, y conozco a la gente de Illinois del Sur, y creo que también conozco a los misurianos. Soy uno de ellos, y por ende debiera conocerlos; y ellos debieran conocerme a mí mejor, y si me conociesen mejor sabrían que no estoy dispuesto a perjudicarlos. ¿Por qué, entonces, querrán ellos, o algunos entre ellos, perjudicarme a mí? No hagáis cosa tan disparatada, conciudadanos. Seamos amigos y tratémonos como amigos. Yo soy uno de los individuos más humildes y pacíficos del mundo —incapaz de agraviar a nadie ni de interponerme a los derechos de nadie. Todo cuanto pido es que, por tener algo que deciros, me prestéis razonable atención. Y, siendo vosotros illinoisenses, kentuckianos y misurianos —gente cortés y valiente—, estoy seguro de que así lo haréis. Y ahora razonemos juntos, como buenas personas que somos."

Mientras decía estas palabras, su rostro era la bondad personificada, y su voz vibraba con benévola vehemencia. Este mañoso comienzo calmó la tormenta que se avecinaba, hizo callar a sus enemigos. La verdad, transformó a muchos de ellos en amigos. El discurso fue muy aplaudido, y dos años más tarde, estos toscos y rudos "egipcios" fueron sus más ardientes sostenedores para la presidencia de la república.

"Muy interesante —dirá algún lector—, pero, ¿qué tiene que ver todo esto conmigo? Yo no soy Rockefeller. Yo no voy a hablar ante un concurso de huelguistas hambrientos que quieran estrangularme y dejarme sin resuello. Ni soy Lincoln; nunca tendré que hablar a un grupo de facinerosos saturados de alcohol y de odio."

Cierto, muy cierto, pero ¿no hablamos, acaso, todos los días de la vida con gente que disiente de nosotros en sus opiniones? ¿No estamos constantemente tratando de ganar gente hacia nuestra manera de pensar —en casa, en la oficina, en la taberna? ¿Hay lugar para mejorar nuestros métodos? ¿Cómo comenzamos? ¿Con el tino de Lincoln? ¿O el de Rockefeller? Si así lo hacemos, somos personas de rara fineza y extraordinaria discreción. Los más de los hombres comienzan, no con la mira puesta en las conveniencias y deseos del opositor, no tratando de hallar una fórmula de transacción que convenga a ambos, sino descargando las propias opiniones.

Por ejemplo, he escuchado yo cientos de discursos sobre el tan asendereado asunto de la Ley Seca. En casi todos los casos, con delicadeza de toro en una tienda de porcelanas, el orador iniciaba el discurso con algún aserto terminante y quizá belicoso. Mostraba desde el principio y sin lugar a dudas el camino que seguía y la bandera que abrazaba. Indicaba que estaba tan firmemente convencido, que no existía la menor posibilidad de que alguien le hiciera mudar de parecer. Sin embargo, él pretendía que otros mudaran los suyos y aceptaran el de él. ¿Cuál era el efecto? El mismo de la mayor parte de los argumentos: nadie se convencía. Instantáneamente, por culpa de su torpe y agresivo comienzo, perdía la atención benévola de todos cuantos disentían. Instantáneamente rechazaban cuanto había dicho y cuanto iba a decir, instantáneamente comenzaban a contradecir sus argumentos, instantáneamente sentían desprecio por las opiniones de este orador. Su discurso sólo servía para atrincherarlos más sólidamente detrás del baluarte de sus opiniones.

Desde el comienzo ya cometió el error fatal de aguijonear a los oyentes, con lo cual sólo consiguió que éstos se echasen hacia atrás y dijeran entre sí: "¡No! ¡No! ¡No!"

¿No es ésta una seria situación cuando uno quiere ganar adeptos a su modo de pensar? La siguiente página del profesor Overstreet nos pone en claro muchas cosas:

"Un *No* como respuesta es la desventaja más difícil de superar. Cuando una persona ha dicho *No,* su pundonor exige que no se contradiga. Podría más tarde creer que este *No* debió haber sido un *Sí.* Pero, hay que tener en cuenta la negra honrilla. Una vez que se ha dicho una cosa, hay que defenderla. Por esto es de la mayor importancia que hagamos marchar al opositor en la dirección de lo afirmativo... El orador avezado arranca desde el principio cierto número de respuestas afirmativas. Con esto ha puesto en movimiento el mecanismo psicológico de los oyentes en la dirección de lo afirmativo. Es como el movimiento de una bola de billar. Impulsémosla en cierta dirección, y se necesitará un impulso diferente para desviarla; y un impulso mucho mayor para enviarla con sentido diametralmente opuesto.

"El juego psicológico está aquí bien claro. Cuando una persona dice *No,* y realmente así lo siente, hace mucho más que pronunciar una palabra de dos letras. Todo su organismo —glándulas, nervios, músculos— se concentra para constituir un estado de repulsa. Se produce, generalmente en grado muy pequeño aunque no por ello inobservable, un repliegue físico, o un apresto para el repliegue. El sistema neuromuscular en pleno se pone en guardia contra cualquiera concesión. Por otra parte, cuando una persona dice *Sí,* no ocurre ninguno de estos movimientos de repliegue. El organismo adopta actitud de adelantamiento, de concesión, de franqueza. Por esto, cuantos más *Síes* podamos lograr desde

239

el principio, tanto mayor será nuestra probabilidad de fijar la atención sobre nuestras palabras y lograr nuestra finalidad.

"Es una técnica muy sencilla, la técnica del *Sí*, pero ¡cuán descuidada! Muchas veces pareciera que la gente experimenta sensaciones de importancia disputando desde el principio. El radical tiene una conferencia con sus hermanos conservadores; y luego que llega ya los pone furiosos. ¿Para qué, pregunto yo, sirve semejante táctica? Si lo hace sólo porque de ello espera obtener alguna suerte de gozo, puede perdonársele. Pero si espera lograr algo de su conducta, entonces es, psicológicamente, un estúpido.

"Haced que un estudiante diga *No* desde el principio, o un parroquiano, o un niño, o un marido, o una esposa, y se requerirá la sabiduría y la paciencia de todos los ángeles para transformar esta rígida negación en una afirmación."

¿Cómo lograr estos *Síes* tan aconsejables, desde el principio? Muy sencillo. "Mi manera de iniciar y ganar una discusión —decía Lincoln— consiste en hallar primero un punto común de acuerdo." Lincoln descubrió esta verdad cuando tenía que discutir el harto inflamable asunto de la esclavitud. "Durante la primera media hora —decía *El Espejo*, diario neutral, comentando uno de sus discursos—, sus adversarios no podían menos que aprobar cuanto decía. Luego empezaba a desviarse, poquito a poquito, hasta que parecía tenerlos a todos de su lado."

EL TINO DEL SENADOR LODGE

Poco después de terminada la Gran Guerra, invitaron al senador Lodge y al señor Lowell para un debate público sobre la Liga de las Naciones. Lodge sabía que la mayor parte del auditorio era hostil a su modo de ver el asunto; sin embargo, tenía que ganárselo. ¿Cómo? ¿Mediante un ataque directo, frontal, agresivo, de sus convicciones? No, por cierto. Lodge era demasiado astuto para echarlo todo a perder con táctica tan torpe. Comenzó con magnífico tino, con admirable fineza. Luego citamos el comienzo de su discurso. Reparemos que hasta sus más encarnizados enemigos no hubieran podido menos que aprobar sus doce primeras oraciones. Reparemos que recurre a la emoción y patriotismo del auditorio al saludar: "Conciudadanos de Norteamérica". Observemos cómo hace aparecer ínfimas las diferencias de puntos de vista, y cómo recalca, con habilidad, los intereses y pareceres comunes.

Notemos cómo ensalza a su contrincante, cómo insiste en decir que sólo disienten en cuestión de detalles en cuanto al método, pero no en lo referente al fundamental asunto del bienestar de los Estados Unidos y la paz del mundo. Hasta va más allá y llega a admitir que está en favor de una suerte de Liga de las Naciones. Y así, en último término, sólo disiente de su contrincante en esto: cree que debiéramos tener una Liga más perfecta e ideal.

"Su Excelencia, damas y caballeros, conciudadanos de Norteamérica:

"Estoy muy agradecido al presidente Lowell por esta oportunidad que me brinda de hablar ante auditorio tan numeroso. Él y yo somos amigos de muchos años, ambos republicanos. Él es presidente de nuestra universidad, uno de los lugares más importantes e influyentes de los Estados Unidos. Es también un eminente investigador e historiador de política y gobiernos. Él y yo podemos disentir en cuanto a métodos en este magno problema que el pueblo conoce, pero estoy seguro de que, en lo concerniente a la paz del mundo y al bienestar de nuestro país, no disentimos en nuestros propósitos.

"Diré solamente dos palabras, si me lo permiten, respecto de mi posición. Lo he tratado de explicar una y otra vez. Creí haberla expresado en inglés sencillo y comprensible. Pero hay quienes encuentran en la tergiversación un arma conveniente para la controversia, y hay otros, personas excelentes, que quizá no hayan alcanzado lo que yo dije y me han entendido mal. Se ha dicho que yo estoy contra la Liga de las Naciones. Pues no lo estoy. Ni mucho menos. Estoy ansioso por ver a todas las naciones, las naciones libres del mundo, unidas en una liga —como nosotros decimos—, una sociedad —como dicen los franceses—, pero unidos, para hacer cuanto sea posible en beneficio de la paz futura del mundo, y para lograr el desarme general."

Por muy determinados que fuéramos de antemano para refutar al orador, un comienzo como éste nos ablandaría y aplacaría un poco, ¿no es así? ¿No es verdad que luego de oído este comienzo querríamos oír más? ¿No nos dejaría casi convencidos de la honestidad del orador?

¿Qué hubiera sucedido si el senador Lodge hubiera comenzado demostrando que quienes deseaban la Liga de las Naciones estaban en un error lamentable, que estaban alimentando un fantasma? Su discurso hubiera sido inútil; la siguiente cita de James Robinson nos explica por qué hubiera sido inútil:

"A veces nos encontramos con que estamos mudando de parecer sin la menor resistencia ni gran emoción, pero si alguien nos dice que estamos equivocados rechazamos el cargo y endurecemos nuestros corazones. Somos increíblemente descuidados en la formación de nuestras opiniones, y sin embargo nos sentimos llenos de ilícita pasión por ellas cuando alguien nos quiere despojar de su compañía. Evidentemente, no son las ideas que nos resultan caras, sino nuestra negra honrilla que está en peligro. La palabrita *mi* es la más importante en las relaciones humanas, y tenerla en adecuada consideración es el principio de la sabiduría. Tiene la misma fuerza si es *mi* cena, *mi* perro, o *mi* casa, que si es *mi* fe, *mi* Dios y *mi* patria. No sólo nos ofende la imputación de que nuestro reloj atrasa, o de que nuestro automóvil está viejo, sino que no toleramos que nuestra concepción de los canales de Marte, o de la pronunciación de la palabra Schopenhauer, o del valor medicinal de la salicina, o del siglo en que vivió Ptolomeo, puedan ser dudados y reformados. Nos gusta seguir creyendo lo que estamos acostumbrados a tener por cierto, y el resentimiento que nos produce la duda de alguien sobre nuestros conceptos nos hace buscar toda suerte de excusas para aferrarnos a ella. El resultado es que la mayor parte de lo que llamamos razonamientos consisten en hallar argumentos para seguir creyendo lo que ya creemos."

EL MEJOR ARGUMENTO: UNA EXPLICACIÓN

¿No es ya bien evidente que el orador que discute con el auditorio sólo logra despertar la tozudez de éste, colocarlo a la defensiva y tornar casi imposible su intento de hacerle mudar de parecer? ¿Es prudente comenzar diciendo: "Voy a probaros tal y tal cosa"? ¿No es lo más probable que al auditorio esto le sepa a reto, y se diga entre dientes: "Eso lo veremos"?

No es, entonces, más ventajoso comenzar afirmando enfáticamente algo que tanto nosotros como el auditorio creemos, y luego traer algún problema pertinente que todos quisieran ver resuelto. Llevemos, entonces, al auditorio a buscar esa solución con nosotros. Y mientras buscamos, vayamos explicando nuestros puntos de vista, con tanta claridad que inconscientemente los oyentes vayan aceptándolos como si les fueran propios. Tendrán mucho mayor apego por una verdad si creen haberla descubierto por su propia cuenta. "El mejor argumento es aquel que sólo parece una explicación."

En cualquier controversia, por muy hondas y enconadas que sean las diferencias, siempre hay algún punto común de acuerdo, a partir del cual el orador puede invitar a todos los oyentes a unirse para la búsqueda de la verdad que él va a dirigir. Vaya un ejemplo. Hasta el jefe del Partido Comunista si tuviese que hablar en una convención de la Asociación de Banqueros, podría hallar algunas opiniones mutuas, algunos deseos análogos que compartir con los oyentes. ¿No es verdad? Veámoslo:

"La pobreza ha sido siempre uno de los problemas más crueles de la sociedad humana. Como ciudadanos de este país, siempre hemos sentido que era nuestro deber mitigar, cuando quiera y dondequiera que fuese posible, los sufrimientos de los pobres. Somos una nación generosa. Ninguna otra nación del mundo ha abierto sus arcas con tanta prodigalidad y altruismo para ayudar a los desgraciados. Ahora, con esta misma generosidad mental, con este mismo desinterés espiritual que ha caracterizado nuestras donaciones en lo pasado, examinemos juntos la nueva realidad de nuestra vida industrial y veamos si no podemos hallar alguna fórmula, razonable, justa y aceptable para todos, que tienda a impedir, así como a mitigar, los males de la pobreza."

¿Quién puede oponerse a esto? ¿Puede oponerse Lord Rothschild? ¿Puede oponerse Patiño? ¿Puede oponerse el conde de Romanones? No lo creo.

¿Estamos contradiciendo aquí cuanto dijimos en el capítulo V sobre el vigor, la energía, el entusiasmo? De ningún modo. Tiempo hay para todo. Y el tiempo para el vigor rara vez está al principio de un discurso. El tino suele ser lo que se necesita entonces.

EL MEJOR DISCURSO QUE HAYA ESCRITO SHAKESPEARE EN SU VIDA

El más famoso discurso que Shakespeare haya puesto en boca de un personaje, la oración fúnebre de Marco Antonio ante el cadáver de Julio César, es un ejemplo clásico de tino.

La situación era ésta: César se había convertido en dictador. Naturalmente, inevitablemente, una veintena de sus enemigos tenían envidia de él y estaban ansiosos por derrocarlo, por destruirlo, por detentar ellos el poder que aquél tenía. Veintitrés conspiradores, dirigidos por Bruto y Casio, le prepararon una emboscada y le clavaron sus puñales. Marco Antonio había sido el ministro de Estado de Julio César. Era un hombre bien parecido, Antonio, un ágil escritor y un poderoso orador. Podía representar bien el gobierno en ceremonias públicas. No nos extrañe, pues, que César le haya escogido para hombre de confianza. Pero, y ahora, librados ya de César,

¿qué hacer con Marco Antonio? ¿Quitarle de en medio? ¿Matarlo? Habían derramado ya mucha sangre. Derramar más hubiera sido imprudencia. ¿Por qué, entonces, no ganar para su causa al Antonio éste, por qué no aprovechar su innegable influencia, su conmovedora elocuencia, para protección y ayuda propias? Parecía innocuo y razonable. Se entrevistaron con él y hasta le dieron permiso para decir algunas palabras delante del cuerpo de quien había dominado el mundo.

Antonio sube a la tribuna del foro romano. Delante de sí está César asesinado. La muchedumbre se agita embravecida y amenazante alrededor de Marco Antonio, una chusma partidaria de Bruto, Casio y los demás asesinos. La intención de Antonio es convertir este entusiasmo popular en odio intenso, espolear a estos plebeyos a que se subleven y maten a quienes habían ultimado a César. Levanta las manos. El tumulto cesa, y comienza a hablar. Notemos con cuánto ingenio, con cuánta intención comienza, alabando a Bruto y a los otros conspiradores:

"Que Bruto es un varón muy honorable, todos ellos lo son, todos muy honorables."

Reparemos en que no discute. Gradualmente, sin dejar traslucir completamente su verdadero móvil, va diciendo ciertas cosas sobre César. Dice que los rescates de los cautivos llenaron las arcas del pueblo, que cuando los pobres gemían, él sollozaba, que rechazó la corona real, que dejó sus bienes al pueblo. Presenta los hechos; hace preguntas a la multitud, les deja sacar sus propias conclusiones. Les muestra lo evidente, no como algo nuevo, sino como algo que todos conocían pero habían olvidado momentáneamente.

"Yo sólo os digo lo que ya sabéis".

Y con su lengua mágica atiza los sentimientos, espolea las emociones, suscita la piedad, enciende la ira. Más adelante damos la versión completa de esta obra maestra de tino y elocuencia. Busquemos donde queramos, recorramos todos los anchurosos campos de la literatura y de la oratoria, no creo que se encuentren media docena de discursos que igualen a éste. Merece estudio cabal por parte de todo aquel que aspire a sobresalir en el difícil arte de influir sobre la naturaleza humana. Pero hay aun otra razón que nos debe mover a leer y releer a los clásicos como Shakespeare: nadie posee vocabulario tan amplio como los escritores de los siglos de oro de cada país. Y no se puede estudiar sus obras sin pulir y aumentar inconscientemente la dicción, la pureza de giros y el caudal de voces.

ANTONIO. Amigos romanos, compatriotas: Prestad aquí un adarme de atención. Vengo a enterrar a César, no a ensalzarle. El mal que en vida hacemos, sobrevive; el bien baja a la tumba con los huesos. Sigamos, pues, la pauta. El noble Bruto dice que César era un ambicioso. De ser verdad, tal era horrenda falta, y horrendamente César la ha pagado. Por la merced de Bruto y sus amigos —que Bruto es un varón muy honorable, todos ellos lo son, todos muy honorables— vengo a hacer mi oración a estas exequias. César era mi amigo, leal y justo; mas Bruto dice que era un ambicioso, y Bruto es un varón muy honorable. Trajo a Roma por cientos los cautivos, y a las arcas del pueblo sus rescates envió sin diezmarlos. ¿Parecía esto en César ambición? En ver gemir a un pobre rompía en llanto: yo creía la ambición fuese más corva; mas Bruto dice que era un ambicioso, y Bruto es un varón muy honorable. Todos me visteis, en las Lupercales, ofrecerle tres veces real corona, que él tres veces rehusó. ¿Fue esto ambición? Mas Bruto dice que era un ambicioso, y, desde luego, Bruto es honorable. Yo no quiero impugnar lo que él os dijo; pero aquí estoy para decir verdad. Todos le amasteis, y con buen motivo. ¿Con qué motivo, entonces, no le honráis? ¡Oh, buen juicio, has huido con las bestias, y los hombres perdido han la razón...! Dispensad. Mi corazón está allí en ese féretro y he de hacer pausa hasta que vuelva a mí.

I CIUDADANO. Veo yo mucha razón en sus palabras.

II CIUD. Considerando con detenimiento, le han inferido a César grande daño.

III Ciud. ¿No es verdad que sí? Mucho me temo que venga alguien peor.

IV Ciud. ¿Habéis reparado en sus palabras? Se negó a recibir la corona. Por ende, vista está su falta de ambición.

I Ciud. Si ello fuere verdad, alguien lo pagará.

II Ciud. ¡Pobrecito! Sus ojos están encarnizados como fuego con tanto llorar.

III Ciud. No hay más noble hombre en Roma que Marco Antonio.

IV Ciud. Curadle ya. Comienza a hablar de nuevo.

Antonio. Ayer tan sólo su palabra hubiera resistídose al mundo. Hoy allí yace, sin que nadie se digne de honrarle. Oh, amigos, si agitaros quisiera ánima y pechos a motín y furia, a Bruto dañaría, y dañaría a Casio, que, como bien sabéis, son honorables. No quiero hacerles daño. Antes lo hiciera al muerto, a mí mismo, a vosotros, que no a dos ciudadanos tan egregios. Mas ved este pergamino, que su sello ostenta. Lo hallé en su gabinete, es su manda. Si el pueblo oyere aqueste testamento (que, perdonadme, yo no pienso leer), irían a besarle sus heridas, y a empapar en su sangre sus toalletas, sí, a rogar un cabello de recuerdo, y al morir, mencionáranlo en sus mandas, cediéndolo, cual muy rico legado, a su progenie.

IV Ciud. Queremos oír la manda; léela, Marco Antonio.

Todos. ¡La manda! ¡La manda! Queremos oír la manda de César.

Antonio. Tened paciencia, que no debo hacerlo: conviene no sepáis cuanto os amaba César; no sois madera, ni piedras, sino hombres, y como hombres, el que os lea su manda, os enardecerá, os llevará a locuras. No conviene sepáis que sois sus herederos, porque si lo supiereis, ¡oh! ¡qué haríais!

IV Ciud. ¡Lee la manda! Queremos oírla, Antonio. ¡Léenos la manda, la manda de César!

Antonio. ¿Tendréis paciencia? ¿Esperaréis un poco? Ya me dejé decir más que debía. Temo hacer daño a estos honorables varones, cuyas dagas mataron a César. Por cierto que lo temo.

IV Ciud. Eran traidores: ¡hombres honorables!

Todos. ¡La manda! ¡El testamento!

II Ciud. Fueron villanos, asesinos. ¡La manda! ¡Lee la manda!

Antonio. ¿Me obligaréis entonces a leer la manda? Haced, pues, corro aquí en redor de César, y dejadme que os muestre a quien la hizo. ¿Puedo bajar de aquí? ¿Me dais permiso?

Todos. Baja.

II Ciud. Desciende.

III Ciud. Tienes permiso.

IV Ciud. ¡En corro! ¡En derredor!

I Ciud. Apartaos del ataúd; apartaos del cadáver.

II Ciud. ¡Lugar para Antonio! ¡El muy noble Antonio!

Antonio. No, no me ciñáis tanto. Apartaos más.

Todos. ¡Más atrás! ¡lugar! ¡más atrás!

Antonio. Si tenéis lágrimas, las verteréis ahora. Este manto es de todos conocido. Yo recuerdo la vez primera en que vistiólo César. Fue una noche de estío, en su tienda, el día en que venció a los nervii. Catad, aquí clavó su daga Casio. Mirad qué rasgadura dejó el pérfido Casca. Por aquí apuñaló su bienamado Bruto, y al extraer su malhadado acero, ved cómo le siguió detrás la sangre, como aquel que a la puerta se abalanza, por comprobar que era en efecto Bruto quien tan grosero aldabonazo deba. Que Bruto, bien sabéis, ángel era de César. ¡Juzgad, oh Dioses, el amor de César! Éste fue el más inicuo de los tajos, pues en viéndole César, la ingratitud, más recia que los brazos de los traidores, le venció por completo: entonces estalló su corazón bravío, y embozándose el rostro con el manto, allí, a la misma base de la estatua de Pompeyo, todo el tiempo empapada de su sangre, cayó el gran César.

¡Oh, qué caída aquélla, compatriotas! Entonces yo, y vosotros, todos nos tumbamos, mientras, sanguinolenta, la traición triunfaba. Ah, ahora lloráis; y observo que sentís impulsos de piedad; son gentiles lágrimas. Amables almas: ¡qué! ¿lloráis sólo de ver la saya herida del buen César? ¡Mirad aquí, mirad al propio César, desfigurado por los traidores!

(Descubre el cadáver)

I Ciud. ¡Oh, congojoso espectáculo!

II Ciud. ¡Oh, noble César!

248

III Ciud. ¡Oh, funesto día!

IV Ciud. ¡Oh, traidores! ¡Oh, villanos!

I Ciud. ¡Oh, tan sangrienta visión!

II Ciud. ¡Nos vengaremos!

Todos. Venganza, —ir, —buscar, —quemar, —incendiar, —matar, —asesinar, —ique no quede un solo traidor con vida!

Antonio. Calmaos, compatriotas.

I Ciud. ¡Ea! ¡Silencio allí! Escuchad al noble Antonio.

II Ciud. Le escucharemos, le seguiremos, moriremos con él.

Antonio. Dulces amigos, amigos buenos, no dejéis que os agite a este tan brusco afán de rebelión. Los que esto hicieron son hombres honorables. Qué penas tengan íntimas, ay, yo lo ignoro, que a esto los movieran; sabios son, y honorables, y con razones os responderán, sin duda. Yo no vengo a robar los corazones. No soy yo un orador, como lo es Bruto. Sino, todos me conocéis, soy un hombre sencillo y rústico, que bien quiere a su amigo; y esto lo saben bien quienes permisión me dieron para hablar aquí. Porque no tengo ingenio, palabras, ni valía, ni voz, ni mímica, ni la facundia que incendie vuestra sangre. Digo lo que debo decir. Yo sólo os digo lo que ya sabéis. Os muestro las heridas del buen César, pobrecitas bocas mudas, y las hago hablar por mí. Pero fuera yo Bruto, y Bruto Antonio, itendríais un Antonio que os conmovería el espíritu, y pondría una lengua en cada herida de César que moviese las piedras de Roma en sedición y rebeldía!

I Ciud. ¡Haremos sedición!

II Ciud. ¡Incendiaremos la casa de Bruto!

III Ciud. ¡Vayamos, pues! ¡Vamos a los conspiradores!

Antonio. Escuchadme, aún, compatriotas. Dejadme hablar aún.

Todos. ¡Ea, silencio! Escuchad a Antonio; el muy noble Antonio.

Antonio. Oh, amigos, queréis hacer no sabéis qué. ¿Por qué mereció César tal cariño? ¡Ay! No lo sabéis; preciso es que os lo diga. Olvidasteis la manda de que hablé.

Todos. Muy cierto; ¡la manda! permanezcamos y escuchemos la manda.

Antonio. He aquí la manda, con el sello suyo. A todos los

249

ciudadanos da legado. A cada hombre, setenta y cinco dracmas.

II Ciud. Oh, noble César; vengaremos su muerte.

III Ciud. ¡Oh, regio César!

Antonio. Escuchadme con paciencia.

Todos. ¡Ea, silencio!

Antonio. Además, os deja sus paseos, sus cenadores privados, sus recién plantados huertos de aquende el Tíber; todo esto os ha legado, y a vuestros herederos para siempre; recreos comunes donde barzonear y holgaros. ¡Éste era un César! ¿Cuándo habrá otro así!

I Ciud. ¡Jamás! ¡Jamás! ¡Vamos! ¡Largo ya! ¡Quemaremos su cadáver en el lugar sagrado, y con los tizones incendiaremos las casas de los traidores! ¡Levantad el cadáver!

II Ciud. ¡Id por fuego!

III Ciud. ¡Retazad los bancos!

IV Ciud. ¡Destrozad los asientos, las ventanas, todo!

(Salen los ciudadanos con el cadáver.)

Antonio. Y ahora que fermente. Daño: estás libre. Vé por cual senda quieras.

SUMARIO

1. Comencemos por un punto común. Logremos que todos estén de acuerdo con nosotros desde el principio.

2. No presentemos nuestro tema de tal modo que el público se diga entre sí "¡No! ¡No!" desde el principio. Cuando una persona ha dicho No una vez, su negra honrilla exige que no se retracte. "Cuantos más síes podamos conseguir desde el principio, tanto mayor será nuestra probabilidad de fijar la atención sobre nuestras palabras y lograr nuestra finalidad."

3. No comencemos diciendo que vamos a probar tal y tal cosa. Esto puede provocar oposición. Los oyentes pueden pensar: "Eso lo veremos". Traigamos sobre el tapete algún problema pertinente y hagamos que nos sigan en la búsqueda de una solución... "El mejor argumento es aquel que parece una explicación."

4. El discurso más famoso que haya escrito William Shakespeare es la oración fúnebre de Marco Antonio ante el cadáver de César. La turba romana es partidaria de los conspiradores. Notemos con cuánta astucia Marco Antonio convierte esta simpatía en odio furibundo. Notemos que lo hace sin discutir. Presenta los hechos y deja que el auditorio forme sus propias opiniones.

VICIOS DE LENGUAJE

VOCABULARIO

Muchas personas ponen gran escrupulosidad en pronunciar la b de *obscuro, substancia*, etc., o la n de *transalpino, transfregar*, etc., culteranismos que deslucen el idioma. Y cometen algunos de los siguientes errores de dicción:

INCORRECTO	CORRECTO
Cónyugue	Cónyuge
Prover	Proveer
Todoh loh díah	Todos los días
Juvenilla	Juvenilia
Puirredón	Pueyrredón
Companía	Compañía
Ojebto	Objeto
Azar	Azahar
Fidería	Fideería
Usté	Usted
Alcol	Alcohol
Cuete	Cohete
Pueta	Poeta
Savedra	Saavedra
Albaca	Albahaca
Preveer	Prever
Utensillo	Utensilio

GRAMÁTICA

A propósito, de propósito

Erróneamente se emplea el primer giro para las dos ideas.

A propósito, indica que algo es conveniente u oportuno para determinado deseo o finalidad.

De propósito significa: con intención, voluntariamente, deliberadamente:

"Ha de permitírseme que, con la moderada amplitud a que dan lugar dos o tres artículos, discurra *a propósito* de ella."

FRANCISCO AYALA

"Quiero decirte, *a propósito* de tus confidencias, algo que refleje mi opinión y mi consejo."

RICARDO LEÓN

"De propósito, que no por olvido, hemos dejado llegar casi a su término esta historia de lo pasado."

ANTONIO FLORES

"La Sociedad se abstiene *de propósito* de publicar los trabajos de todo el año, porque no quiere molestar con su menuda relación a tan distinguido concurso, ni hacer vana ostentación de sus tareas."

JOVELLANOS

EJERCICIO VOCAL. FLEXIBILIDAD DE LOS LABIOS

La tensión nerviosa —a la que suele estar muy expuesto el orador novel, sobre todo al comienzo de su discurso— se manifiesta casi siempre por el estiramiento de los músculos de la garganta y la rigidez de la mandíbula y los labios. Ya hemos explicado antes cómo se puede relajar la mandíbula. Hablemos ahora de los labios rígidos, inflexibles. Son un inconveniente y un peligro. Los labios deben estar libres y flexibles para que colaboren en la producción de tonos claros y hermosos. Podemos lograr esta mayor atracción y poder de sugestión con nuestra voz si estamos dispuestos a pagarlos con el dinero de la atención y la práctica. Todo cuanto puedo yo hacer es escribir la prescripción aquí; al lector cumple tomar luego el remedio. Sea la palabra *sopa*. Al decir *so*, redondeemos los labios y pongámoslos salientes. Al decir *pa*, recojámoslos tanto como sea posible. Exageremos el movimiento. Hagamos como una sonrisa. Supongamos que estamos para fotografiarnos. Repitámoslo ahora rápidamente: *sopa, sopa, sopa*.

Convirtamos esto en frase y sigamos practicando: *yo bebo sopa, sopa yo bebo, yo bebo sopa, sopa yo bebo...*

Repitamos muchas veces las siguientes frases, exagerando el movimiento de los labios:

Grande para dama soy.

Detente, sombra de mi bien esquivo.

Que tu forma fantástica ceñía.

Íbamos por el pálido sendero hacia aquella quimérica comarca.

Ejercicio de repaso. 1. Dominemos la mandíbula, dejémosla que penda como peso muerto. Inspiremos profundamente como si quisiésemos ocupar de aire el estómago, y cantemos *a* con reposo, sin ningún esfuerzo.

2. Inspiremos profundamente, y digamos con un ademán amplio de la mano: "Estoy tranquilo. Mi mandíbula está relajada. Mi garganta está abierta. No hay tensión en ninguna parte del cuerpo".

3. Inspiremos profundamente y, aplicando lo ya aprendido sobre respiración diafragmática, relajación, dominio del aire inspirado, contemos hasta que se nos acabe el oxígeno. Dominemos bien la salida del aire en el diafragma, que es, por otra parte, el solo lugar donde lo podemos dominar sin alterar la voz.

4. Repitamos en falsete (véase capítulo VII) el siguiente párrafo de Enrique Gómez Carrillo. Aunque empleemos el tan ridículo falsete, leamos con brío este pasaje, que pertenece a *La sonrisa de la Esfinge:*

"No hay una palmera, ni una flor de lino, ni una espiga de maíz, ni una caña de papiro, ni una hoja de loto que deba una gota de rocío al cielo. Todo lo que en la naturaleza palpita sale de la onda fluvial. Ya el viejo Herodoto decía, hace dos mil años, que el Egipto es un don del Nilo. ¡Don maravilloso, en verdad! ¡Don que todo el universo ha aprovechado!"

Capítulo XI

CÓMO TERMINAR UN DISCURSO

El hombre largo da indicio de poco entendido: excuse el discreto el embarazar, y más a hombres muy ocupados; que de desazonarlos pierde el negocio. Lo bien dicho se dice presto.

ALONSO DE ACEVEDO

Rara vez nos arrepentimos de haber hablado poco; muchas veces de haber dicho demasiado. Máxima trivial que todo el mundo sabe y todo el mundo olvida.

LA BRUYÈRE

Los grandes habladores son como los vasos vacíos, que hacen más ruido que los que están llenos.

FOCIÓN

¿Queréis saber en qué parte del discurso tenemos mayor probabilidad de revelar nuestra inexperiencia o nuestra pericia, nuestra ineptitud o nuestro tino? Os lo diré: en el comienzo y en el final. Hay un viejo refrán en el teatro, que se refiere, desde luego, a los actores, y dice así: "Por las entradas y los mutis los conoceréis".

¡El comienzo y el final!

Son las cosas más difíciles, en cualquier empresa, de manipular con acierto. Por ejemplo, en una recepción, ¿cuáles son las proezas más decisivas, sino una entrada elegante y una elegante despedida?

La terminación es realmente el punto más estratégico de un discurso. Lo que uno dice lo último, las últimas palabras que quedan sonando en los oídos del auditorio, son las que probablemente serán recordadas por más largo tiempo. Los principiantes, sin embargo, rara vez aprecian la importancia de esta ventajosa posición. Sus terminaciones dejan mucho que desear.

¿Cuáles son sus errores más comunes? Analicemos algunos y busquemos remedio.

Primero, tenemos el individuo que concluye diciendo: "Bueno, esto es todo cuanto tenía que decir sobre este asunto, de modo que será mejor que termine". Eso no es una terminación. Eso es un desatino. Esto hiede a noviciado. Es casi imperdonable. Si ya se ha dicho todo cuanto se tenía que decir, ¿por qué no dar el golpe de gracia directamente, sentarse, y poner fin, sin hablar para nada de poner fin? Hagamos esto, y la inferencia de que ya hemos dicho cuanto teníamos que decir lo dejaremos, con menor riesgo y mejor gusto, librada al discernimiento del auditorio.

Está luego el orador que dice cuanto tenía que decir y luego no sabe cómo finalizar. Creo que fue Pero Grullo quien dijo que sería conveniente tumbar al novillo por la cola en vez de por los cuernos, porque así sería más fácil soltarlo luego. Este orador tiene el novillo tomado por las patas delanteras, y quiere separarse de él, pero, por mucho que lo desee, no se le acerca ninguna empalizada amistosa, ningún árbol que le permita despedirse del animal sin que le patee. Y así comienza a describir luego un círculo vicioso, recorriendo siempre los mismos lugares, repitiendo lo que ya dijo, dejando, en fin, pésima impresión.

¿El remedio? Un final debe ser planeado con tiempo, ¿no es verdad? ¿Es prudente tratar de planearlo frente al auditorio, sometidos al esfuerzo y a la tensión del discurso, ocupada la mente en lo que estamos diciendo? ¿No sugiere el sentido común la conveniencia de prepararlo tranquilamente de antemano?

Hasta oradores tan consumados como Aparisi y Ríos Rosa, con su admirable dominio de la lengua castellana, sentían la necesidad de escribir y aprender de memoria las palabras exactas con que pensaban terminar sus discursos.

El principiante que medre con la experiencia de estos hombres rara vez tendrá que lamentarlo. Es menester que sepa muy definidamente con qué ideas o imágenes terminará. Debe ensayar el final varias veces, para lo cual no será necesario que emplee exactamente la misma fraseología cada vez, aunque sí que ponga claramente las ideas en palabras.

Un discurso improvisado, durante su pronunciación, debe muchas veces ser alterado grandemente; ha de cortárselo y mutilárselo para hacer frente a circunstancias imprevistas, para armonizar con las reacciones de los oyentes; por esto, es muy prudente tener dos o tres terminaciones preparadas. Si una de ellas no viene a pelo, otra probablemente sí venga.

Algunos oradores ni siquiera logran llegar al final. En mitad del camino comienzan a chisporrotear y se atascan, como un motor al cual se le terminase el combustible; luego de algunas arremetidas desesperadas, concluyen por paralizarse completamente, derrumbando lo que habían logrado edificar. Necesitan, evidentemente, mejor preparación, más práctica —más combustible en el tanque.

Muchos novicios terminan demasiado de sopetón. Ese método de terminar carece por completo de tersura, de retoque. A decir verdad, no tienen terminación, se limitan a cesar de improviso, bruscamente. El efecto es desagradable, revela noviciado. Es como si un amigo, en una reunión, dejara de conversar repentinamente con nosotros y saliera de la sala sin despedirse.

Nadie menos que Abraham Lincoln cometió este error en el borrador inicial de su primer mensaje inaugural. Era un discurso para pronunciarlo en momentos de crisis. Las negras nubes de la desunión y el odio oscurecían el horizonte de los Estados del Norte y de los Estados del Sur. Pocas semanas más tarde comenzaría a azotar a la nación horrendo huracán de sangre y destrucción. Lincoln, dirigiéndose al pueblo sureño, pensaba concluir así el mensaje:

"En vuestras manos, mis insatisfechos conciudadanos, que no en las mías, está el grave problema de la guerra civil. El gobierno no os atacará. No puede haber conflicto sin ser vosotros los agresores. Vosotros no tenéis vuestro juramento registrado en el cielo para destruir el gobierno, en tanto que yo sí lo tengo, y muy solemne, para preservarlo, protegerlo y defenderlo. Vosotros podéis absteneros del ataque. Yo no puedo evitar su defensa. A vosotros, que no a mí, queda librada la pregunta: ¿Tendremos paz, o una espada?"

Envió el discurso a su ministro Seward. Éste indicó, con mucho acierto, que la terminación era demasiado descortés, demasiado brusca, demasiado provocadora. Entonces probó él mismo a escribir una terminación. Escribió dos. Lincoln aceptó una y la empleó, con algunas modificaciones, en lugar de las tres últimas oraciones. El resultado fue que su primer mensaje inaugural perdió la brusquedad provocativa y se elevó hasta las alturas de lo amistoso, de la belleza pura y de la elocuencia poética:

"Lamento tener que terminar. No somos enemigos sino amigos. No debemos ser enemigos. Aunque la pasión haya puesto tensos los lazos de afecto que nos unen, no debemos permitir que los rompa. Las armonías místicas del recuerdo, que de los campos de batalla y de las tumbas de nuestros patriotas llegan a cada corazón que late y a cada llar con lumbre de este inmenso país, aumentarán el coro de la Unión cuando de nuevo las taña, que las tañerá, el ángel bueno de nuestra naturaleza."

¿Cómo puede un principiante desarrollar el sentido apropiado para terminar un discurso? ¿Por reglas mecánicas? No. Como la cultura, esto es demasiado delicado para ello. Debe ser resuelto por presentimiento, por intuición. A no ser que el orador pueda sentir cuando alguien lo hace armoniosamente, atinadamente, ¿qué esperanza tiene de hacerlo él?

Sin embargo, este sentido puede ser cultivado. Esta pericia puede ser desarrollada en parte, estudiando las maneras en que oradores consumados han rematado sus piezas oratorias. Leamos la última parte del famoso *discurso de la trenza,* de Echegaray, que le valió un ministerio. Díaz Caneja ha pronunciado un minucioso discurso en pro de la unidad católica, y llega a decir que la Iglesia nunca ha perseguido a las personas. Entonces Echegaray se levanta y replica con un brioso discurso cuyo final es así:

"En esos bancos alternantes del Quemadero de la Cruz veréis capas de carbón impregnadas en grasa humana, y después restos de huesos calcinados, y después una capa de arena que se echaba para cubrir todo aquello; y luego otra capa de carbón, y luego otra de huesos y otra de arena, y así continúa la horrible masa. No ha muchos días, y yo respondo del hecho, revolviendo unos chicos con un bastón, sacaron de esas capas de ceniza tres objetos que tienen grande elocuencia, que son tres grandes discursos en defensa de la libertad religiosa. Sacaron un pedazo de hierro oxidado, una costilla humana calcinada casi toda ella y una trenza de pelo quemada por una de sus extremidades.

"Esos tres argumentos son muy elocuentes. Yo desearía aquellos señores que defienden la unidad religiosa los sometieran a severo interrogatorio; yo desearía que preguntasen a aquella trenza cuál fue el frío sudor que empapó su raíz al brotar la llama de la hoguera y cómo se erizó sobre la cabeza de la víctima. Yo desearía que preguntasen a la pobre costilla cómo palpitaba contra ella el corazón de la infeliz judía. Yo desearía que preguntasen a aquel pedazo de hierro, que fue quizá una mordaza, cuántos ayes dolorosos, cuántos gritos de angustia ahogó, y cómo se fue oxidando al recibir el ensangrentado aliento de la víctima, con lo cual el duro hierro tuvo más entrañas, tuvo más compasión, fue más humano, se ablandó más que los infames verdugos de aquella famosa teocracia."

Si un ciego escuchase esto, *vería* que el orador ha terminado. El final no queda balanceándose como una cuerda colgada. No queda harapiento y dentado. Queda redondo, terminado.

Uno de los más famosos discursos de Castelar, es el que pronunció en la Cámara de Diputados en defensa de la libertad de cultos. Fue una oración brillante, que duró casi una hora, y que terminó con el siguiente período:

"Grande es Dios en el Sinaí; el trueno le precede, el rayo le acompaña, la luz le envuelve, la tierra tiembla, los montes se desgajan; pero hay un Dios más grande, más grande todavía, que no es el majestuoso Dios del Sinaí, sino el humilde Dios del Calvario, clavado en una cruz, herido, yerto, coronado de espinas, con la hiel en los labios, y sin embargo diciendo: '¡Padre mío, perdónalos, perdona a mis verdugos, perdona a mis perseguidores, porque no saben lo que hacen!' Grande es la religión del poder, pero es más grande la religión del amor; grande es la religión de la justicia implacable, pero es más grande la religión del perdón misericordioso; y yo, en nombre de esta religión; yo, en nombre del Evangelio, vengo aquí a pediros que escribáis al frente de vuestro código fundamental la libertad religiosa, es decir, libertad, fraternidad, igualdad entre todos los hombres."

Acabamos de leer, querido lector, uno de los finales de discurso más hermosos que hayan pronunciado labios humanos.

Pero nosotros no iremos, probablemente, a pronunciar discursos en la Cámara de Diputados, ni mensajes inaugurales en vísperas de una guerra civil. Quizá nuestro problema nunca llegue a más que a cerrar un discurso frente a un concurso intrascendental de oyentes. ¿Cómo podemos hacerlo? Busquemos un poco. Veamos de encontrar algunas sugestiones fértiles.

RESUMAMOS LOS PUNTOS

Hasta en discursos de sólo tres a cinco minutos de duración, el orador puede llegar a cubrir tantos puntos diferentes que al final el auditorio no los recuerde claramente. Sin embargo, pocos oradores se dan cuenta de esto. Llegan a creer, erróneamente, que porque estos puntos sean tan claros como cristal en sus propias mentes, deben resultar igualmente diáfanos a los oyentes. Muy errados están. El orador ha considerado por cierto tiempo sus ideas. Pero para el auditorio son completamente nuevas; para el público es un puñado de perdigones que se le arroja a boca de jarro. Algunos darán en el blanco, pero los más de ellos rodarán por el suelo confusamente. Los oyentes, como Yago, "recordarán una porción de cosas, mas nada distintamente".

Algún político irlandés anónimo ha dado esta receta para hacer un discurso: "Primero digámosles qué les vamos a decir. Segundo, digámosles. Tercero, digámosles qué les hemos dicho". No está mal. Por cierto que muchas veces es sumamente ventajoso "decirles qué les hemos dicho". Brevemente, desde luego, rápidamente, un simple bosquejo, un sumario. He aquí un ejemplo de un alumno, gerente de tránsito de un ferrocarril:

"En resumen, caballeros, nuestra propia experiencia con este mecanismo, la experiencia recogida en otras partes del país, los sólidos principios de su funcionamiento y la innegable demostración del dinero ahorrado en un año para seguridad contra accidentes, me mueven a recomendar vehementemente y con plena responsabilidad su adaptación inmediata en nuestro ferrocarril."

¿Está claro lo que ha hecho? Lo podemos ver y sentir sin haber escuchado la otra parte del discurso. Ha condensado, en pocas palabras, en cincuenta y dos palabras, prácticamente todos los puntos tocados en su discurso.

¿No piensan mis lectores que un sumario así es de provecho? Apropiémonos, pues, de esta técnica.

EXHORTEMOS A LA ACCIÓN

El final que acabo de citar es un ejemplo excelente de final con exhortación a la acción. El orador quiere que se haga algo: que se instale determinado mecanismo en el ferrocarril. Basó su pedido sobre el dinero que se ahorraría y los accidentes que se impedirían. El orador quería mover a la acción y lo consiguió. El discurso citado no fue un discurso de práctica. Fue pronunciado ante el directorio de un ferrocarril, y la propuesta fue aceptada.

En el capítulo XV trataremos, con mayor extensión, los problemas que se presentan al orador cuando quiere incitar a la acción, y cómo solucionarlos.

UNA GALANTERÍA SOBRIA Y SINCERA

"Zaragoza, que dio al cristianismo sus innumerables mártires; a la Edad Media sus guerreros; al siglo decimosexto los últimos tributos que lucharon con el absolutismo; a nuestro siglo los héroes de la independencia, que todos los pueblos oprimidos invocan, que todas las generaciones colocarán al lado de los héroes de Salamina y de Platea en el agradecimiento de la humanidad; Zaragoza se alzará a la altura de su historia, y escribiendo la protesta enérgica del derecho, salvará con su actitud y con su ejemplo, que pronto seguirán las demás ciudades, la causa de la libertad y la honra de la patria."

Con estas palabras terminó Castelar su discurso a los federales de Zaragoza, después de votada la Constitución de la monarquía por las Cortes Constituyentes. El auditorio quedó halagado, contento. Ésta es una manera admirable de concluir; pero, para que sea eficaz, tiene que ser sincera. Nada de adulaciones toscas. Nada de extravagancias. Esta suerte de terminación, si no sabe a sincera, sabrá a falsa, y a muy falsa. Y, como las monedas de plomo, nadie la aceptará.

TERMINACIÓN HUMORÍSTICA

"Dejadlos siempre riendo —decía Jorge Cohan—, cuando digáis adiós." Si tenemos facilidad para ello, y material, magnífico. Pero, ¿cómo lo haremos? Ése, como decía Hamlet, es el problema. Cada uno debe hacerlo en su modo particular.

Veamos cómo terminó Posada Herrera un discurso en el Congreso, en el que hizo una exhortación a la unión de los españoles:

"Yo sé que todos deseáis esto mismo, y que si no lleváis a efecto esta unión es porque en este país conservamos algo de la raza africana. (Risas.) Yo no sé por qué os asustáis del sufragio universal. Si no concedéis derecho elector al ciudadano que tiene todos los demás derechos, al ciudadano completo, ¿con qué derecho venimos aquí nosotros a representar el país?

"Si no lleváis a efecto la conciliación, creo que no ha de ser por este obstáculo. Será por lo mismo que refiere en un cuento Walter Scott. Un misionero hacía grandes esfuerzos por convertir al cristianismo a un idólatra, y cuando ya el misionero creía haber conseguido la conversión, el idólatra le dijo: 'Señor, no os molestéis; conozco que el Dios verdadero es Cristo, pero debo tantos favores al diablo, que no puedo dejar de servirle.' *(Risas.)*

"Yo soy aficionado a estudiar las cosas en hechos prácticos. Supongamos dos ciudadanos: el uno paga cinco céntimos de contribución, y tiene derecho electoral; el otro no lo tiene, porque no es contribuyente. ¡Señores, todo por un perro chico!" *(Grandes risas.)*

TERMINACIÓN CON UNA CITA POÉTICA

De todos los métodos de terminar un discurso, ninguno tan aceptable cuando está bien hecho como el del humorismo y la poesía. Por cierto que si tenemos la estrofa adecuada para remate del discurso, ello es lo ideal. Da al discurso el sabor apetecido. Lo realza, lo dignifica, lo embellece, le presta individualidad. Así terminó Belisario Roldán su Oración a la Bandera:

"Por ella y para ella, todas las vibraciones del cerebro y todas las pujanzas del músculo; por ella y para ella, soldados, hasta la última gota de sangre de las venas... Rija nuestra conducta, en las jornadas de paz a que estamos destinados, el *¡Excelsior!* arrogante y estimulador; y si alguna vez sonara para la República la hora de la sangre y los clarines, inspírennos siempre, por los siglos de los siglos, aquellas palabras como espartanas de la Canción Nacional:

"¡Coronados de gloria vivamos
O juremos con gloria morir!"

Estos dos versos, dichos en tono vibrante, sacudieron hasta la última fibra del auditorio, entre el cual estaba el presidente de la República Argentina. Si Belisario Roldán no hubiese sido Belisario Roldán y hubiera dicho esos versos con tono apagado o poco entusiasta, ¿cuál habría sido el resultado? Algunos aplausos de compromiso. Cuanto más enseño oratoria, tanto más clara cuenta me doy de la imposibilidad de dar reglas generales, porque cada orador y cada ocasión exigen un discurso diferente, resultante de la combinación siempre diferente de complicados efectos. Cada cual, como decía San Pablo, "debe labrarse su propia salvación".

El discurso de Miguel Antonio Caro, citado en el capítulo VI, es un buen ejemplo de final con cita poética. ¿Lo recuerdan mis lectores?:

"Y para concluir, a todos y a cada uno de vosotros diré yo con un gran poeta:

"Ten fijo en la memoria
Que nadie sin afán y ardua fatiga
Supo arrancar las palmas de la gloria."

EL PODER DE UNA CITA BÍBLICA

Podemos tenernos por afortunados si tenemos oportunidad de hacer una cita bíblica. Generalmente producen hondo efecto. "Porque en la Biblia —al decir de Donoso Cortés— están escritos los anales del cielo y de la tierra y del género humano; en ella, como en la divinidad misma, se contiene lo que fue, lo que es y lo que será."

Cromwell, en la inauguración de la asamblea de puritanos establecida por él, terminó así su discurso:

"Nosotros sabemos quién es el que hará la guerra contra sus enemigos: un pueblo escogido y creyente; esto podemos decir sin adularnos. Dios está en el camino de la guerra, y vosotros sabéis que protege a este pueblo. Creo que estamos a la entrada y que debemos levantar la cabeza y fortificarnos en el Señor. Por eso algunos de nosotros hemos creído que debíamos seguir este camino obrando, y no permanecer inactivos, confiados en la profecía de Daniel: 'El reino no pertenecerá a otro pueblo'."

El clímax o gradación es una manera muy popular de rematar el discurso. A menudo es difícil, y no se adapta a cualquier orador ni a cualquier tema. Pero, bien hecho, es excelente. Es el escalamiento de una montaña, hacia un pico, que se hace más vigoroso a cada frase.

Lincoln empleó este recurso al preparar un discurso sobre las cataratas del Niágara. Notemos cómo cada comparación es más fuerte que la anterior, cómo obtiene un efecto acumulativo al comparar sucesivamente su edad con la de Colón, Cristo, Moisés, Adán, etc.:

> "Nos evoca lo pasado indefinido. Cuando Colón buscó por primera vez este continente, cuando Cristo sufrió en la cruz, cuando Moisés condujo a Israel a través del Mar Rojo, no, más aún, cuando Adán nació de las manos de su Hacedor; entonces, como ahora, rugía aquí el Niágara. Los ojos de esa especie de gigantes ya extinta cuyos huesos llenan los túmulos de América, han contemplado el Niágara tal como nosotros ahora lo contemplamos. Contemporánea de la primera raza de hombres, y más antigua que el primer hombre, está tan fuerte y fresco el Niágara hoy como lo estaba hace diez mil años. El mamut y el mastodonte, tanto tiempo ha muertos que sólo los fragmentos de sus huesos monstruosos nos atestiguan que realmente existieron, han contemplado el Niágara, ya en aquel lejano tiempo nunca quieto por un momento, nunca seco, nunca helado, nunca dormido, nunca fatigado."

Wendell Phillips empleó este mismo método en una conferencia sobre Toussaint l'Ouverture. Citamos más adelante el final. Se cita a menudo este ejemplo en libros de oratoria. Tiene vigor, vitalidad. Es interesante, aunque quizá demasiado exornada para estos prácticos tiempos. El discurso fue escrito hace ya más de medio siglo.

> "Le llamaría Napoleón, pero Napoleón llegó al imperio con juramentos quebrantados y a través de un mar de sangre. Este hombre nunca faltó a su palabra. 'Nada de venganzas', fue el gran lema y guía de su vida. Y las últimas palabras que dijo al hijo, en Francia, fueron: 'Muchacho, algún día volverás a Santo Domingo. Olvídate que Francia mató a tu padre'. Le

llamaría Cromwell, pero Cromwell no fue sino un soldado, y el Estado que fundó bajó con él a la tumba. Le llamaría Washington, pero el gran virginiano tenía esclavos. Este hombre arriesgó su imperio por no permitir el tráfico de esclavos en la más humilde aldehuela de sus dominios."

¡¡METOSHA! ¡¡METOSHA!

Busquemos, estudiemos, probemos, hasta que tengamos una buena conclusión y un buen comienzo. Y luego, no los separemos mucho.

El orador que no abrevia su discurso a fin de ponerse a tono con este siglo, apresurado y febril, será mal venido y aun repulsado por lo bajo. "No abusa de la tribuna —dice Cañamaque hablando de Echegaray—, y esta modestia le recomienda siempre que habla."

Nadie menos que San Pablo de Tarso pecó en este respecto. Predicó hasta que uno de los oyentes, un joven llamado Eutico, se durmió y se cayó por la ventana, tras lo cual se rompió el pescuezo. Aun después del incidente, es probable que haya seguido hablando. ¿Quién lo sabe? Recuerdo que cierta vez, en un banquete del Centro Universitario, le llegó el turno de hablar a un doctor. Había sido un banquete largo.

Ya habían hablado muchos oradores. Eran las dos de la mañana cuando se puso en pie. Si hubiera tenido tino, delicadeza, discreción, habría dicho diez o doce frases y nos habría dejado ir a dormir. Pues, ¿qué creéis que hizo el muy maldito? ¡Habló sin detenerse durante cuarenta y cinco minutos sobre vivisección! Mucho antes de llegar a la mitad, el auditorio estaba deseando que, como Eutico, se cayera también por la ventana el tío éste y se rompiera algo, ¡cualquier cosa!, lo importante es que callara.

Lorimer, director de *La Revista Vespertina de los Sábados,* me dijo cierta vez que siempre interrumpía los artículos en serie cuando estaban en lo más intenso de su popularidad, con lo que la gente clamaba por ellos. ¿Por qué los interrumpía? ¿Por qué tan luego entonces? "Porque

—decía Lorimer, y tenía en estas cosas cierta experiencia— el punto de hartazgo llega muy poco después de haberse alcanzado la cumbre de la popularidad."

Esta misma filosofía se puede aplicar, y debe aplicarse, a la oratoria. Detengámonos mientras el auditorio está ansioso. "Preferible es que un Otelo excesivo —escribe José Ingenieros— mate de veras sobre el tablado a una Desdémona próxima a envejecer, o desnucarse el acróbata en un salto prodigioso, o rompérsele un aneurisma al orador mientras habla a cien mil hombres que aplauden delirantes, o ser apuñalado un don Juan por la amante más hermosa y sensual."

El discurso más trascendental que haya pronunciado Jesucristo, el Sermón de la Montaña, puede ser repetido en cinco minutos. El discurso del general San Martín a los diputados de Perú, cuando resignó el Poder Supremo al Congreso, sólo consta —magna e histórica como era la ocasión— de seis períodos que pueden ser leídos en un minuto. La historia del Génesis puede leerse en menos tiempo que el necesario para leer la crónica de un crimen en el periódico. Recordemos siempre que "lo bueno, si breve, dos veces bueno; y aun lo malo, si breve, no tan malo".

El doctor Johnson, arcediano de Niasa, ha escrito un libro sobre los pueblos africanos. Ha vivido entre ellos, y los ha observado, durante cuarenta y nueve años. Y cuenta que cuando un orador habla por largo rato en las reuniones de cierta tribu del Gwangwara, el auditorio le hace callar gritando "¡Imetosha! ¡Imetosha!", que significa "¡Suficiente! ¡Suficiente!"

Otra tribu permite que el orador hable por cuanto pueda mantenerse sobre un solo pie. Cuando el dedo gordo del otro pie toca el suelo, sanseacabó. Tiene que retirarse.

Y a los auditorios blancos, en general, aunque más corteses, más refrenados, les fastidian los discursos largos tanto como a los negros del África.

> Aceptad pues el consejo
> (Aunque sé que no lo haréis)
> Y aprended esta arte con ellos.

SUMARIO

1. El final de un discurso es realmente el elemento más estratégico. Lo que se dice último tiene mayor probabilidad de quedar en la memoria.

2. No terminemos: "Bueno, esto es todo cuanto tenía que decir sobre este asunto, por lo que será mejor que termine". Terminemos sin decir que vamos a terminar.

3. Planeemos cuidadosamente el final de antemano, como hacían Gladstone, Ríos Rosas y Aparisi Guijarro. Ensayemos. Sepamos casi al pie de la letra cómo vamos a terminar. Redondeemos el final. No lo dejemos duro y quebrado como una roca mellada.

4. He aquí siete métodos que se pueden emplear para terminar:

   a) Resumir, repetir y bosquejar brevemente los puntos principales que hemos tratado.

   b) Exhortar a la acción.

   c) Brindar una galantería sincera al auditorio.

   d) Provocar risas.

   e) Citar algunos versos apropiados.

   f) Citar un pasaje de la Biblia.

   g) Producir un clímax.

5. Busquemos una buena conclusión y un buen comienzo, y luego, no los separemos mucho. Terminemos siempre antes de lo que el auditorio desea. "El punto de hartazgo llega muy poco después de haberse alcanzado la cumbre de la popularidad."

VICIOS DE LENGUAJE

VOCABULARIO

Los siguientes verbos, aunque están derivados de sustantivos y adjetivos que ya existen, no han sido aceptados por los hablistas, que los reputan por innecesarios:

INCORRECTO	CORRECTO
Obstaculizar	Obstruir
Silenciar	Callar
Cloroformizar	Cloroformar
Homenajear	Agasajar
Constatar	Comprobar, corroborar
Valorizar	Valorar
Influenciar	Influir
Intensificar	Intensar
Transar	Transigir
Financiar	Costear
Ovacionar	Aplaudir, aclamar
Entrenarse	Adiestrarse, prepararse
Adjuntar	Acompañar, enviar adjunto
Distanciar	Alejar, apartar
Ofertar	Ofrecer, pujar
Auspiciar	Patrocinar

GRAMÁTICA

Cien y ciento

Nadie dice "un *gran* de España" por "un *grande* de España", ni "tan puede una mujer que llora" por "tanto puede..." La apocopación tiene sus reglas, diferentes, por lo común, de un caso a otro, y quienes dicen "*cien* por *cien* de probabilidades", "más vale un pájaro en mano que *cien* volando", la infringen. *Ciento,* como *grande,* se apocopa sólo delante de sustantivos.

Cien doblones.
"*Cien* caballeros con lanza en ristre."

En todos los demás casos diremos "ciento".

—"¿Que cuántos primos tengo? *Ciento.*"
"Más vale un pájaro en mano que *ciento* volando."

"Recibí el *ciento* por *ciento* del salario."

Hablando de *ciento por ciento:* quienes dicen *porcentaje* caen en galicismo. Tenemos en castellano *tanto por ciento,* que si no es tan breve, es mucho más castizo.

"Valen más cuatro en casa que *ciento* fuera."

Jovellanos

"La escuela principal donde se agilitaban estos indios corredores, era el primer adoratorio de Méjico, donde estaba el ídolo sobre *ciento y* veinte gradas de piedras."

Solís

EJERCICIO VOCAL. LA RESONANCIA

Los tres principios fundamentales de la buena producción de tonos son: el dominio del aire, la relajación y la resonancia. Ya hemos tratado de los dos primeros; veamos, pues, el tercero: la resonancia. ¿Qué fortalece y embellece el tono de la radio o del gramófono? La trompa o altavoz.

Nuestro tronco sirve como caja de resonancia de la voz, del mismo modo que la caja de un piano o de un violín aumenta y embellece los sonidos producidos por el concertista. El tono inicial es producido por las cuerdas vocales, pero éste se eleva y repercute contra la huesosa contextura pectoral, los dientes, el cielo de la boca, las cavidades nasales y otras partes de la cara. Esta repercusión, este retumbo, da a la voz su más importante cualidad. Imaginémonos la voz como un cohete que surge del diafragma, pasa por la garganta relajada y se deshace en una lluvia de sonidos contra las ventanas de la nariz y otras partes huesosas de la cabeza.

Nuestro problema no consiste en hablar con resonancia. Toda la vida hemos hablado con resonancia. No se nos podría oír a diez pies si no fuera por ella. Nuestro problema consiste en hablar con mayor resonancia. ¿Cómo lograrlo?

Leamos un interesante pasaje del libro "Caruso y el arte de cantar", por Fucito y Beyer:

"Mucho se ha dicho en torno al tarareo como ejercicio vocal... El tarareo, correctamente ejecutado, desarrolla la resonancia de la voz. El tarareo de las más de las personas parece un maullido, porque la mandíbula, los labios, la lengua y las membranas vocales están ridículamente rígidas. Desde luego, los órganos de la voz deben estar en la misma posición para tararear que para producir un buen tono: debe haber completa relajación de los músculos faciales, la mandíbula y la lengua, tal como cuando estamos descansando o durmiendo; los labios deben estar ligeramente unidos. Así, la vibración del tono no será sofocada por los músculos, ni obligada a salir por la nariz a causa de la tensión: en vez, resonarán dentro de las cavidades nasales, y los sonidos saldrán armoniosos y bellos."

Con la lengua, la garganta, los labios y la mandíbula relajados, tarareemos la música de *Torna a Surriento:*

Vide'o mare guante bello
Spira tantu sentimente
Comme tu a chi tiene mente
Ca scetato o' fai sunnà

Guarda, gua chistu ciardino;
Siente, sie'sti sciure arance;
Nu profumo accusi fino
Dinto o' co e se ne va...

Ma nun me lassà
Nun darme stu turmiento!
Torna a Surriento.
Famme campà.

La primera vez que tararearemos esto, apoyemos la palma de la mano sobre la cabeza y sintamos las vibraciones que allí se produzcan.

Nota importante: al practicar estos ejercicios para resonancia nasal, sea nuestro primer paso inspirar profundamente, con achatamiento del diafragma, relajando el pecho y dejándolo que flote en el aire interior. Observemos la viva sensación en la cara, la nariz y la cabeza cuando inspiremos. Al empezar a tararear y exhalar el aire, no pensemos que estamos exhalando. Imaginemos que todavía estamos inspirando, que todavía estamos sintiendo la sensación de vivacidad. Esto significa cavidades más abiertas, que refuerzan y aumentan la resonancia. Cultivemos esta sensación de inspiración siempre que hablemos.

Tararemos nuevamente la canción. Coloquemos esta vez la mano en la nuca, y sintamos la misma vibración allí.

Al tararearla por tercera vez, sintamos el tono en la nariz. Sintamos como si estuviera fluyendo hacia la nariz la misma sensación que cuando inspiramos. Apoyemos el pulgar y el índice a los costados de la nariz, inmediatamente debajo de los ojos, y sintamos la vibración allí.

En obsequio de la variedad, tararemos esta vez:

> Amapola, lindísima Amapola,
> Será siempre mi alma tuya sola;
> Yo te quiero, amada niña mía,
> como quiere la flor la luz del día.
> Amapola, lindísima Amapola,
> No seas tan ingrata, y ámame,
> Amapola, Amapola,
> ¿Cómo puedes tú vivir tan sola?

Al tararearla ahora, pensemos de antemano con los labios. Apoyemos el índice sobre los labios y sintamos cómo vibran. Deben vibrar hasta cosquillear.

Tararémosla ahora nuevamente, en el más bajo tono posible; apoyemos la mano abierta sobre el pecho, y sintamos allí las vibraciones.

Tararémosla de nuevo, reteniendo la mano derecha sobre el pecho y paseando la izquierda por las varias partes del cráneo y la cara. Sintamos las vibraciones de todo el cuerpo, comprobemos su resonancia. Yo he conocido a cantantes que buscaban vibraciones hasta en el dedo gordo del pie.

El canto es un magnífico ejercicio vocal. Aplicando, pues, todas las enseñanzas ya recogidas, cantemos estas canciones que hemos estado tarareando.

Capítulo XII

CÓMO HACERNOS ENTENDER CLARAMENTE

Nueve de cada diez lectores toman por cierta una afirmación clara.

ENCICLOPEDIA BRITÁNICA

Una figura vale diez mil palabras.

PROVERBIO CHINO

Mi padre era un hombre de gran energía intelectual. Él me dio el mejor adiestramiento que haya obtenido. Era intolerante con la vaguedad, y desde que empecé a escribir hasta su muerte, ocurrida en 1903, cuando tenía ya ochenta y un años de edad, siempre le mostré cuanto escribía. Me hacía leer en voz alta, lo cual me resultaba doloroso. De vez en cuando me interrumpía y me decía "¿Qué quieres decir con eso?" Yo le explicaba y, desde luego, al explicarle, me expresaba con más sencillez que lo había hecho en el papel. "Pues, ¿por qué no lo pones así? —me decía—. No dispares con perdigones, que se esparcen por todo el campo. Dispara con bala, y pega a lo que tienes que decir."

WOODROW WILSON

"El orador llega a la ciudad o a la aldea —dice Jiménez de Asúa— donde a nadie conoce, cuyos problemas locales suele ignorar, y lanza ante aquellas gentes sencillas, que usan un vocabulario elemental y reducidísimo, un discurso engolado con frases rebuscadas. El peón de campo gusta de lo que oye, como espectáculo, pero nada entiende de cuanto se le dice. Al año siguiente, visitando otros poblados granadinos en labor de proselitismo, hube de escuchar a un maestro de Montefrío una de esas oraciones plagadas de tropos e imágenes. Terminó aludiendo al rojizo mausoleo de Lenin". Cuando me preguntó mi juicio sobre sus palabras le contesté abiertamente que me había parecido muy mal. El orador quedó fulminado, y al requerir explicaciones, le di éstas: "Los oyentes, trabajadores campesinos, no saben lo que es *rojizo,* ni qué es *mausoleo,* ni quién fue *Lenin.*"

Todos los discursos tienen un móvil. Y ¿qué es este móvil? Ni más ni menos que lo siguiente: que cada discurso, lo sepa o lo ignore el orador, tiene una de estas cuatro finalidades:

1. Poner algo en claro.
2. Impresionar y convencer.
3. Incitar a la acción.
4. Entretener.

Vayan algunos ejemplos concretos:

Lincoln, que siempre sintió un poco de atracción por la mecánica, inventó y patentó cierta vez un artefacto para levantar barcos encallados de los bancos de arena y otros obstáculos. Trabajaba en un taller mecánico cercano de su bufete, construyendo un modelo de su aparato. Aunque a la postre la invención no sirvió para nada, Lincoln estaba entusiasmadísimo con sus posibilidades. Cuando sus amigos iban a visitarlo a la oficina para ver el modelo, no ahorraba esfuerzo para explicarles su funcionamiento. La finalidad de sus explicaciones era la claridad.

Cuando Echegaray pronunció su célebre *discurso de la trenza*, la finalidad que tenía era la de impresionar y convencer. Tenía que ser claro, desde luego, para poder convencer; pero la claridad no era su mayor cuidado.

Cuando José Martí pronunciaba sus célebres discursos o predicaciones en Norteamérica, en Guatemala, en Venezuela, en Méjico, el propósito era encender y mantener vivas las ansias de libertad de sus compatriotas exilados, y conseguir donaciones para el fondo revolucionario. Quería mover a la acción.

Ramón Gómez de la Serna, cuando habló en París montado en un elefante, o cuando habló desde lo alto de un trapecio, y, en fin, en todas las conferencias que da, tiene casi por única finalidad la de divertir a los oyentes, la de hacerles pasar un rato agradable, la de entretenerlos. Pocos oradores hay que hayan alcanzado perfección en técnica tan difícil. Es un caso típico del móvil número cuatro.

Todos estos oradores sabían adónde querían llegar y cómo podían llegar. Y por ignorar esto, muchos oradores tropiezan, caen y quedan en ridículo.

Otro ejemplo: hace muchos años vi cómo el público silbó y obligó a bajar del escenario construido en el Hipódromo Neoyorquino a un congresista nacional. El pobre había elegido —inconscientemente, sin duda, pero, de todos modos, con imprudencia— la claridad como móvil. Fue durante la guerra del catorce. Comenzó a hablar sobre la manera en que el país se estaba preparando. La multitud no quería que le dieran cátedra. Sólo quería que la entretuvieran. Escucharon cortésmente, pacientemente, durante diez minutos, quince minutos, con la esperanza de que terminara pronto. Pero no terminaba nunca. El orador seguía, dale que dale con sus explicaciones. La paciencia fue mermando. El auditorio no podía tolerar ya más. Alguien comenzó a vitorear irónicamente al orador. Otros se le añadieron. En un periquete, había mil personas silbando y gritando. El orador, torpe e incapaz como era de echar de ver el temperamento del auditorio, tuvo el mal sentido de seguir hablando. Esto los enardeció. Estaba por armarse la de San Quintín. La impaciencia se transformó en cólera. Se resolvieron a hacerle callar. Cada vez más fuerte, rugía la tormenta de protestas. Por fin el ruido ahogó sus palabras —no se le podía escuchar a cinco metros. Entonces se vio obligado a interrumpir, reconocer su derrota y retirarse humillado.

Sírvanos de lección este ejemplo. Conozcamos nuestra finalidad. Escojámosla después de meditada, antes de preparar el discurso. Sepamos cómo hemos de llegar adonde queremos. Y entonces pongámonos en camino, con habilidad y con arte.

Todo esto ha menester conocimientos, adiestramiento especial y técnico. Y tan importante es esta fase de la construcción del discurso, que le dedicaremos cuatro capítulos. En lo que queda de este capítulo veremos cómo se hacen claros los discursos. En el capítulo XIII veremos cómo se puede impresionar y convencer. En el capítulo XIV veremos cómo hacer interesante el discurso, y en el capítulo XV trataremos de hallar un método científico para incitar a la acción.

USEMOS COMPARACIONES PARA MAYOR CLARIDAD

La claridad: no desestimemos su importancia ni su dificultad. Cierto poeta irlandés nos dio hace poco tiempo una velada durante la cual nos leyó sus propias poesías. A lo sumo el diez por ciento del auditorio, y esto por momentos, habrá sabido de qué hablaba. Con muchos oradores, así en público como en privado, sucede lo mismo.

Cuando hablé con sir Oliver Lodge sobre los requisitos primordiales de la oratoria, éste, que ha hablado durante cuarenta años a los alumnos de la universidad y al público recalcó sobre todo la importancia: primero, del conocimiento y la preparación; y segundo, de "trabajar duro en beneficio de la claridad".

El gran general alemán conde de Moltke, al comenzar la guerra franco-prusiana, dijo a sus oficiales: "Recordad, caballeros, que órdenes que puedan ser mal interpretadas serán mal interpretadas."

Napoleón reconocía también este peligro. La instrucción enfática y reiterada que daba a sus secretarios era: "¡Sed claros! ¡Sed claros!"

Cuando los discípulos le preguntaron a Jesucristo por qué enseñaba al pueblo por parábolas, Jesús contestó: "Porque aquellos que tienen ojos no ven; y aquellos que tienen oídos no oyen; así tampoco comprenden."

Y cuando nosotros hablamos sobre un tema extraño a nuestro oyente u oyentes, ¿cómo podemos esperar que se nos entienda más que lo esperaba el Salvador?

¿Qué hacer entonces? ¿Qué hizo el Salvador cuando se vio en situación parecida? Solucionó el problema en la manera más sencilla y natural que imaginar se pueda: describió las cosas que la gente no conocía comparándolas con las que ya conocía. El Reino de los Cielos, ¿cómo sería el Reino de los Cielos? ¿Qué podían saber estos rústicos palestinos? Entonces Cristo se lo describía relacionándolo con objetos y acciones que les eran familiares.

"El Reino de los Cielos es semejante a la levadura que tomó una mujer, y escondió en tres medidas de harina, hasta que todo quedó leudo.

"También el Reino de los Cielos es semejante al hombre tratante, que busca buenas perlas.

"Asimismo, el Reino de los Cielos es semejante a la red que, echada en la mar, coge de toda suerte de peces."

Esto era diáfano, esto lo podían comprender. Las amas de casa usaban levadura todas las semanas. Los pescadores arrojaban a diario sus redes al mar. Los mercaderes traficaban con perlas.

¿Y cómo hizo claro David el cuidado y amor de Jehová?

"Jehová es mi pastor; no habré necesidad. Él me hace descansar en las verdes dehesas, Él me conduce adonde las aguas tranquilas..."

Verdes dehesas en aquel país de pastores... aguas tranquilas donde las ovejas abrevasen... todo esto lo podían comprender estas gentes campesinas.

He aquí otro ejemplo extraordinario y hasta divertido del principio que explicamos. Algunos misioneros estaban traduciendo la Biblia al dialecto de una tribu que vivía cerca del África ecuatorial. Llegaron hasta el versículo: "Aunque tus pecados sean rojos como escarlata, serán blancos como la nieve." ¿Cómo traducir esto? ¿Literalmente? Absurdo. No tendría sentido. Estos nativos no habían visto nieve en su vida. Ni siquiera tenían una palabra que la representase. No tenían ni remota idea de la diferencia que podía haber entre la nieve y el alquitrán. Pero, en cambio, habían trepado a los cocoteros muchas veces, y habían hecho caer cocos para alimentarse. Entonces los misioneros compararon lo desconocido con lo conocido y cambiaron el versículo: "Aunque tus pecados sean rojos como escarlata, serán blancos como la pulpa de un coco."

Vistas las circunstancias, sería difícil hacerlo mejor.

Cierta vez concurrí a una conferencia sobre Alaska, en la que el conferenciante no logró, en sobrados lugares, ser claro ni interesante, porque, a diferencia de aquellos misioneros, no quiso relacionar el tema con lo que el auditorio ya sabía. Nos dijo, por ejemplo, que Alaska tenía una superficie aproximada de 590.604 millas cuadradas, y una población de 64.356 almas.

Medio millón de millas cuadradas... ¿qué significa eso para el individuo común? Punto menos que nada. No está acostumbrado a pensar en millas cuadradas. No concibe ninguna imagen mental. No sabe si será del tamaño de Portugal o del tamaño de Brasil. Supongamos que el orador nos hubiese dicho que la línea de costas de su país era mayor en longitud que la circunferencia del globo terráqueo, y que su superficie era mayor que las superficies combinadas de España e Italia. ¿No nos hubiera dado así una idea clara de la superficie de Alaska?

Dijo que la población era de 64.356 habitantes. Estoy seguro de que el noventa y cinco por ciento no recordó este número cinco minutos, ¡qué va!, un minuto siquiera. ¿Por qué? Porque la rápida enunciación de esta cantidad, "sesenta y cuatro mil trescientos cincuenta y seis" no deja una impresión muy nítida. Deja sólo una impresión deleble, insegura, como palabras escritas en la arena de la costa. Llega otra ola de atención y las borra. ¿No hubiera sido mejor relacionar la cantidad con algo que le fuera familiar al auditorio? Por ejemplo, la ciudad de Saint Joseph no estaba lejos del lugar de la conferencia. Muchos entre los oyentes conocían a Saint Joseph. Y Alaska tenía, entonces, diez veces menos habitantes que la ciudad de Saint Joseph. ¿No hubiera estado más claro el orador si hubiese dicho: "Alaska es ocho veces más grande que esta provincia pero sólo tiene trece veces más habitantes que este pueblo"?

En los siguientes ejemplos, ¿cuál de ellos está más claro, *a* o *b*?

(a) La estrella más próxima está a treinta y cinco trillones de millas de distancia.

(b) Un tren que marchara a milla por minuto tardaría cuarenta y ocho millones de años para llegar a la estrella más próxima; si cantaran allá una canción, y el sonido pudiese llegar hasta aquí, pasarían tres millones ochocientos mil años antes que pudiéramos escucharlo. Una tela de araña que uniera esta estrella con nuestro planeta pesaría quinientas toneladas.

(a) La Catedral de San Pedro, en Roma, la más grande del mundo, tiene 232 yardas de largo y 364 pies de ancho.

(b) La Catedral de San Pedro tiene el tamaño de dos edificios como el Capitolio de Washington, puesto uno sobre el otro.

Sir Oliver Lodge aplica con mucha felicidad este método cuando explica la naturaleza de los átomos a un auditorio profano. Yo le oí decir en una conferencia que pronunció en el Viejo Mundo, que había tantos átomos en una gota de agua cuantas gotas de agua había en el Mediterráneo. Y muchos de los oyentes habían estado una semana navegando desde Gibraltar hasta el Canal de Suez. Para ser más explícito, añadió que había tantos átomos en una gota de agua cuantas briznas de hierba había en toda la tierra.

Richard Davis dijo ante un auditorio neoyorquino que la mezquita de Santa Sofía era "aproximadamente tan grande como el auditórium del teatro de la Quinta Avenida". De Brindisi dijo que "se parecía a la ciudad de Long Island cuando se llega a ella por detrás".

En adelante, apliquemos este principio en nuestras conferencias. Si tenemos que describir la pirámide de Keops, digamos primero que tiene 451 pies de altura, y luego relacionemos esta altura con algún edificio que nuestros oyentes vean a diario. Digamos cuántas manzanas de superficie cubrirían la base. No hablemos nunca de tantos miles de litros de tal cosa, de tantos miles de barriles de tal otra, sin decir después cuántas salas como aquella en que estamos se llenarían con tanto líquido. En vez de decir "diez metros de altura", ¿por qué no decimos "una vez y media más alto que este techo"? En vez de hablar de distancias en términos de metros o de millas, ¿no resultará más claro decir simplemente "como de aquí hasta tal ciudad", "como de aquí hasta la calle de Fulánez".

EVITEMOS PALABRAS TÉCNICAS

Si la nuestra es una profesión de trabajo técnico, esto es, si somos abogados, médicos, ingenieros, etc., tenemos que ser doblemente cautos cuando hablamos a "profanos", a fin de expresarnos con palabras comunes y explicar los pormenores necesarios.

Digo "doblemente cautos" porque, como consecuencia de mis tareas profesionales, he escuchado cientos de discursos que fracasaban en este punto, y fracasaban rotundamente. Los oradores parecían completamente olvidados de la ignorancia profunda y total en que, respecto de su especialidad particular, se hallaban los más de los oyentes. ¿Qué sucedía entonces? Hablaban y hablaban, expresando pensamientos con palabras y giros que se acomodaban a su experiencia y resultaban instantánea y continuamente llenos de sentido para ellos. Pero para quien no estaba iniciado, no eran más claros que el cielo de Londres en una noche de niebla.

¿Qué debieran hacer estos oradores? Debieran leer y releer el siguiente consejo, salido de la ágil pluma de Beveridge:

"Es buena práctica escoger el individuo de aspecto menos inteligente que haya en el auditorio, y tratar de interesarle en nuestros argumentos. Esto sólo se puede lograr mediante presentación explícita de los hechos y razonamiento claro. Método mejor aun es el de dirigirnos exclusivamente a algún niño o niña que esté con sus padres.

"Digámonos entre nosotros —o digámoslo al auditorio si queremos— que trataremos de ser tan explícitos que ese niño pueda entendernos y recordar nuestra explicación, y aun repetirla después de concluido el acto."

Recuerdo que un médico, alumno de mi curso, dijo en un discurso que "la respiración diafragmática es una ayuda enorme para la acción peristáltica de los intestinos y una bendición para la salud". Estaba por terminar esa fase de su discurso con estas palabras y pasar a otra, cuando le interrumpí y pedí al auditorio que levantasen la mano todos aquellos que tuviesen un concepto acabado de cómo la respiración diafragmática difiere de otras clases de respiración, y por qué es beneficiosa para el bienestar físico, en qué consiste la acción peristáltica, etc. El resultado de la votación asombró al médico; entonces, por paréntesis, explicó y aumentó lo que había dicho:

"El diafragma es un músculo delgado que forma el piso del pecho en la base de los pulmones, y el techo de la cavidad abdominal. Cuando está inactivo y durante el proceso de respiración pulmonar, se arquea como una palangana invertida.

"Durante el proceso de respiración abdominal, cada inhalación de aire aplasta este arco hacia abajo hasta que queda casi chato, y es cuando los músculos del estómago hacen fuerza sobre el cinto del pantalón. Esta presión hacia abajo que hace el diafragma fricciona y estimula los órganos de la parte superior de la cavidad abdominal —el estómago, el hígado, el páncreas, el bazo, el plexo solar.

"Cuando exhalamos el aire, el estómago y los intestinos son llevados nuevamente contra el diafragma, y reciben otra amasadura. Esta amasadura ayuda el proceso de la eliminación.

"Buen número de enfermedades se originan en los intestinos. La indigestión, el estreñimiento y la autointoxicación desaparecerían si nuestro estómago e intestinos fuesen adecuadamente sobados mediante profunda respiración diafragmática."

EL SECRETO DE LA CLARIDAD DE LINCOLN

Lincoln tenía la inclinación arraigada y benigna de exponer las proposiciones de tal modo que todos las entendieran instantáneamente. En su primer mensaje al Congreso empleó la frase *con la mano untada*, por sobornado. Defrees, que era uno de sus amigos personales, le hizo notar que, aunque la palabra podía estar bien para un discurso callejero, no era suficientemente seria para un discurso histórico.

—Hombre —le respondió Lincoln—, si crees que llegará algún día en que la gente no pueda comprender lo que significa *con la mano untada*, la cambiaré. De lo contrario, creo que la dejaré como está.

Cierta vez le explicó a Gulliver, decano de una Facultad, cómo había nacido su porfía por el lenguaje sencillo, como él lo decía:

"Entre mis primeras impresiones, recuerdo cómo, siendo muy niño, me irritaba cuando alguien me hablaba de tal suerte que no le comprendiese. Creo que nunca me enfadé por ninguna otra cosa en mi vida. Pero eso siempre me fastidió, y me fastidia aún. Recuerdo que me retiraba a mi pequeña alcoba, después de oír a los vecinos charlar por las noches con mi padre, y pasaba buena parte del día caminando por mi pieza y tratando de comprender el sentido exacto de las para mí oscuras palabras y frases. No podía dormir, aunque las más veces lo intentaba, cuando me había puesto a la caza de una idea, sino hasta que la tenía; y entonces no me quedaba satisfecho hasta que la había repetido varias veces y traducídola al lenguaje común para que cualquier muchacho la pudiese comprender. Esto era una suerte de porfía que yo tenía, y que aún conservo."

¿Una porfía? Sí, debe de haber llegado a tanto, porque Mentor Graham, maestro de escuela de Nueva Salem, dijo: "He visto a Lincoln estudiar durante varias horas cuál era la mejor manera, de tres, para expresar una idea."

Una razón muy común por la que las personas no logran ser explícitas es ésta: Lo que quieren expresar no está claro ni para sí mismas. ¡Impresiones confusas! ¡Ideas vagas, indistintas! ¿El resultado? Sus mentes no pueden trabajar eficazmente en medio de esta niebla mental, ni más ni menos que una cámara fotográfica no puede trabajar eficazmente en medio de una niebla física. Es menester que lo oscuro y lo ambiguo les turbe tanto el ánimo como a Lincoln. Es menester que apliquen su método.

RECURRAMOS AL SENTIDO DE LA VISTA

Los nervios que van del ojo al cerebro, como dijimos ya en el capítulo IV, son muchas veces más largos que los que van del oído al cerebro. Y la ciencia nos dice que la atención que prestamos a los estímulos visuales es veinticinco veces mayor que la que prestamos a los estímulos auditivos.

"Un ver —dice cierto viejo proverbio japonés— es mejor que cien decires."

Entonces, si queremos ser claros, hagamos gráficas nuestras ideas, hagámoslas visibles. Tal era el plan de John Patterson, presidente de la conocida compañía de Cajas Registradoras "National". Cierta vez escribió un artículo para una revista en el que describía el método usado para hablar a sus obreros y a sus vendedores:

"Tengo para mí que no es posible hacerse comprender sólo con el discurso, ni atraer y retener la atención del auditorio. Se necesita imprescindiblemente algún complemento. El mejor complemento, siempre que sea posible, es el de dibujos que muestren la manera correcta y la incorrecta; los diagramas son más convincentes que las palabras, y los dibujos más convincentes que los diagramas. La presentación ideal de un tema es aquella en que cada subdivisión está representada por dibujos, y en que las palabras sólo se usan para relacionar estos dibujos. En el trato con las gentes, una de las primeras cosas que aprendí fue que una figura vale más que cuanto uno pueda decir.

"Los dibujos un poquito grotescos son extraordinariamente eficaces. Yo tengo un equipo completo de cuadros o láminas. Un círculo pequeño con un signo de pesos significa poca cantidad de dinero. Un saco con el mismo signo significa mucho dinero. También se logran efectos buenos con la cara de la luna. Dibujamos un círculo, y con algunos trazos tenemos los ojos, la nariz, la boca y los oídos. Según la forma que demos a estos trazos, así serán las expresiones. El hombre pesimista tiene las comisuras de los labios hacia abajo. El optimista, el jovial, las tiene hacia arriba. Los dibujos son sencillos, carecen de arte, pero he de advertir que los caricaturistas más eficaces no son los que hacen dibujos más esmerados; el objeto es representar la idea y el contraste.

"El saco grande y el saco pequeño, puestos el uno al lado del otro, son el encabezamiento natural para dos columnas de *Procede bien* y *Procede mal*. Aquél produce mucho dinero, éste poco. Si dibujamos esto rápidamente mientras hablamos, no hay peligro de que el auditorio eche a vagar la atención; se ven obligados a mirar lo que hacemos y seguirnos por las sucesivas etapas hasta llegar adonde nosotros los llevamos. Y, por otra parte, estos dibujos cómicos ponen al público de buen humor.

"Antes solía tener un dibujante profesional que visitaba los talleres conmigo y hacía bosquejos de las cosas mal hechas. Luego los bosquejos se convertían en dibujos y entonces reunía a los obreros y les mostraba lo que hacían. Cuando inventaron la linterna mágica, compré una inmediatamente y proyecté sobre el lienzo los dibujos, lo cual, desde luego, los tornaba más eficaces aun que sobre papel. Luego vino la cinematografía. Creo que yo fui uno de los primeros en comprar un aparato de éstos. Ahora tenemos una gran sección con muchas películas y más de 60.000 placas coloreadas."

No todos los temas ni todas las ocasiones, desde luego, se prestan a dibujos y estampas. Pero usémoslos cuando vengan a propósito. Atraen la atención, estimulan el interés y a menudo hacen más claras nuestras explicaciones.

CÓMO APARTABA LAS MONEDAS ROCKEFELLER

Rockefeller también relató en la misma revista cómo recurrió al sentido de la vista para hacer comprender claramente la situación económica de la Compañía de Combustibles y Hierro de Colorado:

"Me enteré que ellos (los empleados de la compañía) creían que los Rockefeller obtenían ingentes ganancias con los intereses de Colorado. Muchísima gente se lo había dicho así. Entonces les pinté la verdadera situación. Les demostré que durante los catorce años que habíamos estado asociados con la Compañía de Colorado nunca habíamos ganado un centavo en dividendos sobre el capital común.

"En una de las reuniones les di un ejemplo práctico del estado de la hacienda. Puse algunas monedas sobre la mesa. Aparté cierta cantidad, que representaba sus sueldos —porque el primer cuidado de la compañía es el sueldo de los obreros. Luego aparté otra cantidad que representaba los sueldos de los jefes, y por último aparté cuantas quedaban, para representar los sueldos de los directores. No quedaba ni una moneda para los accionistas. Y entonces les pregunté: Señores, ¿es justo que en esta corporación, donde todos somos socios, tres de los socios obtengan todas las ganancias —grandes o pequeñas— y que el cuarto no obtenga nada?

"Después de esta demostración práctica uno de los obreros pronunció un discurso en favor del aumento de sueldos. Yo le pregunté: '¿Le parece justo a usted pedir mayor sueldo cuando uno de los socios no gana nada?' El obrero confesó que no parecía muy justo. Fue la última vez que me hablaron de aumento de salarios."

Hagamos representaciones visuales definidas y precisas. Pintemos cuadros mentales que resalten con tanto relieve y claridad como la cornamenta de un venado contra el horizonte del sol poniente. Por ejemplo, la palabra *perro* nos produce una imagen más o menos definida de ese animal —quizás un sabueso, o un San Bernardo, o un danés, o un Pomerania. Observemos cuánto más determinada es la imagen que se produce en la mente cuando decimos *galgo* —es una palabra menos extensa. Y si decimos *un galgo pintojo,* ¿no es aún mucho más clara la imagen? ¿No es más explícito decir *un percherón tordillo* que *un caballo* a secas? Diciendo *un tigre de Bengala con una espina en la mano derecha,* ¿no damos una idea mucho más precisa que diciendo simplemente *un tigre?*

REPITAMOS LAS IDEAS IMPORTANTES CON DIFERENTES PALABRAS

Napoleón decía que la repetición es el único principio serio de la retórica. Él sabía esto, porque una idea que para él era clara no siempre los demás la alcanzaban con igual facilidad. Sabía que lleva tiempo comprender nuevas ideas, que la mente debe estar centrada sobre ellas continuamente. En fin, sabía que era menester repetirlas. No al pie de la letra. La gente se fastidia con esto, y no sin razón. Pero si la repetición viene envuelta en diferente fraseología, si es variada, los oyentes nunca la considerarán una repetición.

Veamos un ejemplo de Echegaray:

"Yo limpio a toda religión de toda mancha; toda religión para mí, en sus aspiraciones nobles y levantadas, es pura y blanca como la nieve."

La segunda oración es simplemente una repetición y ampliación de la primera, pero cuando las decimos, la mente del oyente no tiene tiempo de darse cuenta que es repetición. Sólo *siente* que la idea está más clara.

Rara vez doy clase yo en mi curso de oratoria sin escuchar por lo menos un discurso que habría estado más claro, hubiera tenido mayor eficacia si el orador hubiese empleado el principio de la repetición. Es un principio casi ignorado de los principiantes. ¡Y cuánto pierden por no saberlo!

PONGAMOS EJEMPLOS

Una de las maneras más fáciles de hacer claros nuestros asertos es la de poner ejemplos generales y casos concretos. ¿Qué diferencias hay entre ambos? El uno, como la palabra lo dice, es general; el otro, determinado.

Ejemplifiquemos la diferencia que media entre ellos a través de un caso concreto. Tomemos esta oración: "Hay profesionales que tienen ingresos sorprendentes."

¿Está claro esto? ¿Hemos formado en la mente una idea precisa de lo que el orador nos quiere decir? No, y el orador mismo no puede saber qué asociaciones producirán sus palabras en la mente de los oyentes. Un médico de aldea quizá piense en el médico amigo de una ciudad cercana que gana veinte mil pesetas por año. A un ingeniero de minas le puede hacer pensar en algunos colegas suyos que ganan cuatrocientas mil pesetas anuales. El aserto, tal como está, es demasiado vago y débil. Necesita ser reforzado. Es menester dar algunos detalles explicativos para que el público sepa a qué profesiones se refiere el orador, y qué quiere decir con "ingresos sorprendentes":

"Hay abogados, pugilistas, músicos populares, novelistas, autores de obras de teatro, actores y cantantes que ganan más dinero que el presidente de la República."

¿No tenemos ya una idea mucho más clara de lo que quería decir el orador? Sin embargo, no ha precisado aún. Nos ha dado ejemplos generales, pero no casos concretos. Ha dicho cantantes, pero no Rosa Ponselle, María Barrientos ni Lily Pons.

Por esto, la afirmación queda todavía más o menos vaga. No recordamos ningún caso concreto que nos sirva de ejemplo. ¿No podría el orador darnos algunos? ¿No sería más explícito si sacase a colación algunas personas que todos conozcamos, como en el siguiente ejemplo?:

"Los grandes abogados Samuel Untermeyer y Max Stener ganan un millón de dólares por año. La entrada anual de Jack Dempsey ha llegado a medio millón de dólares. Joe Louis, el joven pugilista negro, a pesar de que no tiene aún treinta años, ha llegado a ganar más de medio millón de dólares. Irving Berlin, con su música popular, ha tenido entradas anuales de medio millón. Sidney Kingsley ha recibido diez mil dólares semanales por sus obras de teatro. H. G. Wells ha dicho, en su autobiografía, que su pluma le ha dado tres millones de dólares. Catalina Cornell ha rechazado varias veces contratos de cinco mil dólares semanales para actuar en cinematografía. Lorenzo Tibbett y Gracie Moore tienen una entrada anual de un cuarto de millón de dólares cada uno."

¿No es verdad que ahora sí tenemos una idea clara y vivaz de lo que el orador quería decirnos?

Seamos concretos. Seamos exactos. Seamos precisos. La exactitud no sólo favorece la claridad, sino la eficacia, la convicción y el interés.

SUMARIO

1. Ser claro es de suma importancia y a menudo difícil. Jesús dijo que tenía que enseñar por parábolas "porque aquellos (sus oyentes) que ven, no ven, y aquellos que oyen, no oyen; así, tampoco comprenden".

2. Jesús ponía en claro lo desconocido refiriéndolo a lo conocido. Comparó el Reino del Cielo a la levadura, a las redes arrojadas al mar, a los mercaderes que compraban perlas. "Ve tú, y haz esto mismo." Si queremos dar una idea clara de Alaska, no digamos la superficie que tiene en millas cuadradas; nombremos los países conocidos que cabrían en ella. Refiramos la cantidad de habitantes con que cuenta a aquella con que cuenta la ciudad donde estamos hablando.

3. Evitemos las palabras técnicas cuando hablemos a un auditorio "profano". Sigamos el plan de Lincoln de poner las ideas en lenguaje tan sencillo que hasta un niño las pueda comprender.

4. Asegurémonos antes que nada de que el tema que vamos a tratar esté tan claro como la luz del día en nuestra mente.

5. Recurramos al sentido de la vista. Usemos cuadros, láminas, dibujos, siempre que nos sea posible. Seamos precisos. No digamos *perro* si queremos decir *un danés pintojo y rabón que renquea con la pata izquierda*.

6. Repitamos las ideas más importantes. Pero no usemos las mismas palabras y frases. Variemos la enunciación de tal modo que el público no caiga en la cuenta de que hemos repetido.

7. Aclaremos los conceptos abstractos con ejemplos generales o, mejor aun, con ejemplos precisos y casos concretos.

VICIOS DE LENGUAJE

VOCABULARIO

Todos conocen los nombres de las ciudades y países que figuran en la primera columna. Pero muchos desconocen los gentilicios correspondientes.

LUGAR	GENTILICIO
Valladolid	Vallisoletano
Santafé (de Bogotá)	Santafereño
Santa Fe (de la Argentina)	Santafesino
Santiago (de Compostela)	Santiagués
Santiago (de Chile)	Santiaguino
Santiago (de la Argentina)	Santiagueño
Santiago (de Cuba)	Santiaguero
París	Parisiense
Burdeos	Bordelés
Burgos	Burgalés
San Sebastián (de Guipúzcoa)	Donostiarra
Río de Janeiro	Fluminense
Teruel	Turolense
Huesca	Oscense
Salamanca	Salmantino
Gales	Galés

GRAMÁTICA

"A pagar mañana"

A, preposición, denota a veces finalidad. Pero no se puede emplear con esa acepción delante de un infinitivo. Si digo "a juzgar por lo que dices...", no cometo error, porque la preposición indica allí conformidad. Pero es incorrecto decir:

"La asamblea *a realizarse* el lunes será muy numerosa."

por

"La asamblea *que se realizará* el lunes será muy numerosa."

Ni

"Los libros *a corregir*"

por

"Los libros *para corregir*", o "para ser corregidos", o "que se deben corregir", "que hay que corregir", etc.

EJERCICIO VOCAL. RESONANCIA

El siguiente artículo sobre resonancia fue escrito especialmente para este curso por R. J. Hughes:

"Recuerdan mis lectores cómo, de niños, solían meter la cabeza en un tonel de lluvia semivacío y emitían cualquier sonido para extasiarse con el hermoso eco que retumbaba en los oídos. Ese efecto se debía a la *resonancia* o *vibración simpática*. El sonido producido en el tonel se multiplicaba varias veces al comunicarse al aire casi encerrado de la parte superior del tonel. Todos los instrumentos musicales, el tambor con su caja, la flauta con su tubo, el piano con su tabla de sonidos, el violín con su cuerpo de sazonada madera, todos están construidos sobre el principio de que un sonido primitivamente débil puede ser reforzado y multiplicado en su potencia al comunicarlo con un medio adecuadamente elástico, sea aire, madera o metal. La voz humana sale de un instrumento que reúne esas condiciones. El débil zumbido de las cuerdas vocales es el sonido primitivo que comunica vibración al pecho, y a las cavidades parcialmente abiertas de la faringe, la boca y la nariz, que la refuerzan considerablemente y le dan mayor potencia y majestad. Si sólo escucháramos el zumbido inicial de las cuerdas vocales, la voz no se oiría a varios pies de distancia, ni tendría ninguna de las características que nosotros conocemos. La resonancia del pecho es en gran parte automática, en tanto que las cavidades de la cabeza están sujetas al dominio de la voluntad, por lo que se puede producir mediante el empleo hábil de los mismos efectos de voz hermosos y potentes. Un orador amigo mío, que tenía voz particularmente átona y vacía, ha logrado, por el estudio constante y la tesonera práctica, completo aprovechamiento de su resonancia en la cabeza, y de algunos años a esta parte se le ha ponderado el agradable metal de su voz y su facilidad para hablar en salas grandes sin esforzarse. La instrucción en el uso adecuado de los resonantes, especialmente la boca y la nariz, debe ser parte importante del adiestramiento de un futuro orador.

"Cuando el aire deja la laringe o caja vocal, sigue hasta la garganta y llega hasta el velo del paladar, al que podemos ver al fondo de la boca, pendiente. Por debajo de su arco entra parte de la curtiente de aire, mientras otra parte se eleva por el pasaje que hay detrás de este velo o cortina de la nariz.

"De ambas cavidades, la nariz es más grande y tiene una superficie irregular y variada como la de una caverna rocosa. ¿No habéis hablado nunca en voz alta en una caverna? Retumbos cuales nunca habíais escuchado saludaron vuestros asombrados oídos. De parecida manera se pegan cualidades nobles a la voz en los irregulares espacios de la nariz y la cabeza. Es lo que se llama 'resonancia de la cabeza'. Al mismo tiempo, la otra corriente, que pasa por debajo del arco del paladar, sufre un cambio completamente diferente. Además de ser reforzada en volumen como la que entró en la cavidad nasal por la puerta posterior, esta segunda corriente es modificada por la *forma* que la plástica lengua y los movibles labios dan a la boca. Estas modificaciones de los débiles sonidos primitivos se llaman vocales. Por esto, las vocales son simples resonancias bucales, sin intromisión de las cuerdas. En la laringe todas las vocales son iguales. La forma dada momentáneamente a la boca, sobre todo por la lengua, determina la vocal que queremos pronunciar. Así, la boca es la cámara de las vocales, y también se producen en ella las interferencias llamadas consonantes. Y ahora veremos cómo se deben usar, para mayor eficacia, las tres cavidades de resonancia.

La cavidad pectoral resuena *automáticamente* cuando apoyamos firmemente el tono en el aire dominado, tal como visteis en el capítulo V. Lo podemos sentir al apoyar la mano sobre el alto pecho. Es más fuerte en los tonos bajos, pero se lo nota a través de toda la escala de la voz del adulto. Apoyemos la voz, en cada palabra, con los pulmones repletos de aire. Lograremos así el máximo socorro de la resonancia pectoral.

En cuanto a la resonancia nasal, sólo se puede obtener esta valiosa ayuda mediante adiestramiento especial. Debemos conocer, antes que nada, la diferencia que existe entre *resonancia nasal* y *hablar por la nariz*. Hablar por la nariz significa que el tono no pasa libremente por la nariz. Tapémonos las ventanas con los dedos y digamos "una noche de luna". Notemos el desagradable tonillo nasal. Aun sin apretar con los dedos, podemos repetir el mismo tonillo si impedimos voluntariamente que el sonido pase por la nariz. Digamos ahora la misma frase, pero dejando que el tono circule libremente por la nariz. El sonido desagradable habrá desaparecido. La palabra debe ser pronunciada en la boca, pero el tono debe pasar sin estorbo por la nariz, y al mismo tiempo. He aquí algunos ejercicios que nos darán buena resonancia en la cabeza, y mucho poder de sugestión en la voz.

Ejercicio Nº 1. Inspirar profundamente. Espirar gradualmente con un suave sonido sibilante que forme consonantes. Repetir y, sin dejar de silbar, cerrar repentinamente los labios sin interrumpir la corriente de aire, que se desviará hacia la nariz, resolviéndose en una *m* nasal.

Ejercicio Nº 2. Inspirar profundamente. Canturrear la *m*. Sin interrumpir el canturreo, transformarla en *n* abriendo los labios y pegando al paladar la punta de la lengua. Intercalar la *m* con la *n* varias veces, manteniendo siempre la resonancia, como con la palabra *mínimo* repetida continuamente. Observar dónde se percibe la sensación del aire que vibra.

Ejercicio Nº 3. Variar el Ejercicio Nº 2 mediante la introducción de la vocal *i* entre ambas consonantes, como *miniminiminimi*. Notar la clara resonancia de la vocal al frente de la caja bucal, mientras el canturreo continúa ininterrumpidamente por la nariz. Este canturreo durante la enunciación de la vocal es importante. Sintámoslo al mismo tiempo que lo escuchamos.

Ejercicio Nº 4. Repitamos el Ejercicio Nº 3 y, sin interrumpir el flujo de resonancia, troquemos la *i* en *a*: *mini-a*, lo cual nos dará un límpido sonido de *a*, nacido al frente de la boca por detrás de los dientes superiores, al tiempo que escuchamos el canturreo en las cavidades de la cabeza.

Ejercicio Nº 5. Repitamos lentamente *mini, mana*, varias veces, sin interrumpir el flujo de resonancia en las cavidades nasales.

Capítulo XIII

INCULCACIÓN Y CONVENCIMIENTO

Mira, a un auditorio no le caben, por lo general, más de tres o cuatro ideas por hora, y el arte del orador consiste en darle a cada una de esas ideas cuatrocientas vueltas. Un buen orador es ante todo y sobre todo un parafraseador. Es menester dar tiempo a que el público se vaya enterando. Si se le echan demasiadas cosas a la vez o de seguido no es posible que se entere. Se pueden tragar diez, doce, quince o veinte almendras por minuto, pero no se pueden mascar otras tantas en igual tiempo.

MIGUEL DE UNAMUNO

He aquí un descubrimiento psicológico de extraordinaria importancia: "Todas las ideas, conceptos y conclusiones que entran en la mente —dice Walter Dill Scott, presidente de la Universidad del Noroeste—, son considerados ciertos a no ser que se oponga una idea antagónica. Si transmitimos cualquier suerte de idea a otra persona, no será menester convencerla de la verdad de esta idea si logramos impedir que en su mente surjan otras disidentes. Si hago leer a alguien la frase *las flores de cardo son las más bonitas,* esta persona creerá a pie juntillas que son las más bonitas, y esto sin necesidad de prueba, a no ser que en su mente se produzcan ideas contrarias."

El doctor Scott habla aquí de la sugestión, uno de los recursos más poderosos para influir con que cuenta el orador público —y el privado también, desde luego.

Tres siglos antes de que los Reyes Magos siguieran la estrella de Belén, después de la primera Navidad, Aristóteles enseñó que el hombre es un animal que razona y que procede de acuerdo con los dictados de la lógica. Fue un elogio exagerado que hizo de nosotros. Los actos de razonamiento puro son tan raros como los pensamientos románticos antes del desayuno. La mayor parte de nuestras acciones son resultado de la sugestión.

Sugestión es hacer que la mente acepte una idea sin prueba ni demostración. Si yo digo "El vino Equis es absolutamente puro y no tiene mezclas extrañas", y luego no trato de probar este aserto, he recurrido a la sugestión. Si muestro el resultado de su análisis, y el testimonio de varios catadores conocidos, entonces estoy tratando de probar mi aserto.

Las personas que mejor logran influir en los demás se apoyan más en la sugestión que en el argumento. El arte de vender y la propaganda moderna se basan principalmente sobre la sugestión.

Es fácil creer. Dudar es más difícil. Es menester experiencia, conocimiento y materia gris antes de que podamos dudar inteligentemente. Digamos a un niño que Papá Noel baja por las chimeneas, o aseguremos a un salvaje que el trueno es la ira de los dioses, y niño y salvaje creerán a pie juntillas lo que les hemos dicho, hasta que por los conocimientos que adquirieron llegasen a dudar. Millones de personas en la India creen porfiadamente que las aguas del Ganges son sagradas, que las serpientes son dioses disfrazados, que es tan grave pecado matar a una vaca como matar a un hombre, y en cuanto a comer bistec... ¡ni pensar en eso, que el canibalismo fuera menos horroroso! Aceptan todos estos absurdos, no porque los tengan probados, sino porque la sugestión está muy profundamente arraigada, y carecen de la inteligencia, el conocimiento y la experiencia necesarios para ponerlos en duda.

Sonreímos... ¡pobres criaturas! ¡Qué oscuridad la de sus espíritus! Sin embargo, si nos examinamos detenidamente a nosotros mismos, llegaremos a la conclusión de que las más de nuestras opiniones, nuestras creencias más caras, los principios de conducta sobre los cuales basamos nada menos que nuestra vida, son fruto de la sugestión más que del razonamiento. Citemos un caso concreto de nuestra vida diaria. ¿Por qué compramos siempre en determinada tienda, con exclusividad de las otras, y bebemos determinado vino, y no leemos más que el diario Equis, ni más novelas que las de ciertos autores de moda, como si todos éstos fueran lo mejor de lo mejor? ¿Tenemos suficiente razón para ello? ¿Razón, dije? Los más de nosotros no tenemos un ápice de razón. ¿Hemos hecho, acaso, una comparación cuidadosa de valores? ¡Qué va! Hemos llegado a creer cosas que nunca nadie demostró. Los prejuicios, los influjos y los asertos reiterados, que no la lógica, han modelado nuestras creencias.

Somos criaturas sugestionables. Nadie puede negar esto. Si nos hubieran sacado de nuestras cunas cuando teníamos seis meses y nos hubiera criado una familia hindú a la vera del poderoso Bramaputra, a nosotros también nos habrían inculcado desde la niñez que las vacas son sagradas; nosotros también habríamos aprendido a besarlas cuando las topásemos en las calles de Benarés, nosotros también miraríamos con horror a los "perros cristianos" que comen bistec. También nosotros haríamos reverencias ante el dios mono, y el dios elefante, y los dioses de madera y de piedra. Por esto, nuestras creencias rara vez son hijas del razonamiento. Las más veces son hijas de la sugestión y de la geografía.

Veamos un ejemplo sencillo que muestra cómo cotidianamente influye sobre nosotros la sugestión.

Todos hemos leído muchas veces que el café es dañoso. Supongamos que un buen día nos decidimos a no tomarlo más. Vamos a nuestro restaurante favorito a comer. Si el mozo no conoce bien los secretos de su oficio, quizá nos pregunte: "¿Tomará usted café?" Si nos lo pregunta, las razones en pro y en contra batallarán bravamente en nuestro ánimo, y acaso gane el dominio sobre nosotros mismos. Preferimos una buena digestión al placer momentáneo del paladar. Sin embargo, si nos pregunta negativamente: "No tomará café, ¿verdad?"; nos resulta más fácil decir que no. La idea de rehusarnos que el mozo ha introducido en nosotros se ha transformado en acción. Pero supongamos que pregunta: "¿Quiere usted que le traiga el café ahora o más tarde?" ¿Qué pasa entonces? Sutilmente ha supuesto que sí queremos café; ha concentrado nuestra atención sobre *cuándo* lo queremos; así, elimina otras razones de nuestra mente, tornando difícil el nacimiento de ideas contrarias, y haciendo que el pensamiento de pedir café tenga mayor facilidad de transformarse en acción. ¿Qué resulta de todo esto? Que decimos "Sírvalo ahora", aunque en verdad pensábamos no pedirlo. Esto le ha ocurrido a la mayor parte de quienes leen estas líneas. Esto, y mil cosas como ésta, suceden de diario. En las tiendas se enseña a los vendedores a decir al comprador: "¿Lo llevará?", porque la experiencia les ha enseñado que cuando la pregunta es "¿Quiere que se lo enviemos?", los gastos de transporte aumentan inmediatamente.

No sólo existe la tendencia de tener por ciertas las ideas que entran en la mente, sino que es axioma en psicología que tienden a transformarse en acción. Por ejemplo, no podemos pensar en una letra del alfabeto sin mover, por muy ligeramente que sea, los músculos que se emplean para pronunciarla. No podemos pensar en tragar algo sin mover, aunque muy poco, los músculos que se emplean en ese acto. El movimiento puede ser imperceptible para nosotros. Pero hay aparatos lo suficientemente sensibles para registrar esas reacciones musculares. La única razón por la cual no transformamos en acción cuanto pensamos es porque otra idea —la inutilidad de dicha transformación, el gasto, la molestia, lo absurdo, el peligro o algún otro pensamiento a este tenor— surge y anula el impulso.

NUESTRO PROBLEMA PRINCIPAL

De lo dicho antes se desprende que el problema de hacer que la gente acepte nuestras ideas u obre de acuerdo con nuestras sugestiones se reduce a esto: introducir la idea en sus mentes e impedir que surjan ideas contrarias y opuestas. El que tenga habilidad para esto, será poderoso como orador y como profesional o político.

AYUDAS QUE LA PSICOLOGÍA NOS PRESTA

¿Tiene la psicología algunas sugestiones que nos resulten de utilidad para esto? Por cierto que sí. Veamos cuáles son. Primero: ¿habéis reparado en que las ideas contrarias casi no se producen cuando la idea principal viene revestida de contagioso entusiasmo? Digo *contagioso* porque el entusiasmo lo es. Adormece las facultades críticas. Pone en fuga todas las ideas disidentes, negativas y opuestas. Cuando nuestra finalidad sea impresionar, recordemos que es más fácil producir emociones que no hacer meditar. Los sentimientos son más poderosos que las ideas frías. Y para suscitarlos es menester que el orador experimente intensa vehemencia. La insinceridad da al traste con cualquier discurso. Por muy bonitas frases que fragüemos, por acertados ejemplos que reunamos, por mucha armonía que tengamos en la voz y mucho donaire en los ademanes, si no hablamos con sinceridad serán los adornos muy brillantes pero muy huecos. Si queremos impresionar al auditorio, comencemos por impresionarnos a nosotros mismos. El brío de nuestro espíritu, brillando por los ojos, vibrando por la voz, y proclamándose por nuestro talante todo, se contagiaría a los auditorios.

ASEMEJEMOS LO QUE QUEREMOS QUE EL PÚBLICO ACEPTE A ALGO EN QUE YA CREA

Un ateo le dijo cierta vez a William Paley que no había Dios, y desafió al rector inglés a confutar este aserto. Paley extrajo muy tranquilamente su reloj del bolsillo, abrió la tapa y mostró la maquinaria al incrédulo, al tiempo que le decía: "Si yo le dijera que todos estos escapes y ruedecillas y resortes se han hecho, se han acomodado con la disposición que guardan, y se han echado a andar, todo por su propia cuenta, ¿no dudaría usted de mi inteligencia? Desde luego que sí. Pues mire usted las estrellas. Todas tienen su ruta y su movimiento perfectamente determinados —la Tierra, los planetas alrededor del Sol, y todo el sistema trasladándose por el espacio a más de un millón de millas por día. Cada estrella es un sol con su propio grupo de mundos que recorre el espacio tal como nuestro sistema solar lo recorre. Sin embargo, no hay choques, no hay desorden, no hay confusión. Todo está tranquilo, todo funciona bien, todo es gobernado. ¿Es más fácil creer que todo esto se hizo solo, o que lo hizo alguien?"

Impresionante, ¿verdad? ¿Qué técnica empleó Paley? Veamos. Comenzó por un punto común, obligó a su antagonista a decir que sí, y a que estuviese de acuerdo con él, tal como aconsejamos en el capítulo X. Luego procedió a demostrar que la creencia en una deidad es tan sencillo e inevitable como la creencia en un relojero.

Supongamos que hubiera replicado al ateo: "¿Que no hay Dios? ¡Calle, hombre; no diga usted sandeces! Usted no tiene noción de lo que se dice." ¿Qué hubiera sucedido? Indudablemente, una justa verbal, una guerra de palabras, tan fútil como fogosa. El ateo se hubiera puesto en pie, con todo su celo impío y levantisco y habría defendido sus opiniones. ¿Por qué? Porque, como lo dijo el profesor Robinson, eran sus opiniones, y su preciosa e indispensable negra honrilla estaba amenazada; su orgullo y amor propio corrían peligro.

Puesto que el orgullo es una característica tan fundamentalmente explosiva en la naturaleza humana, ¿no sería signo de buen criterio lograr que este orgullo colabore con nosotros en vez de irritarlo para que se nos oponga? ¿Y cómo? Pues, demostrando, como hizo Paley, que lo que nosotros afirmamos se parece mucho a algo que nuestro antagonista ya conoce. Esto logra que le resulte más fácil asentir a nuestra afirmación que rechazarla. Impide que surjan en su mente ideas contrarias y opuestas que anulen lo que hemos dicho.

Paley demostró delicado conocimiento del espíritu humano. Las más de las personas, desgraciadamente, carecen de esta sutil habilidad para entrar en el castillo de las opiniones de otro, de bracero con el castellano. Suponen erradamente que para tomar el castillo es menester asaltarlo y demolerlo mediante asalto frontal. ¿Y qué sucede? Que así como se inician las hostilidades se recoge el puente levadizo, se cierran y trancan los portales, los arqueros, armados con sus cotas de malla, preparan sus flechas y comienzan la batalla de palabras y heridas. Estas escaramuzas siempre terminan en retreta. Ninguno de los rivales logra convencer al otro de nada.

LA SAGACIDAD DE SAN PABLO

Este método tan sensato que predicamos, no es nuevo. Lo usó hace mucho tiempo San Pablo. Lo usó en aquella alocución famosa que dirigió a los atenienses en la Colina de Marte, y lo empleó con tanto tino y sagacidad, que nos pasma de admiración hoy, después de diecinueve siglos. Era San Pablo un hombre de cultura acabada; y, después de su conversión al cristianismo, su elocuencia lo convirtió en el principal de los predicadores. Un día llegó a Atenas, la Atenas posterior a Pericles, la Atenas que había alcanzado la cumbre de la gloria y estaba ahora en decadencia. La Biblia dice de esta ciudad:

"Todos los atenienses y extranjeros que allí estaban no hacían sino narrar o escuchar cosas nuevas."

No había radio, no había telégrafo, no había Associated Press. Se les debía de hacer cuesta arriba a los atenienses de entonces conseguir algo fresco todas las tardes. Y entonces llegó Pablo. Esto era una novedad. Todos se apiñaron en su derredor, divertidos, curiosos, interesados. Le llevaron al Areópago y le dijeron:

"¿Podemos saber qué es esta nueva doctrina de la cual nos hablas?

"Porque traes ciertas especies extrañas a nuestros oídos: queremos, por ende, saber qué significan estas especies."

En otras palabras, lo invitaron a pronunciar un discurso; y Pablo, ni corto ni perezoso, aceptó. Lo cierto es que a esto había venido, precisamente. Quizá se haya instalado sobre un trozo de piedra y, un poco nervioso, como todos los buenos oradores cuando están por comenzar, quizá se haya lavado las manos en seco y aclarado la garganta antes de iniciar el discurso.

Sin embargo, no le gustaron las palabras usadas para invitarlo: "nuevas doctrinas... especies extrañas". Esto era veneno. Era menester borrar estas ideas. Eran campo propicio para la propagación de opiniones contrarias y antagónicas. No quería presentar su fe como algo extraño, foráneo. Quería relacionarlo, compararlo con algo en que ya creyesen. Esto aplacaría las sugestiones disidentes. Pero, ¿cómo lograrlo? Pensó un momento; dio en un plan brillante, y comenzó así su inmortal discurso:

"Hombres de Atenas: percibo que en todas las cosas sois muy supersticiosos."

Algunas traducciones dicen "muy religiosos". Creo que ésta es mejor. Adoraban a muchos dioses; eran muy religiosos. Se enorgullecían de ello. Les dijo una galantería, los halagó. Sus oyentes empezaron a sentir simpatía por él. Una de las reglas del arte de la oratoria es apoyar los asertos con una prueba. Así lo hizo Pablo:

"Porque, mientras paseé y contemplé vuestros rezos, vi un altar que tenía esta inscripción: AL DIOS DESCONOCIDO."

Esto prueba que eran muy religiosos. Estaban tan temerosos de descuidar alguna deidad, que habían construido un altar al Dios desconocido, una especie de póliza de seguros contra olvidos y descuidos involuntarios. Pablo, al mencionar este altar, demostró que no hablaba por adularlos, sino que lo que decía era un aprecio genuino nacido de la observación.

Y ahora llega la perfección consumada de este comienzo:

"A Aquel, entonces, a quien adoráis sin saberlo, vengo yo a declarar."

¿"Nueva doctrina... especies extrañas"? ¡Qué va! Sólo había venido a explicarles algunas cosas sobre un Dios a quien ya adoraban sin saberlo. Asemejó lo que no creían con algo que aceptaban apasionadamente: tal fue su técnica maravillosa.

Propuso su doctrina de salvación y resurrección, citó

algunas palabras de uno de sus propios poetas griegos, y terminó. El discurso no duró dos minutos. Algunos de los oyentes se mofaron, pero otros dijeron:

"Te escucharemos nuevamente sobre este asunto."

Reparemos, de paso, que ésta es una de las ventajas de un discurso de dos minutos: nos pueden pedir que hablemos otra vez, como le pidieron a Pablo. Un político me dijo cierta vez que las reglas principales para pronunciar un discurso eran: brevedad y jugosidad. San Pablo, en esta ocasión, observó ambas reglas.

Esta técnica que San Pablo usó en Atenas la emplean los comerciantes modernos, de buen gusto, en sus propagandas. He aquí un párrafo extraído de una carta de propaganda que me llegó hace poco, de una casa muy acreditada:

"El afamado papel Equisequis no cuesta cuatro céntimos más que el papel del menor precio. Si escribimos a nuestros clientes diez cartas por año, la influencia del papel Equisequis nos costará menos que pagar el taxímetro, menos que ofrecer a nuestro cliente un buen cigarro cada cinco años."

¿Quién se negaría a pagar el taxímetro a un cliente, u ofrecerle un buen habano dos veces por década? Seguramente, nadie. Y ¿usar nada menos que el papel Equisequis me costará sólo ese gasto adicional? ¿No es verdad que esta carta impide que se produzcan ideas contrarias con respecto a los artículos de lujo?

CÓMO HACER QUE LAS CANTIDADES GRANDES PAREZCAN PEQUEÑAS, Y VICEVERSA

Del mismo modo, se puede hacer que una cantidad grande parezca pequeña distribuyéndola por un período largo de tiempo y comparando el cociente diario con algo que parezca trivial. Por ejemplo, el presidente de una compañía de seguros de vida demostró así lo poco que cuesta un seguro:

"Un hombre menor de treinta años puede dejar, al morir, ocho mil pesetas a su familia sacando diariamente de su sueldo un real e invirtiendo la cantidad ahorrada en seguro. El hombre de treinta y cuatro años que fuma cigarrillos por valor de una peseta todos los días, puede estar más tiempo con su familia y dejarle, al morir, doce mil pesetas más, si invirtiese en seguro el dinero que gasta en tabaco."

Por otra parte, se puede lograr que las cantidades pequeñas parezcan grandes mediante el proceso inverso, o sea la agrupación. Un jefe de la compañía telefónica amontonó insignificantes minutos para impresionar a su auditorio con la enorme cantidad de tiempo que pierden los neoyorquinos al no responder con prontitud a las llamadas telefónicas:

"De cada cien llamadas telefónicas, siete son contestadas con más de un minuto de demora. Todos los días se pierden por esta razón 280.000 minutos. En el transcurso de seis meses, esta demora de un minuto, en Nueva York, es casi igual a todos los días hábiles transcurridos desde que Colón descubrió América."

CÓMO HACER QUE LOS NÚMEROS IMPRESIONEN

Los números y las cantidades no tienen de suyo mucho vigor y eficacia. Es menester ampliarlos, referirlos, si es posible, a nuestra experiencia reciente, a nuestra experiencia sensible. Por ejemplo, el concejal Lambeth usó esta técnica cuando habló al Concejo de Londres sobre las condiciones de trabajo. Se detuvo bruscamente en medio del discurso, extrajo el reloj y se quedó mirando en silencio al auditorio durante un minuto y doce segundos. Los otros miembros del concejo comenzaron a moverse intranquilos en sus asientos, a mirar perplejos al orador, consultándose significativamente con la mirada. ¿Qué pasaba? ¿Si se habría vuelto loco el concejal? Por fin, tomando su discurso, dijo: "Han estado ustedes revolviéndose en sus asientos durante una eternidad de setenta y dos segundos, que es el tiempo empleado por el albañil medio para colocar un ladrillo."

¿Fue eficaz este método? Vaya si lo fue, que transmitieron por telegrafía a todo el mundo y apareció en los diarios de los cinco continentes. Tan eficaz fue, que la Corporación de Gremios de Obreros de la Construcción pidió en seguida la huelga "como protesta por este menoscabo de nuestra dignidad".

¿Cuál de las afirmaciones que siguen tiene más eficacia y vigor?:

1

El Vaticano tiene 15.000 piezas.

2

El Vaticano tiene tantas piezas que si alguien ocupara una pieza diferente cada día durante cuarenta años, no llegaría a vivir en todas.

¿Cuál de los métodos siguientes nos da idea más acabada de los gastos increíbles que tuvo Gran Bretaña durante la guerra del catorce?

1

Gran Bretaña gastó aproximadamente siete mil millones de libras esterlinas —o sea unas cuatrocientos mil millones de pesetas— durante la guerra.

2

¿Les sorprendería a ustedes enterarse de que Gran Bretaña gastó, durante los cuatro años de la Gran Guerra, una cantidad de siete libras esterlinas por cada minuto transcurrido desde que se creó el Virreinato del Río de la Plata? Pues la cantidad es aun más enorme. Gran Bretaña gastó en la Guerra Mundial siete libras por cada minuto pasado, día y noche, desde que Colón descubrió América. Aun más colosal es la cantidad gastada. Gran Bretaña consumió en la guerra un tesoro de siete libras por cada minuto transcurrido desde que Carlomagno fue coronado emperador. El expendio fue aun más fabuloso que todo esto: Gran Bretaña gastó durante la guerra siete libras por cada minuto transcurrido desde que nació Jesucristo. En otras palabras, Gran Bretaña gastó siete mil millones de libras. Y sólo han transcurrido unos mil millones de minutos desde que nació Jesús.

QUÉ SE CONSIGUE POR LA REPETICIÓN

La repetición es otra arma que podemos esgrimir para impedir que surjan ideas contrarias y antagónicas capaces de desbaratar nuestros asertos. El siguiente diálogo, de Unamuno, nos lo hace ver harto claramente:

"—Es torpe discutir y querer sacar a nadie de sus ideas; los hombres no quieren dejarse convencer. Lo mejor es dejarlos.

"—No, sino repetir una y dos, y cien, y mil y millones de veces la misma cosa, que en fuerza de oírla acabarán por creértelo cuando ya no les suene a cosa extraña. Un día y otro y otro, siempre con la misma canción.

"—Pero si una vez no se lo prueba, ¿te lo van a creer la milésima?

"—Claro que sí. La cuestión es que no les suene ya a cosa extraña y nueva, que sea corriente, que estén hartos de oírla. Lo que se oye a diario acaba por aceptarse, por absurdo que sea. El valor del hombre está en repetir constantemente su palabra. Como se sepa dar forma clásica a un disparate, pasará.

"—¿Y por qué forma clásica?

"—Porque la forma clásica es la que se ha hecho ya

corriente y usual. Las nuevas ideas se rechazan porque hay que hacerles lugar entre las viejas, variando cuando menos la colocación de éstas. Según Begahot, un inglés de la clase media, con decir 'ien mi vida he oído semejante cosa!' cree haber refutado un argumento.

"—Lo cual me recuerda algo que dice Schopenhauer acerca de los tres grados por que pasa entre el público toda doctrina nueva, y que, si no estoy trascordado, es que primero se hace el silencio en su derredor, después se la mira como novedad peligrosa, y acaba por decirse: Eso es muy antiguo."

Hiram Johnson conocía la verdad de lo dicho por Unamuno. Por ello recorrió el estado de California durante siete meses, terminando casi todos sus discursos con esta misma predicción:

"Recuerden esto, mis amigos; yo voy a ser el próximo gobernador de California; y cuando lo sea, echaré del gobierno a Guillermo Herrin y el Ferrocarril del Pacífico del Sur."

La madre de John Wesley conocía la verdad de lo dicho por Unamuno. Por ello respondió a su esposo, cuando éste le dijo que por qué repetía una misma cosa veinte veces a los hijos: "Porque no han aprendido la lección cuando se la he repetido diecinueve veces."

Simón Bolívar conocía la verdad de lo dicho por Unamuno. Por ello repitió cuatro veces un mismo pensamiento, aunque con muy diferentes palabras, cuando quiso encarecer a sus soldados la compasión y caballerosidad que debían tener para con los españoles en el combate que estaban próximos a librar:

"Os hablo, soldados, de la humanidad, de la compasión que sentiréis por vuestros más encarnizados enemigos. Ya me parece que leo en vuestros rostros la alegría que inspira la libertad, y la tristeza que causa una victoria contra hermanos. ¡Soldados! Interponed vuestros pechos entre los vencidos y vuestras armas victoriosas, y mostraos tan grandes en generosidad como en valor. Esta guerra no será de muerte, ni aun regular siquiera: será una guerra santa; se luchará por desarmar al adversario, no por destruirlo."

Sin embargo, a pesar de todo cuanto hemos dicho en elogio del principio de la repetición, debemos prevenir que en manos de un orador inexperto es un arma peligrosa. A no ser que tenga fraseología muy variada, su reiteración puede fracasar y llegar a ser una repetición desnuda y demasiado evidente. Esto es fatal. Si los oyentes nos descubren en una de éstas, comenzarán a revolverse en sus asientos y a mirar la hora.

EJEMPLOS GENERALES Y CASOS CONCRETOS

Corremos poco riesgo, con todo, de aburrir al público cuando empleamos ejemplos generales y casos concretos. Interesantes y fáciles de atender, tienen considerable valor cuando nuestra finalidad sea inculcar y convencer. Son un instrumento valioso para impedir que surjan ideas antagónicas en el ánimo del oyente.

"Pero, señores —dijo en un debate Castelar—, hay algo que subleva cuando se ve lanzar a la frente de un Diputado republicano la acusación de que no ha cumplido con un sentimiento de humanidad; el sentimiento de ese deber le autorizó para venir aquí a protestar contra el asesinato del general Prim, y a decir que los pueblos que pierden las virtudes de Cincinato y de Camilo no se salvan por la conjuración de Casio ni por la daga de Bruto."

Estas alusiones facilitan la comprensión. Veamos otro ejemplo. El doctor Hillis, en un discurso, declaró que "la desobediencia es esclavitud; la obediencia es libertad". Pero le pareció que este aserto, a no ser que diese un ejemplo, no sería muy claro ni convincente; y entonces continuó: "La desobediencia a la ley del fuego o del agua o del ácido significa la muerte. La obediencia a la ley del color da al artista su habilidad. La obediencia a la ley de la elocuencia da al orador su fuerza; la obediencia a la ley del hierro da al inventor sus herramientas."

Habría podido ser aun más explícito. Habría podido dar más vigor y fuerza mediante la citación de casos concretos. ¿Por ejemplo? Veamos: "La obediencia a la ley del color dio a Leonardo da Vinci su *Última Cena*. La obediencia a la ley de la elocuencia dio a Sagasta su discurso de Loja; la obediencia a la ley del hierro dio a Gustavo Eiffel la torre más alta del mundo".

¿No está mejor así?

Al público le gusta que el orador dé nombres y fechas —algo que pueda examinar por su propia cuenta si así lo desea. Este proceder es franco, honrado. Gana confianza. Impresiona.

Por ejemplo, supongamos que yo diga: "Muchos autores famosos comenzaron con poco éxito su carrera." No he causado impresión. La proposición es muy vaga. No salta de la página para darnos una conmoción. Pronto lo olvidaremos. No es ni clara ni interesante ni convincente. El recuerdo de artículos leídos en los periódicos donde se decía lo contrario surgirá en la mente para poner en tela de juicio tal aserto.

Si yo creo que muchos hombres poderosos viven sencillamente, ¿cómo llegué a esa conclusión? Por la observación de varios casos concretos. Entonces, el mejor medio de hacer creer a los demás lo que yo creo es dándoles la prueba palpable que nosotros conocemos. Si yo puedo mostrar a los oyentes lo que yo he visto o conozco de buena tinta, los oyentes llegarán probablemente a la misma conclusión que yo, y esto sin que yo tenga, quizá, necesidad de apoyarla con argumentos.

Cualquier conclusión que el orador deje descubrir a los oyentes mediante casos concretos y pruebas que aduzca, tendrán doble, triple, quíntuple valor que las conclusiones prefabricadas y presentadas en plantel.

Por ejemplo:

Paul Valéry no se reveló como un gran escritor hasta sus 47 años, con la publicación de *La Jeune Parque*.

Las dos primeras obras de Benito Pérez Galdós pasaron inadvertidas. Igualmente pasaron inadvertidas las dos primeras óperas de Rossini, que luego se convirtió en el hombre más popular de Europa.

Josué Carducci no logró llamar la atención con su primer libro de rimas. Un crítico lo acusó de "falta absoluta de toda posible facultad poética". Hoy lo consideran muchos el segundo poeta de Italia, después de Dante Alighieri.

George Sand fue durante mucho tiempo una gacetillera mediocre, hasta que su novela *Indiana* le trajo fama y dinero.

¿Qué consecuencia traen a nuestro ánimo estos casos concretos? ¿Hacen vívido el aserto de que los hombres poderosos a menudo viven con sencillez? ¿Impresionan nuestro ánimo con la veracidad de este hecho? ¿No es verdad que difícilmente se producirán en nuestro ánimo ideas antagónicas?

EL PRINCIPIO DE LA ACUMULACIÓN

No esperemos que una referencia rápida a uno, o quizá dos ejemplos produzcan el efecto apetecido.

"Debe haber —dice el profesor Phillips— una sucesión de impresiones que recalquen la primera. Una y otra vez la mente debe concentrar su atención sobre la idea de que se trata; se debe acumular experiencia sobre experiencia hasta que el mismo peso hunda la idea profundamente en los tejidos del cerebro. Entonces se convierte en parte de él, y ni el tiempo ni los acontecimientos lograrán ya borrarla. Y el principio por el cual se produce esto se llama Acumulación."

Observemos cómo aplicamos este principio al disponer, antes el desfile de ejemplos con que probamos que hombres muy poderosos a menudo viven con sencillez. Veamos cómo Ríos Rosas, en un discurso con que hizo caer un ministerio, aplicó este principio para combatir la centralización:

"¿Sabe S.S., que nos hablaba de panteísmo, qué es la centralización? Pues es el panteísmo político. Con la centralización, abajo el poder de la imprenta; con la centralización, abajo la eficacia de la tribuna; con la centralización, abajo el prestigio de la riqueza; con la centralización, abajo el ascendiente de la Iglesia; con la centralización, abajo todos los poderes, abajo todos los derechos, abajo todas las influencias morales; no hay más Dios que el Estado, no hay más poder que el cañón, no hay más ministro que el telégrafo."

COMPARACIONES GRÁFICAS

Hace muchos años, un alumno mío dijo en un discurso el número de casas que el fuego había destruido en el año anterior. Luego añadió que si se colocaran estas casas una detrás de otra llegarían de Nueva York a Chicago, y que si los que habían perecido en estos siniestros fuesen colocados a media milla de distancia, entre sí, la horripilante hilera uniría nuevamente a Chicago con Nueva York. Las cantidades que dio las olvidé inmediatamente; pero han pasado diez años y aun puedo ver, sin el menor esfuerzo, aquella línea de casas llameantes que unía las dos ciudades más grandes de los Estados Unidos.

¿Por qué ocurre esto? Porque las impresiones auditivas son más difíciles de retener. Se deslizan como la celisca que choca contra la suave corteza de las hayas. ¿Y las impresiones visuales? Hace algunos años vi una bala de cañón empotrada en la pared de una vieja casa situada a la orilla del Danubio. Era una bala de cañón que la artillería de Napoleón había disparado en la batalla de Ulm. Las impresiones visuales son como esa bala: dan con impacto tremendo y quedan empotradas. Quedan fijas. Tienden a desalojar cualquier idea antagónica, del mismo modo que Bonaparte desalojó a los austríacos.

La eficacia que tuvo la respuesta dada por William Paley al ateo se debió no poco al hecho de que era visual. José Manuel Estrada usó esta técnica cuando se despidió de sus alumnos de la Facultad de Derecho:

"De las astillas de las cátedras destruidas por el despotismo, haremos tribunas para enseñar la justicia y predicar la libertad."

APOYÉMONOS SOBRE AUTORIDADES

Siendo yo niño solía divertirme en el campo, donde vivía, haciendo que las ovejas saltasen por encima de un palo al pasar por determinada puerta. Después que varias ovejas habían saltado quitaba el palo. Y todas las otras ovejas seguían saltando al pasar por la puerta, sobre un obstáculo imaginario. La sola razón por que saltaban era que las otras habían saltado. La oveja no es el único animal que tiene esta tendencia. Casi todos nosotros estamos propensos a hacer lo que los demás hacen, a creer lo que otros creen, a aceptar, sin ponerlo en tela de juicio, el testimonio de hombres de nota. Belisario Roldán solía citar autoridades en sus discursos:

"Afirma Ferri, volviendo a mi asunto, que la mano que se adelanta a recibir limosna no es casi nunca la del más necesitado. Ello no probaría, en resumen, sino que la caridad debe practicarse cautelosamente."

"Venga el debate; y si la palabra final que pronuncia la honorable Cámara es contraria a la idea del divorcio, que sus sostenedores puedan retirarse del recinto sin llevar un dejo de amargor en el alma y sin sentir que asoman a sus labios estas palabras hermosísimas pronunciadas por aquel de quien se ha dicho que fue el filósofo de los poetas y el poeta de los filósofos: 'Quieren oscurecernos el alma; nosotros queremos iluminar la suya; nuestra revancha es la luz'."

Sin embargo, al citar autoridades, tengamos en cuenta los cuatro puntos que siguen:

1. *Seamos precisos.*

¿Cuál impresiona y convence más de estos asertos?

a) Los grandes centros del saber humano son obra de los Papas, que no del protestantismo.

b) "¿Dónde estaba el protestantismo, señores diputados, cuando ya en el año 895 se fundaba la Universidad de Oxford? ¿Dónde estaba cuando se fundaron las Universidades de Cambridge, el año 915, la de Padua, en 1179, la de Salamanca en 1200, la de Viena en 1237, la de Montpellier en 1289, la de Coimbra en 1290?" Manterola.

Cuidado entonces con comienzos tan vagos como, por ejemplo, "Las estadísticas demuestran..." ¿Qué estadísticas? ¿Quién las reunió y para qué? ¡No nos descuidemos! "Los números no mienten; pero los mentirosos, sí."

La frase tan común "muchos autores declaran" es ridículamente vaga. ¿Quiénes son estos autores? Nombremos uno o dos, a ver. Si no sabemos quiénes son, ¿cómo podemos estar seguros de sus afirmaciones?

Seamos precisos. Esto nos gana la confianza del auditorio. Le demuestra que sabemos de qué hablamos. Uno de los principales cuidados de Belisario Roldán era ser preciso en sus discursos. Veamos cómo cita autores en este párrafo:

"'¿Dónde está el pueblo?'—preguntó. Y la voz anónima, la que en todas las horas de la historia traduce las palpitaciones del alma pública, contestó: 'El pueblo espera ser desobedecido para mostrarse; que se toquen las campanas del Cabildo, y se verá dónde está el pueblo' *(¡Muy bien! Aplausos.)*

"Dice Mitre, en la página 335 del tomo primero de su *Historia de Belgrano:* 'Un rumor sordo de descontento cundió hasta los suburbios y empezó a circular por las calles y plazas de la ciudad, concurso numeroso de gente que nadie había citado ni dirigido.'

"Dice López: 'Estaban todos inflamados y en pleno alzamiento, arrebatados por esa acción volcánica que se produce a veces en el seno impenetrable de los pueblos.'

"El doctor Ramos Mejía, que escruta en el pasado con la honradez con que opera de cirujano... *(¡Muy bien! Aplausos.)...*" dice en la página 113 de *Las multitudes argentinas,* refiriéndose a este movimiento de las muchedumbres cuya acción desconocía el señor diputado por Tucumán: 'Esta mancomunidad de esfuerzos e impulsos pequeños, que produce resultados tan grandes y trascendentales, desconcierta nuestra rutina, acostumbrada a no cotizar sino la acción personal del hombre representativo'."

2. *Citemos a un hombre popular y querido.*

Nuestros gustos y disgustos tienen más influencia sobre nuestros juicios de lo que nos gustaría confesar. Cierta vez vi cómo silbaban a un conocido orador en un debate socialista. Lo que el orador dijo fue bastante cortés y, por lo menos así me pareció, bastante inofensivo, bastante intrascendental. Pero el orador era antisocialista y el auditorio no. Le odiaban. Hubieran dudado hasta de la veracidad de la tabla de multiplicar si este orador la hubiese citado. Citemos, pues, a hombres que gocen del cariño del auditorio, como Roldán hizo al citar a Mitre y a Ramos Mejía.

3. *Citemos a autoridades locales.*

Si el discurso lo pronunciamos en San Juan, citemos a algún hombre público de San Juan. Nuestros oyentes pueden consultarle, pueden investigar nuestro aserto. El testimonio de un hombre a quien conocen les causará mayor efecto que el de algún desconocido de Rosario o Tres Arroyos.

4. *Cuidemos que quien citamos tenga autoridad para decir lo que dice.*

Preguntémonos: ¿Tiene esta persona a quien pienso citar suficiente y reconocida autoridad respecto de este tema? ¿Por qué? ¿Es imparcial?

Pedro Vergniaud, uno de los jefes del partido girondino, invocó el nombre de dos autoridades para todos sus oyentes indiscutibles, al disertar sobre el proyecto de Constitución:

"¿Qué República queréis dar a Francia? ¿Queréis proscribir la riqueza y el lujo que, según Rousseau y Montesquieu, destruyen la igualdad? ¿Queréis crear un gobierno austero, pobre y belicoso como el de Esparta?"

Y más adelante, en el mismo discurso:

"¿Queréis fundar, como en Roma, una República conquistadora? Os diré, y conmigo os lo dirá la historia, que las conquistas siempre fueron fatales a la libertad; y con Montesquieu, que la victoria de Salamina perdió a Atenas, como la derrota de los atenienses a Siracusa."

SUMARIO

"Todas las ideas, conceptos y conclusiones que entran en la mente, son considerados ciertos a no ser que se oponga una idea antagónica." Nuestro problema, entonces, cuando el propósito de nuestro discurso sea impresionar y convencer, es doble: primero: expresar nuestras propias ideas; segundo: impedir que surjan en el ánimo del oyente ideas opuestas, capaces de anular las nuestras. He aquí ocho reglas que nos serán de provecho para lograr tal finalidad:

1. Convenzámonos a nosotros mismos antes de querer convencer a otros. Hablemos con entusiasmo contagioso.

2. Demostremos cómo lo que queremos hacer que el auditorio acepte se parece mucho a algo en que ya cree. (Ejemplo: Paley y el ateo; San Pablo en Atenas; el papel Equisequis.)

3. Reiteremos las ideas. (Ejemplo: "Yo seré el próximo gobernador de California." La arenga de Simón Bolívar.)

4. Cuando reiteremos una cantidad, ilustrémosla. Por

ejemplo: Gran Bretaña gastó siete mil millones de libras durante la Gran Guerra, o sea más de cuatrocientas pesetas por cada minuto transcurrido desde que nació Jesucristo.

5. Usemos ejemplos generales. (El doctor Hillis: "La obediencia a la ley del color da al artista su habilidad.")

6. Citemos casos concretos. (Ejemplo: Muchos autores famosos empezaron con poco éxito. De Josué Carducci dijeron los críticos que le faltaba toda posible facultad poética.)

7. Usemos comparaciones gráficas. Las impresiones auditivas se borran más fácilmente. Las visuales se empotran como una bala de cañón. (Ejemplo: la hilera de casas ardiendo entre Nueva York y Chicago.)

8. Apoyemos nuestras opiniones en autoridades imparciales. Seamos precisos como lo era Belisario Roldán en sus discursos. Citemos a un hombre popular y querido. Citemos a un hombre local. Citemos a alguien con suficiente autoridad para decir lo que diga.

VICIOS DE LENGUAJE

VOCABULARIO

Las palabras de la columna izquierda son extranjeras. Ninguna entre ellas es necesaria al castellano. Todas tienen equivalencia.

INCORRECTO	CORRECTO
Quermese	Verbena, feria, romería, velada
Contentamiento	Conformidad
Mistificación	Engaño
Pudín	Budín
Pasable	Pasadero, aceptable
Congresal	Congresista
Indiscriminado	Indistinto
Conferencista	Conferenciante

322

INCORRECTO	CORRECTO
Influenciar	Influir
Educacionista	Educador, pedagogo
Ancestral	Atávico
Benevolente	Benévolo
Senos	Pechos
Masacre	Matanza
Reclame	Propaganda

GRAMÁTICA

"Nuevecientos", "Veinte y cinco", "Treintiuno"

Hay palabras, como *fuerte, cierto, bueno,* que en determinadas circunstancias pierden el diptongo y vuelven a la vocal latina: *fortificar, certidumbre, bonísimo.* Esto mismo sucede a *nueve* cuando se une a *ciento: novecientos.*

Veinte, junto con *diez,* es el único decénico que no termina en *a (treinta, cuarenta, ochenta).* Como la *e* y la *i* son primas hermanas, concluyen por fundirse; y prevalece la *i,* que por estar detrás tiene mayor peso prosódico. Por esto se dice *veintiuno, veinticinco.* Entre la *a* y la *i* también se produce este fenómeno, pero con mucha menor intensidad, por lo cual aún no se han fundido: *treinta y uno, setenta y seis.*

EJERCICIO VOCAL. RESONANCIA NASAL

Durante su primera campaña política, Theodore Roosevelt se encontró con que se le agotaba la voz poco después de iniciada la gira política en que debía pronunciar muchos discursos. Contrató, pues, a un profesor vocal para que viajase con él en el tren; y entre estación y estación, Roosevelt practicaba: *"ding-dong, sing-song, hong-kong",* recalcando el sonido *ng,* haciéndolo retumbar por la nariz, para desarrollar la resonancia nasal. La resonancia nasal presta vivacidad y atracción, y es sobremanera deseable para quien tenga que hablar a la distancia. Practiquemos el ejercicio de Roosevelt. Luego leamos en voz alta, no una vez, sino una vez por día, esta poesía de Nicasio Gallego, la *Elegía a la muerte de la duquesa de Frías*. Cuidemos de recalcar las combinaciones *mp, nd, nt, ng, nc, n* final en sílaba tónica, etc., como

Al *sonante* bramido
Del piélago feroz que el *viento* ensaña
Lanzando atrás del Turia la *corriente*

Tres razones me mueven a recomendar la lectura de esta poesía. Es beneficiosa para la resonancia nasal. Las palabras en bastardilla retumban en la caverna de la nariz y, por cierto, en todas las irregulares cavidades de la cabeza. Como ya hemos señalado en otros capítulos, inspiremos profundamente y luego tratemos de sentir, mientras leemos y desalojamos el aire, la misma sensación en la cabeza que cuando inspirábamos. Leamos también esto para desarrollar la fuerza y agilidad de la punta de la lengua. (Véase capítulo VI.) Y, por último, leamos estos versos para adquirir tonos briosos, tonos de ímpetu, de vitalidad. (Véase capítulo VII.)

Leamos el primer párrafo en falsete. (Véase capítulo VII.)

Al sonante bramido
Del piélago feroz que el viento ensaña
Lanzando atrás del Turia la corriente;
En medio al denegrido
Cerco de nubes que de Sirio empaña
Cual velo funeral la roja frente;
Cuando el cárabo oscuro
Ayes despide entre la breña inculta,
Y a tardo paso soñoliento Arturo
En el mar de occidente se sepulta;
A los mustios reflejos
Con que en las ondas alteradas tiembla
De moribunda luna el rayo frío,

Daré del mundo y de los hombres lejos
Libre rienda al dolor del pecho mío.
Sí, que al mortal a quien del hado el ceño
A infortunios sin término condena,
Sobre su cuello mísero cargando
De uno en otro eslabón larga cadena,
Ni en jardín halagüeño,
Ni al puro ambiente de apacible aurora
Soltar conviene el lastimero canto
Con que al cielo importuna.
Solitario arenal, sangrienta luna
Y embravecidas olas acompañen
Sus lamentos fatídicos. ¡Oh lira
Que escenas sólo de aflicción recuerdas;
Lira que ven mis ojos con espanto
Y a recorrer tus cuerdas
Mi ya trémula mano se resiste!
Ven, lira del dolor. ¡Piedad no existe!

CAPÍTULO XIV

CÓMO DESPERTAR EL INTERÉS DEL AUDITORIO

Tened siempre algo que decir. El hombre que tiene algo que decir, y que tiene fama de no hablar a menos que tenga algo que decir, es siempre escuchado con atención. Sepamos siempre de antemano lo que vamos a decir. Si en nuestra mente hay confusión, la habrá mucho mayor en la mente de los oyentes. Pongamos orden en nuestros pensamientos. Por muy breves que sean, sabrán mejor si tienen principio, centro y final. Y sobre todo, sed claros. Haceos entender claramente por el auditorio. En los debates, tratad de adelantaros a los argumentos de vuestros adversarios. Responded con seriedad a sus mofas, y con mofas a sus asertos serios. Meditemos siempre qué clase de auditorio hemos de tener. Nunca, si está en nuestra mano evitarlo, nos estemos quietos o a la defensiva.

LORD BRYCE

Si fuéramos huéspedes de un hombre rico de ciertas regiones de China, sería correcto que arrojásemos los huesos de los pollos y de las aceitunas por encima del hombro. Es una galantería que hacemos a nuestro anfitrión. Le significamos con ello que sabemos que es rico y que tiene suficientes criados para limpiar después de comer. Y el anfitrión se siente halagado.

Podemos hacer lo que nos venga en gana con los despojos de una comida suntuosa en la casa de un hombre rico. Pero en otras partes de China la gente pobre hasta tiene que guardar el agua con que se baña. Calentarla cuesta tanto, que la tienen que comprar en una venta de agua caliente. Luego que se han bañado la llevan de nuevo y la venden de segunda mano al ventero. Cuando el segundo parroquiano la ha ensuciado, el agua todavía tiene valor comercial, aunque el precio se ha reducido un poco.

¿Resultan interesantes estos datos sobre la vida en China? ¿Sabe alguien por qué? Lo diré: porque son aspectos muy poco comunes de cosas comunes en exceso. Son versiones muy extrañas de acontecimientos tan ordinarios cuales son el comer y el bañarse.

Esto despierta nuestro interés: algo nuevo en cosas viejas.

Tomemos otro ejemplo. Esta página en la que estamos leyendo, esta hoja de papel que estamos mirando, parece muy sencilla, ¿verdad? Hemos visto miles y miles de páginas como ésta. Parece algo muerto e insípido. Pero si explico una cosa con respecto a ella, todos se sentirán, probablemente, interesados. Manos a la obra, pues. Esta página parece materia sólida a quienquiera la mire. Pero lo cierto es que se parece más a una tela de araña que a materia sólida. Todos sabemos que está compuesta de átomos. Y ¿qué tamaño tiene un átomo? En el capítulo XII nos dijeron que hay tantos átomos en una gota de agua cuantas gotas de agua hay en el Mediterráneo, que hay tantos átomos en una gota de agua cuantas briznas de hierba en el globo terráqueo. Y los átomos que componen este papel, ¿de qué se componen? De partículas más pequeñas aún llamadas electrones y protones. Estos electrones giran alrededor del protón del átomo, guardando distancias tan extensas —relativamente— como las que separan a la Luna de la Tierra. Y recorren sus órbitas, los electrones de este Universo en miniatura, a la inconcebible velocidad de diez mil millas por segundo aproximadamente. Los electrones que componen esta hoja de papel han recorrido, desde que empezamos a leer esta oración, un espacio igual al que separa a Buenos Aires de Tokio.

Y hace dos minutos nos parecía que esta hoja era la cosa más tranquila del mundo. En cambio, es uno de los grandes misterios de Dios. Un verdadero torbellino de energía.

Si ahora nos interesa, se debe a que hemos aprendido algo nuevo y extraño respecto de ella. En esto estriba el secreto de la gente interesante. Ésta es una verdad de importancia, una verdad de la que nos debemos aprovechar en nuestras conversaciones cotidianas. Lo que es completamente nuevo carece de interés; lo que es completamente viejo no nos atrae. Queremos que nos digan algo nuevo respecto de algo viejo. Ninguno de nosotros podría despertar el interés de un destripaterrones de Aragón con una descripción del Museo del Louvre. Es algo demasiado nuevo para él. No guarda ligazón con lo que ya le interesa. Pero quizá logremos despertarle el interés si le explicamos cómo los labriegos holandeses aran tierras que están debajo del nivel del mar y cavan zanjas que hacen las veces de palizadas, y construyen puentes que utilizan como puertas. Quizás el buen maño abra tamaña boca si le decimos que los granjeros holandeses hacen dormir las vacas, durante el invierno, bajo el mismo techo que a su familia, y que no es difícil pasar por una casa y ver una vaca mirando, por entre las cortinas de encaje de la ventana, la nieve que cae. Él sabe qué son vacas y qué son palizadas, nuevas versiones, como vemos, de cosas viejas.

—¡Cortinas d'encaje! ¿Y pa una vaca, dizusté? ¡Rediós!

Y lo contará a todos los maños de la vecindad.

He aquí un discurso pronunciado por uno de mis alumnos. Leámoslo, a ver si nos interesa. Si despierta nuestro interés, ¿a qué se debe?

CÓMO NOS AFECTA EL ÁCIDO SULFÚRICO

"Los más de los líquidos son medidos por pintas, azumbres, litros o barricas. Generalmente hablamos de un cuarto de vino, una pinta de leche, una barrica de melaza. Cuando se descubre un nuevo pozo de petróleo, decimos que su rendimiento es de tantas barricas por día. Hay un líquido, sin embargo, que por fabricado y consumido en tan grandes cantidades, la unidad de su medida es la tonelada. Este líquido es el ácido sulfúrico.

"Está relacionado con nuestra vida diaria en una veintena de modos. Si no fuera por el ácido sulfúrico, nuestro automóvil se detendría y deberíamos volver a los tumbones y a los coches de punto, puesto que se lo emplea profusamente en el refinamiento del querosene y de la nafta. Las luces eléctricas que iluminan nuestra oficina, que brillan sobre nuestra mesa, que nos permiten llegar a la cama por la noche sin tropezar, no serían posibles sin él.

"Cuando nos levantamos por la mañana y hacemos caer agua en la bañera, empleamos un grifo niquelado, que requiere ácido sulfúrico en su fabricación. También lo requirió la terminación de la bañera esmaltada. El jabón que usamos ha sido, probablemente, hecho con grasas o aceites a los que se ha tratado con este ácido. Nuestra toalla lo ha conocido antes que nosotros hayamos conocido a nuestra toalla. Las cerdas del cepillo para el pelo también lo han necesitado, y el peine de celuloide con que nos peinamos no habría podido ser producido si faltase el ácido. Nuestra navaja, indudablemente, ha sido tratada con él después de la esmaltación.

"Nos ponemos la ropa interior. Nos abotonamos la ropa exterior. El blanqueador, el fabricante de anilinas y el tintorero lo han empleado. Muy posiblemente al fabricante de botones le fue necesario para terminar los botones. El curtidor usa ácido sulfúrico para preparar el cuero de nuestros zapatos, y nuevamente lo utilizamos para lustrarlos.

"Bajamos a desayunarnos. La taza y la salsereta, si son blancas, no habrían podido serlo sin el auxilio del ácido. Se lo utiliza para producir el color dorado y otros colores ornamentales. A nuestra cuchara, cuchillo y tenedor les han dado, si son plateados, sendos baños de ácido sulfúrico.

"El trigo con que se hace nuestro pan ha crecido gracias a la aplicación de un fertilizador de fosfato, la base de cuya fabricación es este ácido. Si solemos tomar jarabes, el jarabe lo necesitó también.

"Y así, todo el día, este ácido nos afecta en cuanto hagamos. Vayamos adonde vayamos, no podemos hurtarnos a su influjo. No podemos ir a la guerra sin él, ni vivir sin él en la paz. Conque parece casi imposible que este ácido, tan indispensable para el hombre, sea tan completamente extraño al individuo medio. Y así es, sin embargo."

LAS TRES COSAS MÁS INTERESANTES DEL MUNDO

¿A que nadie sabe cuáles son las tres cosas más interesantes del mundo?: El sexo, la propiedad y la religión. Por la primera creamos la vida, por la segunda la mantenemos, por la tercera esperamos continuarla en el otro mundo.

Pero lo que nos interesa es *nuestro* sexo, *nuestra* propiedad, *nuestra* religión. Nuestros intereses giran en torno de nuestro yo.

No nos interesa, por ejemplo, una conferencia sobre *Cómo se hace un testamento en Noruega;* pero en cambio nos interesaría una conferencia sobre *Cómo se hacen nuestros testamentos*. No nos interesa, excepto, quizá, por curiosidad, la religión de los hindúes. Pero nos interesa fundamentalmente la religión que nos brindará eterna felicidad en el mundo venidero.

Cuando le preguntaron a Lord Northcliffe qué despertaba el interés de las personas, respondió con sólo dos palabras: "Ellos mismos". Y Northcliffe debía de saberlo bien, puesto que era el más poderoso propietario de periódicos de Gran Bretaña.

¿Sabe alguien qué clase de persona somos? Ah, este sí que es un tema interesante. Estamos hablando de *nosotros.* He aquí un método para mirarnos al espejo y vernos tal cual *somos.* Prestemos atención a nuestros ensueños. ¿Qué son los ensueños? El profesor James Robinson nos lo dirá:

"Todos parecemos estar continuamente pensando durante la vigilia, y los más de nosotros creemos seguir pensando en el sueño, con más simpleza aún que en la vigilia. A no ser que surja algún incidente inusitado, nos sumimos continuamente en lo que ahora llaman *rêverie.* Tal es nuestra forma espontánea y favorita de pensamiento. Dejamos que nuestras ideas acojan su rumbo, y este rumbo lo determinan nuestros temores y nuestras esperanzas, nuestros espontáneos deseos, su logro o frustración; nuestros gustos y disgustos, nuestros cariños, nuestros odios y resentimientos. Nada nos es tan interesante como nosotros mismos. Cualquier pensamiento que no sea dominado más o menos trabajosamente, irá a girar, inevitablemente, en derredor del amadísimo yo. Es a la vez triste y divertido observar esta tendencia en nosotros y en los demás. Cortés y generosamente, aprendemos a no parar mientes en esta verdad, pero si nos atrevemos a contemplarla, la vemos resplandeciente como el sol de mediodía.

"Nuestros *rêveries* nos dan la mejor pauta del fundamento de nuestro carácter. Son el reflejo de nuestra naturaleza interior, modificado por recuerdos reprimidos u olvidados a menudo. El *rêverie* influye, sin duda, todos nuestros pensamientos, por su persistente tendencia a magnificar y justificar el yo, que son sus principales cuidados."

Recordemos entonces que la gente a quien hemos de hablar pasa la mayor parte del tiempo, cuando no está ocupada en sus asuntos, pensando en sí misma, justificándose y glorificándose. Recordemos que al hombre medio le preocupa más el hecho de que su cocinero se vaya, que la deuda de Italia a Francia. Se excitará más con una hoja de afeitar desafilada que con la abdicación de algún rey europeo. Su cepillo de dientes le desazonará más que un terremoto en Asia en el que hayan muerto medio millón de seres humanos. Prefiere que le digan algo agradable de sí mismo que oír hablar de los diez hombres más eminentes del mundo.

EL ARTE DE CONVERSAR AGRADABLEMENTE

La razón por la cual tan pocas personas conversan bien es que sólo hablan de lo que les interesa a ellas. Y eso suele ser terriblemente aburrido para los demás. Invirtamos el proceso. Hagamos que el interlocutor hable de las cosas que le interesan, de sus negocios, del campeonato de pelota que ganó, de su éxito en la vida —o, si es una madre, de sus hijos. Hagamos esto y escuchemos atentamente; y entonces nos tendrán por persona de conversación agradable, aunque hayamos hablado poco o nada.

El señor Harold Dwight pronunció ha poco tiempo un discurso de extraordinario éxito en el banquete de fin de cursos. Fue hablando de cada persona que había a la mesa, explicó cómo hablaba al empezar el curso, cómo fue mejorando luego, exageró sus peculiaridades, hizo reír a todos y a todos halagó. Con semejante material, era casi imposible que fracasara. Era ideal en absoluto. Ningún otro tema habría podido interesar tanto al concurso. El señor Dwight sabe manejar la naturaleza humana.

UNA IDEA QUE GANÓ DOS MILLONES DE LECTORES

Hace algunos años *La Revista Americana* tuvo un crecimiento portentoso. Su repentino auge causó sensación en el mundo periodístico. ¿Cuál fue el secreto? El secreto fue John M. Siddall y sus ideas. Cuando conocí a Siddall, estaba a cargo del Departamento de Personas Interesantes. Yo había colaborado con algunos artículos; y un día me estuvo hablando por un buen rato:

—La gente es egoísta —me decía—. Sólo se interesan por sí mismos. Poco les importa que el gobierno compre los ferrocarriles; en cambio, quieren saber de qué modo pueden progresar, cómo pueden ganar mayor sueldo, cómo conservar la salud. Si yo fuese director de esta revista —continuó—, les diría a los lectores cómo tienen que cuidarse los dientes, cómo tienen que bañarse, cómo mantenerse frescos en verano, cómo conseguir un empleo, cómo manejar a los empleados, cómo comprar casas, cómo desarrollar la memoria, cómo evitar los errores gramaticales, etc. A la gente le interesan los cuentos reales; entonces conseguiría que algún millonario les explicase cómo labró su fortuna con inversiones en inmuebles. Haría que banqueros de nota y presidentes de grandes corporaciones relataran la manera en que lograron llegar al poder y a la riqueza.

Poco tiempo después Siddall fue nombrado director. La revista, por causa de su reducida circulación, era casi un fracaso. Siddall cumplió su palabra. ¿Cuál fue el resultado? Asombroso. La circulación aumentó a doscientos mil ejemplares, trescientos mil, cuatrocientos mil, medio millón. Aquí había cosas que el público ansiaba. Poco después compraban la revista un millón de lectores, luego un millón y medio y por fin dos millones. No se detuvo allí, sino que siguió aumentando durante muchos años. Siddall había explotado el egoísmo del público.

CÓMO INTERESÓ EL DOCTOR CONWELL A MILLONES DE OYENTES

El doctor Conwell pronunció su célebre conferencia *Áreas de diamantes* más de quince mil setecientas veces. John M. Siddall, en aquella conversación que tuve con él, la mencionó y analizó, y creo que el enorme éxito de su revista se debió en parte a la influencia de esta conferencia sobre Siddall. El mismo doctor Conwell nos relata que una de las cosas que cuidaba especialmente cuando iba a un pueblo o ciudad, era enterarse de los pormenores de la ciudad, sus características y problemas sobresalientes, para luego alterar su discurso refiriéndolo al lugar, con lo cual siempre parecía fresco y nuevo. "Hay que ir a los pueblos —dice Jiménez de Asúa—, pernoctar en ellos, conocer sus necesidades íntimas, hablar con las gentes en el campo, en la taberna, en la casa. Después, en lenguaje muy sencillo, comentar públicamente proyectos, ambiciones, necesidades y posibles remedios."

UN TEMA QUE SIEMPRE ATRAE

Hablando de cosas y de ideas, es posible que aburramos a la gente; pero rara vez dejarán de prestarnos atención si hablamos de otras personas. En este momento son miles las conversaciones que están ocurriendo en Buenos Aires, por encima de una tapia, a una mesa de té, por el cable de teléfono, etc. ¿Y cuál es la característica de estas charlas? La chismografía. Fulano dijo tal cosa. Zutano hizo esto otro. Ayer la vi haciendo esto, eso y aquello. Mengano de Tal anda de novio, etc.

Muchas veces he hablado ante concursos de gente menuda, escolares de pocos años. Y la experiencia me enseñó pronto que era menester contarles cuentos acerca de gente si quería mantenerlos interesados. No bien entraba en generalidades y comenzaba a manejar ideas abstractas, Juanito comenzaba a revolverse en el asiento, Antoñito le hacía una mueca a alguien, José arrojaba algo al pasillo.

Desde luego, estos auditorios estaban compuestos de niños; pero las pruebas de inteligencia que llevó a cabo el ejército durante el reclutamiento de la Gran Guerra demostraron, con gran asombro de todos, que el cuarenta y nueve por ciento de los adultos sólo tienen una edad mental de 13 años, aproximadamente. Conque, difícilmente pecará nadie por hacer uso de demasiados cuentos. Las revistas, que millones de personas leen, y muchos diarios, están llenos de esta clase de literatura.

Cierta vez, en un curso que di en París, pedí a un grupo de hombres de negocios que hablaran sobre el tema *Cómo triunfar*. Los más de ellos alabaron las virtudes domésticas, sermoneando y aburriendo a sus oyentes. Entonces interrumpí la clase y dije:

—No queremos sermones. A nadie le gusta esto. Recuerden que tienen ustedes que entretenernos, de lo contrario dejaremos de prestarles la más mínima atención. Recuerden también que una de las cosas más interesantes del mundo es la nunca bien ponderada chismografía. Relaten, pues, la vida de dos hombres que hayan conocido. Dígannos por qué uno triunfó y el otro fracasó. De buena gana escucharemos eso, lo recordaremos, y hasta lo aprovecharemos. Y, por otra parte, les resultará a ustedes más fácil que estas retóricas abstractas y verbosas.

Había un alumno en esa clase a quien se le hacía particularmente difícil interesarse él o interesar a su auditorio. Esa noche, sin embargo, vio nuevos horizontes en mi sugestión; y nos habló de dos compañeros de la universidad. Uno de ellos era tan económico, que había comprado camisas en las diferentes tiendas de la ciudad y había hecho unas tarjetas donde anotaba cuál se gastaba menos en el lavado, duraba más y daba el mejor rendimiento por franco invertido. La unidad monetaria para él era el centavo. Sin embargo, cuando se graduó —era la Facultad de Ingeniería—, tenía tan elevada opinión de su importancia que, ¡Jesús!, ¿cómo iba él a comenzar desde abajo y escalar posiciones como los demás? A los tres años de graduado, cuando se realizó la reunión anual de ex alumnos, todavía seguía anotando en las tarjetas, y a la espera de que algo extraordinariamente bueno le saliera al camino. Nunca le salió. Han pasado veinticinco años desde entonces, y este hombre, insatisfecho y amargado de la vida, tiene todavía un empleo de escasa jerarquía.

El orador mostró entonces el contraste de este fracaso

con la vida de otro compañero que excedió cuanto esperaban de él. Era este chico la mar de simpático. Todos le querían. Aunque tenía ambición de hacer algo grande más adelante, empezó como simple dibujante. Pero se mantenía siempre a la expectativa de una buena oportunidad. Se estaban completando entonces los planes para la exposición Panamericana de Buffalo. Nuestro amigo comprendió que allí necesitarían ingenieros talentosos; entonces renunció a su empleo en Filadelfia y se trasladó a Buffalo. Allí, gracias a la simpatía que irradiaba, ganó en seguida la confianza de un señor muy influyente. Se asociaron y comenzaron a trabajar inmediatamente en construcciones. La compañía de teléfonos le encargó importantísimos trabajos, y por último esta misma casa le empleó con un sueldo enorme. Hoy es millonario y uno de los principales accionistas de la compañía telefónica.

Lo que acabamos de leer no es más que el bosquejo de lo que dijo el orador. Su discurso, aderezado con una veintena de pormenores divertidos y reales, fue interesante y provechoso. Habló y habló —este alumno que nunca había podido hallar tema para hablar tres minutos seguidos—, y cuando terminó no podía creer que hubiese tenido la palabra durante media hora. El discurso había sido tan interesante, que a todos nos pareció breve. Fue el primer triunfo verdadero de este alumno.

Casi todos los alumnos pueden aprender de este caso. El común de los discursos sería más atrayente y eficaz si tuviera abundancia, riqueza de cuentos humanos y reales. El orador debe tratar de tocar algunos puntos generales y luego ejemplificarlos con casos concretos. Este método difícilmente dejará escapar la atención del oyente.

Si es posible, estos cuentos deben mencionar luchas, algo por lo que haya habido contienda, victorias, etc. A todos nos interesan enormemente las lidias y los combates. Hay un viejo refrán que dice que a todo el mundo le agradan los enamorados. ¡Craso error! Lo que a todo el mundo le agrada son las trifulcas y las trapatiestas. Le gusta ver a dos enamorados luchando por la mano de una misma mujer. Prueba de esto son casi todas las novelas, casi todos los cuentos de las revistas, casi todas las películas. Cuando se han vencido todos los obstáculos y el protagonista toma en sus brazos a la heroína, los espectadores comienzan a tomar sombreros y abrigos. Cinco minutos después las mujeres comenzarán a chismear, montadas en sendas escobas.

Casi todos los cuentos de revistas se basan en esta fórmula. Hagamos que el lector se aficione con los dos protagonistas. Hagamos que el (o la) protagonista desee fervientemente algo. Hagamos que este algo parezca imposible de obtener. Mostremos cómo lucha por él y lo logra.

La historia de un hombre que haya luchado en la vida contra obstáculos desalentadores, y que haya ganado, es siempre interesante. Un periodista me dijo cierta vez que la vida real, íntima, de cualquier persona, es interesante. Si uno ha luchado y combatido —¿y quién no lo ha hecho?—, la historia de su vida, correctamente narrada, atraerá. Nadie lo dude.

SEAMOS CORRECTOS

El autor tuvo cierta vez como alumnos, en la misma clase, a un doctor en filosofía y a un individuo rudo que había pasado su juventud, treinta años antes, en la Marina Mercante. El refinado humanista era profesor de una universidad; su compañero de los siete mares era propietario de una empresa de mudanzas de segundo orden. Aunque parezca extraño, los discursos del hombre tosco habrían podido entretener a un auditorio popular mucho más eficazmente que los del universitario. ¿Por qué? El profesor tenía dicción perfecta, su porte indicaba a las claras cultura y refinamiento, sus exposiciones eran claras y lógicas; pero había un ingrediente indispensable de que sus discursos carecían: no eran concretos. Eran demasiado vagos, demasiado generales. Por lo contrario, el de las mudanzas no tenía casi suficiente poder de abstracción para generalizar. Cuando hablaba iba derechamente al grano. Era preciso. Era concreto. Esta cualidad, unida a la virilidad de su expresión y a la frescura de su fraseología, tornaba interesantes sus discursos.

He citado este caso, no porque sea típico de todos los universitarios ni de todos los propietarios de empresas de mudanzas, sino porque ejemplifica el mayor poder de interesar que posee quien —independientemente de la educación— tiene la feliz costumbre de ser concreto y preciso en su discurso.

Este principio es tan importante, que daremos varios ejemplos para que quede firmemente grabado. Tratemos de recordarlo siempre, de no descuidarlo jamás.

¿Qué resulta, por ejemplo, más interesante: decir que Martín Lutero, siendo niño, era "testarudo y huraño", o decir que, según sus propias confesiones, los maestros le zurraban hasta "quince veces por mañana"?

Palabras tales como "testarudo y huraño" tienen muy poco poder de atención. En cambio, ¿no resulta fácil atender a esta cantidad de azotes?

El antiguo método de escribir biografías consistía en encadenar una serie de generalidades que Aristóteles llamaba, y por cierto que con mucha razón, "el refugio de las almas débiles". La nueva escala presenta datos concretos que hablan por sí solos. La antigua escuela decía que Juan Pérez había nacido de padres "pobres pero honrados". El nuevo método, en cambio, diría que el padre de Juan Pérez no tenía para comprar chanclos, de modo que, cuando llegaban las nieves, debía envolverse los zapatos con arpillera para que no se le humedecieran y enfriaran los pies; pero que, a pesar de su pobreza, nunca bautizó la leche ni vendió por bueno un caballo con huélfago. Todo esto indica bien a las claras que sus padres eran "pobres pero honrados", ¿verdad? Y ¿no resulta este método mucho más interesante que aquél?

Pues si este método da buen resultado con los biógrafos modernos, también lo dará con los oradores modernos.

Tomemos un ejemplo. Supongamos que queremos hacer ver que la energía perdida diariamente en las cataratas del Niágara es pasmosa. Supongamos que hemos dicho esto y que luego quisimos agregar que, de utilizarse y convertirse en dinero los beneficios de este aprovechamiento, se podría alimentar y vestir a multitudes enteras. ¿Con decirlo así, directamente, lograríamos que interesara y entretuviera? No, por cierto. ¿No está mejor como lo dijo Edvin Slosson en el *Boletín Diario de Noticias Científicas?*:

"Nos dicen que hay algunos millones de personas en la pobreza y mal alimentados y, sin embargo, aquí en el Niágara, se malgasta diariamente el equivalente de 250.000 panes por hora. Podemos ver con nuestra imaginación 600.000 huevos frescos cayendo por el precipicio de hora en hora y convirtiéndose en una gigantesca tortilla en el fondo. Si continuamente cayeran de los telares tejidos en un río de 1.300 metros de ancho, como es el río Niágara, representaría la misma destrucción de propiedad. Si se pusiera una gran biblioteca pública debajo del chorro, en una o dos horas se llenaría de buenos libros. O podemos imaginarnos una gran tienda que venga flotando río abajo y caiga por la catarata para estrellarse contra las rocas, a cincuenta metros de profundidad. Sería un espectáculo extremadamente interesante y divertido, tan atractivo a la gente como el actual, y no más costoso. Sin embargo, muchas personas que ahora se oponen al aprovechamiento de la energía hidráulica, se opondrían a semejante proyecto por lo extravagante."

PALABRAS QUE EVOCAN IMÁGENES

En este proceso de interesar al auditorio, hay un auxilio, una técnica, de la mayor importancia. Sin embargo, todos la ignoran. El orador medio parece no tener la menor noción de su existencia. Probablemente nunca haya pensado, conscientemente, en ella. Me refiero al proceso de usar palabras que evoquen imágenes. El orador fácil de escuchar es aquel que pone como unas figuras delante de nuestros ojos. El que emplea símbolos vagos, vulgares, insípidos, adormece al auditorio.

Imágenes, imágenes, imágenes. Tienen tanta soltura como el aire que respiramos. Salpiquémoslas sobre nuestros discursos y conversaciones; esto nos hará más interesantes, nos dará mayor influencia.

Por ejemplo, tomemos el párrafo de Slosson que acabamos de citar. Reparemos en las palabras-imágenes. Van apareciendo y echan a correr en cada frase, en tanta cantidad como las liebres en Australia: "250.000 panes por hora, 600.000 huevos frescos cayendo por el precipicio de hora en hora y convirtiéndose en una gigantesca tortilla allá en el fondo, telares que dejan caer continuamente tejidos en un río de 1.300 metros de anchura, una gran biblioteca pública bajo el chorro, libros, una gran tienda flotando río abajo y estrellándose contra las rocas, gente divirtiéndose con el espectáculo".

Nos resultaría tan difícil desconocer un discurso o un artículo así, como nos lo sería no prestar la menor atención a una película proyectada sobre el lienzo de un teatro.

Herbert Spencer, en su famoso ensayo titulado *Filosofía del estilo*, anotó ya la superioridad de las palabras que evocan imágenes:

"Nosotros no pensamos en términos generales, sino en particulares. Deberíamos evitar proposiciones como ésta:

"Según sean crueles y bárbaras las maneras, costumbres y diversiones de un pueblo, así serán de severas las prescripciones de su código penal."

"Y en vez de esto debiéramos escribir:

"Según se regodeen los hombres en batallas, corridas de toros y combates de gladiadores, así serán castigados por la horca, la pira o el potro del tormento."

Abundan estas frases y palabras evocadoras de imágenes en la Biblia y en muchos buenos autores. Leamos este pasaje de *Historia de la vida del buscón*, de Quevedo, donde el protagonista describe al dómine Cabra:

"Él era un clérigo cerbatana, largo sólo en el talle, una cabeza pequeña, pelo bermejo. No hay más que decir para quien sabe el refrán que dice, ni gato ni perro de aquella color. Los ojos avecinados en el cogote, que parecía que miraba por cuévanos; tan hundidos y oscuros, que era buen sitio el suyo para tienda de mercaderes; la nariz entre Roma y Francia...; las barbas descoloridas de miedo de la boca vecina, que de pura hambre, parecía que amenazaba comérselas: los dientes le faltaban no sé cuántos, y pienso que por holgazanes y vagabundos se los habían desterrado; el gaznate largo como avestruz, con una nuez tan salida, que parecía se iba a buscar de comer forzada de la necesidad; los brazos secos; las manos como un manojo de sarmientos cada una. Mirado de medio abajo parecía tenedor, o compás con dos piernas largas y flacas; su andar muy espacioso; si se descomponía algo, se sonaban los huesos como tablillas de San Lázaro."

¿No ha reparado nadie que los refranes y frases que van pasando de generación en generación son casi todos dichos visuales? "Da Dios habas a quien no tiene quijadas", "Cual la madre tal la hija, y tal la manta que las cobija", "Las manos del oficial, envueltas en un cendal". Lo mismo nos demuestran todos los símiles que nos han legado las generaciones anteriores: "blanco como la nieve", "astuto como un zorro", "duro como una roca", etc.

EL INTERÉS QUE DESPIERTAN LOS CONTRASTES

Escuchemos la condenación que Macaulay hace de Carlos I. Reparemos que Macaulay no sólo emplea imágenes, sino que usa oraciones contrastadas. Los contrastes violentos casi siempre nos despiertan interés. Contrastes violentos son los que componen el siguiente párrafo.

"Le acusamos de haber quebrantado su juramento de la coronación; ¡y nos responde que respetó su voto matrimonial! Le acusamos de haber abandonado su pueblo a los despiadados castigos del más fanático de los prelados; ¡y su defensa es que sentó a su hijito en sus rodillas y le besó! Le censuramos por haber violado los artículos de la Petición del Derecho después de haber prometido, por buena y valiosa consideración, que los observaría; ¡y nos dice que estaba acostumbrado a escuchar los rezos a las seis de la mañana! Es a consideraciones como éstas, unidas a su vestimenta de Vandyke, a su cara agraciada, y a su barba puntiaguda, que debe, creemos sinceramente, su popularidad entre la actual generación."

EL INTERÉS ES CONTAGIOSO

Hasta aquí hemos hablado de la clase de material que interesa al auditorio. Sin embargo, uno puede cumplir mecánicamente todas las prescripciones dadas y ser un orador insulso y cansador. Atraer y retener el interés de la gente es cosa delicada, un asunto de sentimiento y de intuición. No es como manejar una máquina de vapor. No se puede dar un libro de reglas precisas para esta arte. El interés, no lo olvidemos nunca, es contagioso. Los oyentes sentirán interés, no hay casi duda, si el orador también lo siente. Hace algún tiempo, un caballero, alumno mío, se levantó en una clase para prevenir al auditorio de que, si continuaban los métodos actuales para pescar peces de roca en la bahía de Chesapeake, se extinguiría la especie... ¡y en muy pocos años! Este hombre sentía el tema. Era importante. Estaba sinceramente preocupado. Todo en él lo demostraba. Cuando se levantó a hablar, yo no sabía que hubiese un animal en el mundo llamado pez de roca. Creo que la mayor parte del auditorio compartía mi ignorancia y poco interés. Pero antes de que el orador terminase, ya a todos se nos había contagiado parte de su ansiedad. Probablemente todos hubiéramos de buena gana firmado un petitorio a la legislatura para que protegiese por ley al pez de roca.

Cierta vez le pregunté a Richard Child, a la sazón embajador en Italia, en qué consistía el secreto de su éxito como escritor interesante. Y me dijo:

—"La vida me excita tanto, que no puedo estarme

quieto. No tengo otra solución que contar a la gente lo que me pasa." ¿Quién puede resistirse al encanto de un escritor como éste?

Recientemente asistí a una conferencia en Europa. Cuando hubo terminado, uno de los que habían venido en el grupo, novelista conocido, hizo notar que la última parte de la conferencia le había agradado más que la primera. Cuando le pregunté por qué, me respondió:

—El orador parecía más interesado en la última parte, y yo siempre dejo que el orador me contagie su entusiasmo e interés.

Esto pasa con todos los oyentes. No lo olvidemos.

SUMARIO

1. Nos interesan los datos extraordinarios de cosas ordinarias.

2. Nuestro principal interés somos nosotros mismos.

3. La persona que hace hablar a otros sobre sí mismos y las cosas que les interesan, y escuchar con gran atención, será tenido por de muy agradable conversación aunque hable poco.

4. La bendita chismografía, los cuentos que tratan de otras personas, siempre atraen y retienen la atención. El orador debiera enunciar algunos puntos generales y luego ejemplificarlos con ejemplos reales.

5. Seamos concretos y definidos. No nos asociemos a la escuela de oradores "pobres pero honrados". No digamos que Martín Lutero, de niño, era testarudo y huraño. Anunciemos esto, y luego reforcémoslo con la explicación de que sus maestros le zurraban hasta "quince veces por mañana". Esto torna claro, vigoroso e interesante aquel aserto.

6. Salpiquemos los discursos con frases que creen imágenes, con palabras que pongan como figuras delante de los ojos.

7. Empleemos oraciones contrarrestadas y contrastadas, si es posible.

8. El interés es contagioso. El auditorio no podrá menos que sentirlo si el orador también lo siente. Pero esto no se consigue por la observación mecánica de simples preceptos.

VICIOS DE LENGUAJE

VOCABULARIO

Suelen confundirse los géneros de las siguientes palabras:

MASCULINAS	FEMENINAS
Cortaplumas	Asma
Tiroides	Coliflor
Caparazón	Sartén
	Desmentida
	Vislumbre
	Dínamo
	Apócope
Enema	
	Vuelta

Las palabras *calor, tema, cometa, armazón* y otras, tienen dos géneros, pero no se pueden usar indistintamente. Ruego al lector que consulte el diccionario para averiguar sus acepciones en uno y otro género. Otras palabras, como *color, arte, puente,* etc., pueden usarse indistintamente en femenino o masculino sin que su significación mude.

GRAMÁTICA

Medio

Medio puede ser adjetivo y puede ser adverbio. Y sustantivo y verbo también, por cierto. Cuando es adjetivo significa "igual a la mitad de una cosa".

Media calle,
Medio libro.
Cuando es adverbio: "no del todo, no enteramente".
Medio roto,
Medio ahogadas.

Como los adverbios carecen de género y número, *medio,* siempre que sea adverbio, hará caso omiso del género y número de la palabra que modifica. Es ésta la regla que se infringe más a menudo. ¿Quién no ha oído decir

Una mujer media borracha,
Unas casas medias destruidas?

Por si alguien entre mis lectores no recuerda la diferencia que hay entre adverbios y adjetivos, refrésquele esto la memoria: el adjetivo califica o determina un sustantivo; el adverbio califica o determina un adjetivo, un verbo o un adverbio, pero nunca un sustantivo.

Cuando *medio* determine un sustantivo, como *calle,* podrá alterar el género y número. Cuando determine un adjetivo, como *destruidas,* deberá permanecer invariable.

"Un tropel de muchachos *medio* desnudos se encarama por proa y se cuelga al bauprés como un racimo."

RICARDO LEÓN

EJERCICIO VOCAL. CÓMO LOGRAR QUE NOS OIGAN A LA DISTANCIA

No es menester gritar a voz en cuello para que nos oigan en un salón grande o al aire libre. Sólo es menester emplear adecuadamente la voz. Un susurro, reforzado por los tonos correctos, se escuchará en el más apartado rincón del más amplio teatro.

He aquí algunos consejos que nos permitirán hacernos escuchar más fácilmente:

1. No miremos el piso. Esto es de principiantes. El auditorio se fastidia con esto. Destruye el vínculo, la comunicación, la sensación de *dar* y *tomar* entre los oradores y

el público. Hace también que el tono baje demasiado, lo cual impide que flote por sobre el auditorio.

2. "El aire contenido —decía la Schumann-Heink— es la fuerza motriz de la voz. Sin dominarlo adecuadamente, nada se logra. Lo mismo da querer ir en un automóvil que carezca de nafta, que querer cantar sin aire." Cantar o hablar. Es como pólvora que hay detrás de las palabras. Siempre debe haber en los pulmones una reserva de aire para que nos sirva, como trampolín, como catapulta, para lanzar las palabras. Sin duda habremos visto alguna vez, en alguna vidriera comercial, esas pequeñas bolitas que bailotean en el aire, mientras un chorro de agua las sostiene. Así debieran bailotear nuestras palabras, sostenidas por el aliento. Deben estar suspendidas como una cometa que el viento sostiene. Respiremos, pues, profundamente, sintiendo la expansión de los pulmones a la altura de las costillas inferiores, sintiendo el diafragma aplastándose. Cuando comencemos a hablar, no empleemos todo el aire en seguida. Racionémoslo. Dominemos su salida de acuerdo con lo explicado en el capítulo V.

3. Relajemos la garganta, los labios, la mandíbula. (Véanse los capítulos IV, IX y X.) Los tonos que salgan de una garganta estrechada tienen poca audibilidad, por su escasa vibración.

4. Si alguien golpea un trozo de hierro con un martillo, el ruido será desagradable y ensordecedor; no tendrá audibilidad. Pero una orquesta musical puede ser escuchada a gran distancia, y a cualquier distancia agrada. ¿De dónde la diferencia? Muy sencillo. Los instrumentos de la orquesta producen sonidos puros, armoniosos, sonidos con resonancia; el martillo, en cambio, produce un estrépito desagradable, sordo, falto de resonancia. Hace poco, estuve al lado de un músico que tocaba una corneta. Si el músico hubiera empleado la misma cantidad de aire para gritar, no se le hubiera escuchado desde muy lejos; pero este mismo aire, pasando por la corneta, vibrando en sus cámaras de resonancia, producía ondas sonoras audibles a gran distancia.

Esto nos explica por qué muchas voces que parecen

potentes a quienes las escuchan de cerca, apenas las pueden escuchar quienes están algo alejados; carecen de resonancia, y es la resonancia lo que torna potentes los sonidos. La resonancia, la relajación y la reserva de aire.

Practiquemos, pues, los ejercicios vocales enseñados en los capítulos IV, IX y X.

Mientras escuchamos la radio, tarareemos las melodías que toquen, apoyando la mano sobre el cráneo, la nuca, la nariz, los labios, las mejillas, el pecho, etc. Para aprovechar mejor la resonancia natural, hablemos con la misma sensación de holgura en la cabeza que cuando aspiramos. Esto es muy importante.

5. Pronunciemos las vocales con claridad. La vibración de las vocales es lo que llega lejos. No debemos, pues, descuidarlas. Es menester enunciarlas con naturalidad, con holgura, con exactitud. Practiquémoslas, *a, e, i, o, u,* con la mandíbula relajada.

Repitámoslas por segunda vez, para ejercicio de los labios ahora.

El empleo correcto de los labios es de gran importancia para las vocales. La *e* y la *i* son vocales femeninas. Expresan la delicadeza. Los labios forman "trompita" al pronunciarlas: *en, in, ein, ien.*

La *a* es la vocal vivaz, la de la alegría, la del optimismo.

La *o* y la *u* son las vocales masculinas, que expresan fuerza, sonoridad, riqueza, profundidad: *on, un, oun, uon.*

6. El timbre de la voz debe variar, subir y bajar como una escala. Ya tratarnos esto en el capítulo VII. Esta variación recalca cada palabra, la distingue de las demás.

7. Para que nos oigan a la distancia es menester tener volumen. No confundamos esto con hablar a gritos. Quien hable con poco interés y convencimiento, no será escuchado, en igualdad de condiciones, a tanta distancia como aquel que pone todo su ardor en lo que dice. No es la vacuidad lo que hace potente la voz, sino la riqueza.

Una de las primeras cosas que el médico observa en el paciente es la voz. La voz es reflejo de la vitalidad. Una voz robusta y potente no puede nacer de un cuerpo enfermo o siquiera cansado. Descansemos, pues, antes de hablar. Obedezcamos las leyes de la sensatez.

"Una hermosa voz, artísticamente empleada —dice la Melba—, sólo puede surgir de un cuerpo sano... Es necesario robusta salud para obtener éxitos grandes. Mucho aire libre, comidas sencillas y nutritivas, y ocho o nueve horas de sueño es cuanto necesita el cantante, cuya laringe refleja invariablemente su estado físico."

Capítulo XV

CÓMO INCITAR A LA ACCIÓN

Los oradores verdaderamente eficaces nunca han entronizado el ciego impulso como su dios. Lo han dominado y dirigido con el juicio que nace del cuidadoso estudio de las leyes que gobiernan la acción y las creencias.

EDUARDO PHILLIPS

El gran fin de la vida no es el conocimiento sino la acción.

HUXLEY

La acción es la característica que distingue la grandeza.

SAINT ELMO LEWIS

Quedamos más fácilmente persuadidos, en general, por las razones que descubrimos de nuestra propia cuenta, que por las que nos vienen sugeridas de otros.

PASCAL

Si pudiéramos duplicar o triplicar el poder de alguno de los talentos que poseemos, con sólo desearlo, ¿cuál elegiríamos para beneficiado de semejante merced? ¿No elegiríamos, seguramente, nuestra facultad de influir sobre los demás, o sea de incitar a la acción? Esto traería consigo mayor poder, mayor provecho, mayor placer.

¿Debe esta arte —tan indispensable para nuestro éxito en la vida— seguir siendo siempre una hija de la ventura? ¿Es menester que continuemos errando por obedecer nuestro instinto? ¿O existe alguna manera racional de conseguirlo?

Hay, y lo veremos en seguida, un método basado en las reglas del sentido común, de la naturaleza humana, la naturaleza de todos nosotros; un método que el autor ha empleado muchas veces, y que ha enseñado a otros.

El primer paso en este método es ganar atenta atención. A no ser que logremos esto, la gente no escuchará cuidadosamente lo que decimos.

La manera de hacer esto la hemos tratado extensamente ya en los capítulos IX y XIV. ¿No sería conveniente revisarlos?

El segundo paso es ganarse la confianza de los oyentes. Si no logramos esto, no tendrán fe en lo que decimos. Y aquí es donde fracasan muchos oradores. Y muchos avisos de propaganda, muchas cartas comerciales, muchos empleados, muchas empresas de comercio. Aquí es donde muchas personas no logran ser eficaces dentro del ambiente que los rodea.

GANÉMONOS LA CONFIANZA MERECIÉNDOLA

La mejor manera de ganarse la confianza es merecerla. Alguien ha dicho que el carácter es el elemento principal para obtener buen nombre. También lo es para gozar de la confianza del auditorio. He notado muchas veces que oradores de palabra fácil e ingeniosa —cuando éstas eran sus principales cualidades— no son ni con mucho tan eficaces como otros menos brillantes pero más sinceros.

Cierto alumno de un curso que el autor dictaba recientemente, estaba dotado de porte extraordinariamente atrayente; y cuando le llegó el turno de hablar, comprobamos que tenía maravillosa fluidez de pensamiento y facundia admirable. Sin embargo, cuando hubo terminado, el público se limitó a comentar: "un chico listo". La impresión que había producido era ligera, superficial; pero sólo superficial, nunca llegó a mucho. En el mismo grupo había un comerciante, hombre de poca estatura, que tenía a veces que buscar una palabra, carente en absoluto de cualquier gracia de dicción; pero su profunda sinceridad se le descubría en el brillo de los ojos y en las vibraciones de la voz. Los oyentes escuchaban atentamente lo que decía, tenían fe en él, sentían simpatía sin saber conscientemente por qué.

"Ni Mirabeau, ni Napoleón, ni Burns, ni Cromwell, ni nadie capaz de hacer nada hay —dice Carlyle en *Héroes y veneración de héroes*— que no haya antes sentido vehemente ansiedad, lo que yo llamo un hombre sincero. Yo diría que la sinceridad, la sinceridad profunda, genuina, es la principal característica de cualquier hombre por una u otra razón heroico. No la sinceridad que a sí misma se llama sincera; ah, no, ésa muy poco vale, por cierto; jactancia vacía, sinceridad consciente, a menudo nada más que presunción. La sinceridad de los grandes hombres es de tal suerte que no se puede hablar de ella, no es consciente de ella."

Hace algunos años murió uno de los oradores más brillantes y acabados de su generación. En su juventud se habían depositado en él enormes esperanzas y se le habían profetizado grandes hechos. Pero murió sin hacer nada. Tenía menos corazón que cabeza. Prostituyó sus innegables talentos, habló para defender cualquier causa que le trajese ventajas momentáneas, o provecho económico. Cobró fama de insincero y dio así al traste con su carrera pública.

De nada sirve, como decía Webster, fingir simpatías o sinceridades que no sentimos. No dará buen resultado. Es menester que sea genuina, que tenga una aureola de legitimidad.

"El sentimiento más profundo de las muchedumbres —dice Albert Beveridge—, el elemento más influyente en su carácter, es el elemento religioso. Es tan instintivo y elemental como la ley de la propia conservación. Modela todo el intelecto y personalidad del pueblo. Y quien quiera influir grandemente sobre el pueblo expresando sus pensamientos informes, debe tener este grande e inanalizable lazo de simpatía que lo una con él."

Lincoln tenía esta simpatía con la gente. Muy pocas veces deslumbraba. Creo que nadie le ha llamado "orador". En sus famosos debates con Douglas, carecía de la gracia, suavidad y galas retóricas de su antagonista. La gente dio a Douglas el mote de *El Gigante Pequeño*. Y ¿qué mote le dio a Lincoln? *El Honesto Abraham.*

Douglas era hombre de personalidad agradabilísima y de extraordinaria vitalidad; pero le gustaba jugar con dos cartas, quería nadar guardando la ropa, puso la astucia por encima del principio, la conveniencia por sobre la justicia. Esto le impidió llegar más alto.

¿Y Lincoln? Cuando Lincoln hablaba había como un halo que emanaba de sí y daba doble poder a sus palabras. La gente percibía su honestidad, su sinceridad, su carácter de Cristo. En lo que a conocimiento de leyes se refería, había muchísimos más hombres que le aventajaban. Pero muy pocos tenían tanta influencia sobre el jurado. Lincoln se cuidaba poco de favorecer a Lincoln. Le interesaba mil veces más servir a la justicia y a la verdad. Y la gente lo echaba de ver cuando le escuchaba.

RELATEMOS COSAS DE NUESTRA EXPERIENCIA

La segunda manera de ganarse la confianza del auditorio es relatar, discretamente, cosas de nuestra experiencia. Esto favorece enormemente. Si damos opiniones, el público puede ponerlas en tela de juicio. Si narramos cosas que nos han dicho o repetimos lo que hemos leído, el discurso sabrá a "segunda mano". Pero lo que nos ha pasado a nosotros, eso viene envuelto de un halo de pureza, un gustillo de cosa cierta y verdadera; a la gente le agrada esto. Lo creen. Nos reconocen como a la principal autoridad del mundo respecto de ese tema.

Como ejemplo de la eficacia de esta técnica, leamos las memorias de Gómez Carrillo, *Treinta años de mi vida; De Guernica a Buenos Aires pasando por Nueva York,* de Antonio de Aguirre y Lecube, y cualquiera de los muchísimos otros libros donde sus autores nos relatan las experiencias vividas, las aventuras corridas, las cosas vistas.

SEAMOS PRESENTADOS ADECUADAMENTE

Muchos oradores no logran fijar inmediatamente la atención del auditorio porque no son presentados adecuadamente.

Una presentación —del latín *prae,* delante, y *ens*, ser, substancia—, debe poner delante, o sea exhibir, poner a la vista, la *substancia,* que en este caso es el tema que el orador se propone tratar. Debe mostrarnos este tema lo suficientemente bien para que queramos que nos hablen de él. Debe suministrarnos datos íntimos del orador, datos que nos convenzan de que, en efecto, está capacitado para tratar del tema en cuestión. En otras palabras, debe dar a conocer el tema al auditorio, y debe dar a conocer al orador. Y todo esto en el menor espacio de tiempo posible.

Esto es lo que debiera hacer. Pero, ¿lo hace? Nueve veces de diez, no. La mayor parte de las presentaciones son vulgares, y a más de esto, débiles e imperdonablemente inadecuadas.

Por ejemplo, un orador muy conocido, un orador que no debió incurrir en el yerro que combato, presentó al gran poeta irlandés Keats. Éste iba a leer algunas poesías suyas. Tres años antes le habían concedido el premio Nobel de Literatura, la distinción más elevada que se pueda conceder a un hombre de letras. Estoy seguro de que no llegaba a un diez por ciento del auditorio los que sabían que el poeta había recibido este premio, ni la significación que tenía. Ambas cosas debieron ser mencionadas, inexcusablemente. Se las debió decir aunque no se dijera nada más. Pero ¿qué hizo el orador? Pasó completamente por alto estos datos y divagó extensamente sobre mitología y poesía griega. Indudablemente, ni sospechaba que era el propio yo que le impulsaba a querer impresionar al auditorio con su propio saber, su propia importancia.

Este orador, a pesar de que goza de fama internacional como tal y ha sido presentado a su vez en mil oportunidades, al presentar a otro fracasó en toda la línea. Si un hombre de su calibre da semejante paso en falso, ¿qué no hará el presentador medio?

Y ¿qué providencias hemos de dictar para evitarnos esto? Con toda compunción y humildad de espíritu, veamos al presentador de antemano y ofrezcámosle algunos datos para que emplee en la presentación. Nos agradecerá cualquier sugestión. Luego digámosle las cosas que querríamos que mencione, las cosas que demuestran por qué estamos capacitados para hablar, los sencillos datos que el auditorio debiera conocer, los datos que nos ganarán su atención. Desde luego, si se lo decimos sólo una vez, el presentador olvidará la mitad de lo que le hemos dicho, y la otra mitad la confundirá, por esto es conveniente darle todo por escrito, a máquina, uno o dos párrafos, a fin de que se refresque la memoria antes de comenzar. Pero, ¿se la refrescará? Probablemente, no. Así es la vida.

PASTO Y CENIZAS DE NOGAL

Hace un tiempo, en uno de mis cursos de oratoria, tenía como alumno a uno de los principales vendedores de una gran casa comercial. Una noche nos hizo el absurdo anuncio de que había logrado pasto de dehesa sin semillas ni raíces. Había desparramado, según decía, cenizas de nogal sobre terreno recién arado, y al poquísimo tiempo había nacido el pasto. Creía firmemente que las cenizas de nogal, y solamente las cenizas de nogal, eran causantes del pasto de dehesa.

Al criticar su discurso, le hice observar, jovialmente, que su fantástico descubrimiento, de ser cierto, lo convertiría en millonario, porque el pasto de dehesa vale varios céntimos la libra. Le dije también que le haría inmortal, que le conquistaría un lugar entre los más grandes hombres de ciencia de la historia. Y le informé que nadie, vivo ni muerto, había logrado hacer el milagro que él decía haber hecho, de producir vida en una sustancia inanimada.

Le dije todo esto con mucha tranquilidad, porque percibía que su error era tan palpable, tan absurdo, que se podía excusar el énfasis de la refutación. Cuando terminé, todos los otros alumnos habían comprendido la tontera de su aserto; pero él no la vio, ni mucho menos. Estaba enardecido con su argumento. Se puso en pie y me informó que *no* estaba equivocado. Él no había estado relatando hechos teóricos, me dijo, sino el resultado de su experiencia personal. Sabía de qué hablaba. Siguió hablando, ampliando lo ya dicho, dando otros pormenores, alegando nuevas pruebas, la sinceridad y honestidad, a todo esto, rezumándose en su voz.

De nuevo le dije que no había la más remota esperanza de que tuviese razón, o un poquitín de razón, o el más leve asomo de la más ínfima pizca de razón. En menos que canta un gallo ya estaba en pie nuevamente, y me dijo que me apostaba cinco dólares, con el Ministerio de Agricultura para zanjar la cuestión.

Observé que pronto había ganado a su bando a varios alumnos. Asombrado de su credulidad, les pregunté por qué se habían convencido de la razón de mi antagonista. Por su vehemencia —fue la única explicación que me pudieron dar—, por su vehemencia.

La vehemencia: el poder que tiene es increíble, especialmente con un auditorio poco intelectual.

Muy pocas personas tienen la facultad de ser mentalmente independientes Es algo tan raro como el topacio de Etiopía. Pero todos tenemos sentimientos y emociones, y todos sufrimos el influjo de los sentimientos del orador. Si él cree algo con suficiente vehemencia, y lo dice con suficiente vehemencia, aunque diga que puede producir pasto a partir de cenizas de nogal, conseguirá algunos partidarios, algunos discípulos. Y hasta los conseguirá entre profesionales tenidas por cultos y otra *gente gorda*.

Después que hemos ganado la atención interesada del auditorio, y su confianza, comienza la verdadera labor. El tercer paso es.

EDUCAR AL PÚBLICO SOBRE LOS MÉRITOS DE NUESTRA PROPOSICIÓN

Esto es el corazón del discurso, la carne. A esto es a lo que debemos dedicar mayor tiempo. Ahora será el momento de aplicar todo lo aprendido en el capítulo XII sobre claridad, y todo lo aprendido en el capítulo XIII sobre el arte de impresionar y convencer.

Aquí es donde influirá la preparación. Aquí es donde su falta se levantará como el espíritu de Bancuo para reírse de nosotros.

A esta altura estamos ya sobre la línea de fuego. Y una batalla —como dice el mariscal Foch— no da oportunidad de estudio. Hay que hacer lo posible para aplicar lo que uno ya sabe, y por lo tanto es necesario saber concienzudamente, y aprovechar este conocimiento con rapidez.

Aquí es donde se torna necesario saber veinte veces más cosas de las que pensamos decir. Cuando el Caballero Blanco, en *Alicia a través del espejo,* se puso en viaje, se preparó para todas las contingencias posibles: llevó una trampa de ratones por si topaba con ratones a la noche, y llevó una colmena por si topaba con un enjambre de abejas. Si el Caballero Blanco hubiese preparado discursos con tanta previsión, habría sido un gran orador. Habría podido arrasar con un torrente de informaciones todas las objeciones que se le hubieran puesto. Habría conocido bien su tema y lo hubiera planeado tan a conciencia que difícilmente habría podido fracasar.

CÓMO RESPONDIÓ PATTERSON
A LAS OBJECIONES

Si estamos hablando ante un grupo por algún asunto que les afecta, no sólo debemos darle información, sino que debemos dejar que los oyentes nos den información a nosotros. Debemos averiguar qué piensan —porque de lo contrario quizá vayamos completamente errados. Dejémosles que nos hablen. Respondamos a sus objeciones; entonces estarán más tranquilos para escucharnos. He aquí cómo procedió John Patterson, presidente de la Compañía de Cajas Registradoras "National", en una situación de esta índole:

"Se tornó necesario elevar los precios de nuestras cajas registradoras. Los agentes y jefes de ventas protestaron; dijeron que la casa se perjudicaría, que los precios debían ser mantenidos como estaban. Entonces los cité a todos a Dayton y tuvimos una asamblea. Presenté el problema. Detrás de mí, en el tablado había una enorme hoja de papel y un pintor de letreros.

"Pedí al público que expusiera sus quejas por el aumento de precios. Las objeciones empezaron a surgir de entre el auditorio como disparos de ametralladora. Así como venían las hacía anotar en la hoja por el pintor. Pasamos todo el primer día reuniendo objeciones. Yo sólo los animaba. Cuando se levantó la asamblea, teníamos una lista de, por lo menos, cien razones diferentes para no levantar los precios. Todas las razones posibles estaban allí, delante de los ojos del auditorio, que parecía decidido a no introducir ninguna alteración. Entonces pasamos a cuarto intermedio.

"A la mañana siguiente, presenté las objeciones, una por una, y expliqué con diagramas y palabras la falta de solidez de cada una. El auditorio quedó convencido. ¿Por qué? Porque todo cuanto podía ser dicho en contra lo tenían allí escrito con pintura negra, y la discusión estaba centrada. No había cabos sueltos. Todo quedó resuelto en el acto."

UN DESEO CONTRA OTRO

El cuarto paso en este método es tomar los motivos que hacen actuar a los hombres.

La Tierra, y todo cuanto hay en ella y sobre ella y en las aguas que hay debajo de ella, es dirigida, no al buen tuntún, sino de acuerdo con la ley inmutable de la causa y el efecto,

> "Que el mundo tiene su orden,
> Los átomos su armonía."

Todo cuanto ha ocurrido u ocurrirá, ha sido o será el efecto lógico e inevitable de algo que le precedió, la causa lógica e inevitable de algo que le sigue. Este principio, como las leyes de los medos y los persas, "no conoce mutación". Es tan cierto de los terremotos como de la corbata de Martín con sus muchos colores, y del graznido de los gansos, y de los celos, y del precio de los callos guisados, y del diamante de Kohinoor, y de los fiordos de Noruega —es tan cierto de todo eso como lo es de poner una moneda en una ranura y sacar una barra de chocolate. Cuando uno llega a comprender esto alcanza, de una vez por todas, por qué las supersticiones son tan estúpidas, porque ¿de qué modo pueden alterar las leyes inmutables de la naturaleza trece personas que se sientan a una mesa, o alguien que rompe un espejo?

Todos los actos conscientes y deliberados que realizamos ¿son el efecto de qué? De un deseo. Las únicas personas a quienes no es dable aplicar esto están encerradas en los manicomios. Las cosas que nos hacen obrar no son muchas. Hora tras hora, día y noche, estamos dominados por un número sorprendentemente pequeño de deseos.

Todo esto significa, ni más ni menos, que si sabemos cuáles son estos motivos, y podemos suscitarlos con suficiente vigor, tendremos extraordinario poder. Esto es precisamente lo que hacen los buenos oradores. Pero los inexpertos caminan ciegamente y sin meta conocida.

Por ejemplo, un padre descubre que su hijo —un muchacho de quince años— ha estado fumando subrepticiamente. Se enfurece, echa chispas, protesta, ordena al niño que termine con este hábito pernicioso, le previene que con ello se arruinará la salud.

Pero supongamos que al muchacho se le da un bledo de su salud, que le gusta el sabor y la aventura de un cigarrillo más que lo que teme las consecuencias físicas. ¿Qué sucederá? La exhortación del padre será inútil. ¿Por qué? Porque el padre no fue suficientemente astuto para invocar un motivo que afectase a su hijo. El padre invocó sólo los motivos que le afectaban a él. No se molestó en mirar el asunto desde el punto de vista del muchacho.

Sin embargo, es bastante probable que el muchacho anhele con todo su corazón formar parte del equipo de fútbol de su escuela, o quiera intervenir en la carrera de cien metros, o quiera sobresalir en atletismo. Entonces, si el padre deja de considerar sus propios sentimientos, y hace ver al hijo que el tabaco le impedirá lograr las tan caras aspiraciones atléticas, logrará probablemente corregir al hijo en forma diplomática, y de una vez por todas; habrá recurrido al muy sensato procedimiento de contraponer un deseo más fuerte a un deseo más débil. Esto es precisamente lo que sucede en las famosas regatas de San Sebastián. Los fornidos remeros de Donostia, Fuenterrabía, Pasages, etc., se privan por propia voluntad del tabaco y el alcohol durante el período de adiestramiento. Comparado con el deseo de ganar, cualquier otro deseo es secundario.

Uno de los problemas más serios que se le presentan hoy al hombre es la guerra contra los insectos. Hace algunos años llegó a nuestro país la polilla oriental de la fruta, en unos cerezos que el gobierno japonés enviaba como obsequio para adornar la orilla de un lago en nuestra capital. El insecto se propagó y amenazó la cosecha de frutas en varios Estados. Los rociadores no daban ningún resultado; entonces el gobierno decidió importar otro insecto del Japón y diseminarlo para que terminara con esta alevilla. Nuestros expertos en agricultura combaten así una plaga con otra plaga.

El hombre diestro para incitar a la acción emplea táctica similar. Pone un motivo en pugna con otro. El método es tan sensato, tan sencillo, de tan completa evidencia, que cualquiera creería que es universalmente aplicado. Lejos de esto, sin embargo. Hartas veces vemos procederes tales que nos hacen sospechar la rareza de su empleo.

Citaré un caso concreto: Hace poco concurrí a un banquete en un centro de cierta ciudad. Estaban organizando un equipo de jugadores de golf para que jugasen en el campo de un pueblo vecino. Sólo muy pocos socios se habían anotado. El presidente del centro no podía ocultar su contrariedad; algo por él organizado estaba por fracasar. Su prestigio corría peligro. Entonces hizo un llamamiento —eso creyó él que era— para aumentar el número de inscritos. Su discurso fue sumamente inadecuado; basó la mayor parte de su pedido en el hecho de que *él quería que se inscribiesen*. Esto no era un llamamiento. No estaba manejando con habilidad la naturaleza humana. No hacía sino considerar sus propios sentimientos. Exactamente como aquel que descubrió a su hijo fumando, éste no se preocupó de referir su pedido a los deseos de los oyentes.

¿Qué habría debido hacer? Habría debido emplear una pródiga cantidad de sentido común; habría debido hablar un poco consigo mismo antes de querer hablar a los demás; y habría debido decirse algo a este tenor: "¿Por qué van tan pocos socios a este concurso de golf? Algunos quizá por no perder tiempo; otros quizá teman gastar mucho dinero en el viaje y la estada. ¿Cómo puedo vencer estas objeciones? Les demostraré que la recreación no es tiempo perdido; que las personas que se matan trabajando no son las que logran más éxito; que se puede trabajar más en cinco días estando fresco que en seis estando agotado. Desde luego, todos saben esto. Pero es menester recordárselo. Mencionaré cosas que les despierten mayores deseos que el que ya tienen de no incurrir en este menudo gasto. Les demostraré que es una inversión que hacen en salud y solaz. Les excitaré la imaginación, les haré verse ya en el campo de golf, el viento del oeste azotándoles el rostro, el verde césped bajo los pies, al tiempo que sientan lástima por los que, entre cuatro paredes, viven sólo para ganar dinero."

¿No creen mis lectores que así hubiera tenido mayor éxito?

LOS DESEOS QUE DETERMINAN NUESTRAS ACCIONES

¿Cuáles son, pues, estos deseos fundamentales que rigen nuestra conducta y nos hacen comportar como seres humanos? Si la comprensión y el aprovechamiento de ellos son tan indispensables para lograr el triunfo, ¿qué esperamos para estudiarlos? Venga luz, y examinémoslos, anatomicémoslos y analicémoslos.

Dedicaremos el resto de este capítulo a contar y comentar algunos cuentos. Tal es, nadie lo negará, el modo de enseñar con claridad y eficacia, y de grabar profundamente estas enseñanzas en las paredes de la memoria.

Uno de los más ardientes entre estos deseos es... ¿cuál os parece? Ni más ni menos: el deseo de lucro. Ésta es la razón principal por la que varios millones de personas se levantaron esta mañana dos o tres horas antes de lo que se habrían levantado de no existir este espolazo. ¿Es necesario insistir más en el poder de tan conocida instigación?

Aun más poderoso que el móvil económico es el deseo de conservación. Todas las propagandas referentes a la salud se basan sobre este deseo. Por ejemplo, cuando una ciudad hace propaganda de su clima salubre; cuando una fábrica de comestibles pondera la pureza y valor vigorizante de sus productos; cuando un vendedor de drogas farmacéuticas enumera todas las enfermedades que su fármaco aliviará; cuando una gran lechería anuncia que la leche es rica en vitaminas e indispensable para el mantenimiento de la vida; cuando un orador de la liga antitabaquista nos demuestra que el tres por ciento del tabaco es nicotina pura, y que una gota de nicotina puede matar a un perro, y que ocho gotas destruyen a un caballo, todas estas personas explotan nuestro innato deseo de preservar la vida.

Para explotar con eficacia y vigor este motivo, hemos de hacerlo personal. No citemos, pongo por caso, estadísticas que demuestren que el cáncer va en aumento. No. Enlacemos esto con la gente que nos escucha, *verbi gratia*: "En esta sala hay treinta personas. Suponiendo que todos llegaren hasta los cuarenta y cinco años, tres de los presentes, de acuerdo con la ley de promedios médicos, morirán de cáncer. Quizás esa persona sea usted, o usted, o aquel otro."

Tan fuerte como el deseo económico —y en mucha gente más fuerte aún— es el deseo de estar bien considerado, de gozar de la admiración. Hablo, señores, del orgullo. El Orgullo, con O mayúscula. El *Orgullo*, en bastardilla. EL ORGULLO, todo en grande.

¡Orgullo! ¡Cuántos crímenes se cometen en tu nombre! Durante muchos años, miles y miles de jóvenes doncellas de China sufrieron dolores indecibles; gimieron, lloraron, y todo esto de buena gana, porque los dictados del orgullo exigían que se les vendasen los pies y no se les permitiese crecer. En este mismo instante, miles de nativas, en ciertas partes del África Central, llevan discos de madera en los labios. Aunque parezca increíble, estos discos son tan grandes como el plato en que comimos el postre hoy al mediodía. Cuando las pequeñitas de esta tribu llegan a la edad de ocho años, se les hace un corte en la porción externa de los labios y se les inserta un disco. A medida que van pasando las estaciones, los discos son reemplazados por otros cada vez más grandes. Por fin hay que extirpar los dientes con el objeto de hacer lugar para tan preciado ornamento. Estos engorrosos adornos tornan de todo punto imposible a estas beldades de ébano el emitir sonidos inteligibles. El resto de la tribu rara vez entiende sus conatos de conversación. Pero todo esto soportan estas mujeres con tal de parecer hermosas, con tal de ser admiradas, con tal de estar satisfechas de sí mismas, con tal de aplacar el orgullo.

Aunque nosotros no exageramos tanto, o lo hacemos de otra manera, el principio es el mismo para todos los seres humanos.

Conque, la explotación del orgullo, si está bien hecha, tiene muy poca potencia menos que la dinamita.

Preguntémonos a nosotros mismos qué nos movió a seguir este curso. ¿Influyó en nosotros hasta cierto punto el deseo de causar mejor impresión? ¿Aspirábamos a la última satisfacción que produce el pronunciar un buen discurso? ¿No experimentaremos un orgullo muy perdonable del poder, dominio y distinción a que se hacen naturales acreedores los oradores?

Un director de revista declaró recientemente, en una conferencia, que de todas las cosas favorables al público que se pueden mencionar en una carta de propaganda comercial, ninguna era tan eficaz como las que se dirigen directamente al orgullo y al provecho.

Lincoln ganó cierta vez un juicio explotando el orgullo. Sucedió esto en 1847. Dos hermanos habían comprado dos yuntas de bueyes y un arado a un señor llamado Case. A pesar de que los dos hermanos eran menores de edad, el señor Case aceptó el pagaré que le firmaron por doscientos dólares. Cuando venció el pagaré, el acreedor fue a cobrar, y sólo consiguió que los muchachos se le rieran en las barbas. Entonces requirió los servicios de Lincoln y entabló demanda. Los hermanos alegaron que eran menores de edad y que el señor Case lo sabía cuando aceptó el pagaré. Lincoln admitió todo cuanto decían y la validez del acta de minoría. "Sí, señores; me doy perfecta cuenta", respondía a todos los puntos aducidos. Parecía que ya había abandonado las esperanzas de ganar. Sin embargo, cuando le llegó la vez de hablar, dirigió las siguientes palabras a los doce hombres buenos del jurado: "Señores del jurado, ¿estáis dispuestos a permitir que estos muchachos entren en la vida con semejante vergüenza y tacha de carácter? El mejor juez del carácter humano que haya escrito, dejó estas palabras:

> "El buen nombre del hombre y la mujer
> Es la joya inmediata de sus almas:
> Quien me roba la bolsa sólo basura roba;
> Es algo, es nada, hoy día, nada de él,
> Y esclava ya de miles.
> Pero quien me despoja del buen nombre,
> Me roba algo que no le enriquece
> Y a mí me deja, ciertamente, pobre."

Luego señaló que estos jóvenes nunca hubieran descendido a cometer semejante villanía si no hubiese sido por el poco sabio consejo de su abogado. Luego de mostrar cómo la noble profesión del Derecho era a veces prostituida para impedir en vez de para promover la justicia, se volvió y censuró con acritud al otro abogado. "Y ahora, señores del jurado —concluyó—, queda en vuestras manos rehabilitar a estos muchachos ante el mundo." Por cierto que ninguna de estas personas querría comprometer su prestigio ni influencia para escudar lo que era patente deshonestidad. No podían seguir fieles a sus principios y hacer semejante cosa —esto les había dicho Lincoln. Explotó, como vemos, el orgullo de los jueces. Y éstos, sin retirarse a deliberar, decidieron que había que pagar la deuda.

Lincoln explotó asimismo el innato amor de la justicia que tenían los miembros del jurado. Es un amor que casi todos tenemos, que nos brota espontáneamente. Por él nos detenemos en la calle a defender a un chicuelo que es castigado por otro mayor.

Somos criaturas sentimentales que ansiamos comodidades y placeres. Tomamos café, y llevamos medias de seda y vamos al teatro, y dormimos en la cama en vez de en el suelo, no porque hayamos llegado por razonamiento a la conclusión de que esto es beneficioso, sino porque es agradable. Demostremos entonces que lo que proponemos acrecentará nuestras comodidades y aumentará nuestro placer, con lo cual habremos tocado un resorte poderosísimo para remover la inercia e incitar a la acción.

Cuando un corredor de seguros nos dice que debemos asegurarnos la vida para no correr el riesgo de que nuestra esposa e hijos queden desamparados algún día, ¿qué móvil nos explota? Uno muy poderoso, uno que es responsable de gran parte de la conducta del mundo: el cariño.

También el patriotismo se basa sobre los móviles del cariño y el sentimiento.

A veces la explotación de los sentimientos moverá a la acción cuando todo lo demás fracase. Tal la experiencia de un conocido subastador de inmuebles, de Nueva York. Merced a su hábil explotación de este sentimiento consiguió hacer la venta más importante de su vida. He aquí su historia tal como él la contó:

"La pericia técnica no lo es todo en el arte de vender. En la venta particular más importante que haya hecho en mi vida, no recurrí a conocimientos técnicos de ninguna clase. Había estado negociando con el señor Gary la venta de un edificio de Broadway a la Corporación del Acero, que era donde había tenido sus oficinas hasta entonces. Yo creí que ya estaba decidida la venta, cuando, al ir a ver al señor Gary, me dijo muy calmosamente pero con mucha decisión:

"—Señor Day, nos han ofrecido un edificio mucho más moderno cerca de aquí, que nos resulta de mucho mayor conveniencia. Es (y me señaló la obra de carpintería) un edificio mucho mejor terminado. Esta casa es demasiado antigua; usted no ignora que su estructura es muy vieja. Algunos de mis asociados piensan que, desde todos los puntos de vista, el otro edificio nos será de mayor conveniencia que éste.

"¡Eran 5.000.000 de dólares que se me escapaban por la

ventana! No respondí nada por un momento, y el señor Gary se abstuvo de continuar. Me había comunicado su decisión. Si hubiera caído un alfiler al suelo, nos habría parecido una bomba. No intenté responder a sus razones. En vez de ello, le pregunté:

"—Señor Gary, ¿dónde estaba su primera oficina cuando vino a Nueva York?

"—Aquí mismo —respondió—; o, mejor dicho, en la habitación paredaña.

"—¿Dónde se organizó la Corporación del Acero?

"—Hombre, aquí mismo, en estas oficinas —musitó, más que contestó. Y luego, por su propia cuenta, agregó—: Algunos de mis gerentes más jóvenes han remozado de tiempo en tiempo sus oficinas. No les ha agradado el moblaje antiguo. Pero —agregó— ninguno de estos hombres sigue en la casa.

"La venta se produjo. A la semana siguiente firmamos los papeles.

"Desde luego, yo conocía el edificio que le habían ofrecido al señor Gary, y habría podido comparar los méritos arquitectónicos de uno y otro. Pero entonces habría conseguido que el señor Gary se pusiese a discutir —consigo mismo si no conmigo— sobre pormenores materiales de construcción. En vez, recurrí a sus sentimientos."

MOTIVOS RELIGIOSOS

Hay otro grupo poderoso de motivos que influyen grandemente en nosotros. ¿Cómo los llamaremos? ¿Motivos religiosos? Con *religiosos* quiero decir, no la adoración ortodoxa o los dogmas de una secta cualquiera. Me refiero más bien al amplio grupo de verdades hermosas y eternas que enseñó Jesucristo: la justicia, el perdón, la caridad, el amar al prójimo como a nosotros mismos.

A nadie le gusta confesar, ni siquiera para su interior, que no es bueno, amable y magnánimo. Por esto nos encanta que nos exploten estos sentimientos. Implica cierta nobleza de alma. Esto nos enorgullece. Durante muchos años, Ward fue secretario de la Junta Internacional de la Asociación Cristiana de Jóvenes, y todo el tiempo lo dedicó a efectuar campañas para aumentar la hacienda de la Asociación y construir así nuevos edificios. Cuando un hombre firma un cheque por mil pesetas para la Asociación Cristiana de su pueblo, no es el instinto de conservación lo que le impulsa a ello, ni el deseo de aumentar sus riquezas o de acrecentar su poder personal. Pero muchos hay que lo hacen por ser nobles, justos y útiles.

Luego de iniciar la campaña en cierta ciudad del Noroeste, el señor Ward se entrevista con un conocido hombre de negocios que nunca había querido saber nada de iglesias ni de movimientos sociales. ¡Qué! ¿Pretendía el señor Ward que abandonara sus negocios durante una semana para intervenir en la campaña pro fondos de la Asociación Cristiana? ¡Absurdo! Por fin consintió en concurrir a la reunión inaugural de la campaña. Y le emocionó tanto el discurso con que el señor Ward explotó su nobleza y altruismo, que dedicó toda una semana, entusiasmadísimo, a la campaña pro fondos. Antes de terminada la semana, este hombre, que siempre había sido conocido por su profanidad religiosa, rezaba por el éxito de la empresa.

Un grupo de personas visitó hace tiempo a James J. Hill para convencerlo de que estableciera Asociaciones Cristianas a lo largo de sus líneas de ferrocarriles. Se necesitaba dinero; y, sabiendo que Hill era un astuto hombre de negocios, tuvieron el poco tino de basar los argumentos principales sobre su deseo de lucro. Estas asociaciones, adujeron, aumentarían la felicidad y conformidad de sus obreros, con lo cual se elevaría el valor de sus propiedades.

—Han olvidado ustedes mencionar la única razón que me moverá a establecer estas Asociaciones —respondió el señor Hill—, y que es el deseo de respaldar la virtud y fomentar el carácter cristiano.

Ciertas viejas cuestiones de límites entre Chile y la Argentina habían colocado a estas dos naciones, en

1900, al borde de la guerra. Se habían construido barcos de guerra, se habían acumulado armamentos, se habían aumentado los impuestos y se había efectuado toda suerte de preparativos para zanjar la cuestión por las armas. En el día de Pascuas de 1900 un obispo argentino hizo, en nombre de Cristo, un apasionado llamamiento en favor de la paz. Del otro lado de los Andes, un obispo chileno recogió y repitió el mensaje. Ambos obispos comenzaron a ir de ciudad en ciudad, exhortando a la paz y al amor fraternal. Al principio, los auditorios estaban formados sólo de mujeres; pero al cabo sus exhortaciones conmovieron a las dos naciones. Se hicieron peticiones populares; y la opinión pública obligó a los gobiernos a recurrir al juicio arbitral y a reducir las fuerzas armadas. Se desmantelaron las fortalezas fronterizas y los cañones fueron fundidos para moldear un inmenso Cristo de bronce. Hoy, en lo alto de la enorme cordillera que separa a ambos países, erigido en guardián de la frontera que dio origen a la discordia, se destaca la estatua del Príncipe de la Paz, con su cruz en la mano. Y en el pedestal se lee esta inscripción: "Estas montañas se derrumbarán y convertirán en polvo antes que los pueblos de Chile y de la República Argentina olviden la solemne palabra empeñada a los pies de Cristo."

Tanto es el poder de una invocación a los sentimientos y convicciones religiosos.

SUMARIO

1. Despertar el interés.

2. Ganarnos la confianza del auditorio, mereciéndola por nuestra sinceridad, por una presentación adecuada, por estar capacitados para hablar del tema, por decir lo que la experiencia nos ha enseñado.

3. Digamos lo que tenemos que decir, eduquemos al auditorio sobre los méritos de nuestra propuesta, respondamos a sus objeciones.

4. Explotemos los motivos que hacen actuar a los

hombres: el deseo de lucro, de conservación, de placeres, el orgullo, los sentimientos, los afectos y los ideales religiosos, tales como la justicia, la piedad, el perdón, el amor.

Este método, si es empleado con acierto, no sólo será un auxilio para el orador, sino para todas las personas, en los diversos asuntos de la vida.

¿HA USADO CON ÉXITO EL AUTOR EL MÉTODO QUE ACABA DE DESCRIBIR?

Primer paso: ¿Ha despertado el autor el interés de sus lectores al recalcar la importancia de influir en la naturaleza humana, y al declarar que hay un método científico para conseguirlo y que de él trataríamos en seguida?

Segundo paso: ¿Conquistó el autor la confianza del lector al decirle que su sistema se basa en los preceptos del sentido común, que él había empleado y había enseñado a emplear a miles de personas?

Tercer paso: ¿Expuso el autor sus teorías con claridad? ¿Enseñó al lector el mecanismo y los méritos del método?

Cuarto paso: ¿Dejó convencido el autor al lector de que este método aumentará su influjo personal y su provecho? ¿Se esforzará el lector, como consecuencia de la lectura de este capítulo, en aplicar este método? En diferentes palabras, ¿ha incitado el autor a la acción? *

VICIOS DE LENGUAJE

GIROS

El uso correcto de las preposiciones es difícil en cualquier idioma. Es común emplearlas erradamente en los siguientes giros:

---

* El autor desea expresar su agradecimiento por este plan a Arthur Dunn, que lo dio en su libro *Scientific selling and advertising.*

INCORRECTO	CORRECTO
Basta *con* verte	Basta el verte
De arriba *a* abajo	De arriba abajo
Haber menester *de* algo	Haber menester algo
Entrar *a* un lugar	Entrar *en* un lugar
Bajo el punto de vista	*Desde* el punto de vista
Aparte *de* esto	Aparte esto
Ejercer *de* médico	Ejercer la medicina
En caso que	En caso *de* que
Por amor *a* Dios	Por amor *de* Dios
Camino *a* Madrid	Camino *de* Madrid
En ancas	A ancas, *a* las ancas
Quitarse *del* medio	Quitarse *de en* medio
Renunciar *a* un cargo	Renunciar un cargo
Contar *con* los dedos	Contar *por* los dedos
Ganar *de* mano	Ganar *por* la mano
De este tenor	A este tenor

GRAMÁTICA

Uso de la preposición

Los nombres de ciudades y países llevan la preposición *a* cuando son complemento directo de un verbo activo, según una regla académica que ha caído en desuso. De modo que si se decía: "Conquistar *a* Berlín", hoy se dice: "Conquistar Berlín",

    Sitiar Roma,
    Descubrió América,
    Visitar Francia.

En cambio, aún llevan la preposición los colectivos de personas, siempre que la acción que denota el verbo se ejerza sobre los individuos:

Adular *a* la muchedumbre;

pero

Contemplar la muchedumbre.

En fin, la llevan también las cosas personificadas:

Con la pluma venció *a* la espada.

EJERCICIO VOCAL. HABLEMOS CON NITIDEZ

De acuerdo con un artículo de *El Tiempo de Nueva York,* uno de cada siete hombres que presentaron solicitud de aspirantes a oficiales durante la Gran Guerra no fue aprobado en los exámenes por "pésima articulación vocal, falta de voz o enunciación imperfecta".

Estas desventajas no lo son menos en la vida civil. ¿No nos vemos, acaso, obligados muchas veces a pedir a alguien que nos repita alguna frase, sobre todo si nos es un extraño? ¿No nos ha fastidiado muchas veces el tener que escuchar a alguien a quien se nos hacía difícil entender?

Cuántas veces carecen de esa nitidez, esa impecable enunciación, las personas a cuyo trato estamos acostumbrados. Y qué delicia escuchar a alguien que la posee. Es señal casi infalible de refinamiento y cultura.

Todos pueden mejorar su pronunciación con ejercitamiento. A los sordomudos se les enseña a mover con exactitud los músculos de los labios, mejillas y lengua. Y el resultado es que aprenden a hablar más nítidamente que cualquiera que posea la facultad de oír. Imaginemos, pues, lo que haría semejante adiestramiento a un hombre normal.

Los sonidos más fáciles son las consonantes que se pronuncian cerrando los labios. Son tres: *p, b (v)* y *m.* He aquí algunas reglas:

Apretemos siempre los labios fuertemente para pronunciar estos sonidos. Más fuertemente de lo que estamos acostumbrados a hacer, y por mayor tiempo. Mucha gente apenas junta los labios. Exageremos el sonido, casi como si fuera doble:

cama   camma
Capa   cappa
cabo   cabbo

Localicemos la sensación, sintamos la compresión de la m de *cama*, de la p de *capa*, etc., al centro mismo de los labios. Empleemos entrambos lados. ¿Usamos todos el labio superior? El espejo nos lo dirá.

Ni temamos, por otra parte, sacar un poco los labios al pronunciar estos sonidos, haciendo con ellos bocina. Esto es necesario para la claridad.

Ejercicio: Repetir *me-me-me-me-me; pep-pep-pep-pep-pep-pep;* etc.

Repetir frases disparatadas como éstas:

Se preparan para aparecer problemas prohibitivos.
Móviles millones de memeces manifiestas.

Las siguientes consonantes son consecuencia del contacto de la lengua con alguna parte del techo del paladar: *t, d, z, n, l, s, ch, j, r, k, g.* Esta clase de consonantes intervienen en casi todas las palabras. Para mayor conveniencia las dividiremos en tres grupos:

1. *t, d, z, n, ch, j.*
2. *k, g.*
3. *l, s, r.*

Hablemos del primer grupo.

Para pronunciar con exactitud, rapidez y facilidad, *t, d, z, n, ch* y *j,* apretemos la lengua con fuerza contra el cielo de la boca. La mayor parte de la gente es perezosa con la lengua. Esforcémosla. Ciñámosla. Esto beneficiará la claridad de nuestros sonidos.

Para pronunciar con rapidez y facilidad estas consonantes, *afilemos* la lengua, y usemos sólo la punta, medio centímetro aproximadamente. No levantemos toda la lengua. Y toquemos con la punta el cielo de la boca, inmediatamente por detrás de los dientes, ni más ni menos.

Pongamos un espejo frente a la boca y repitamos frases disparatadas como estas que siguen, usando enérgicamente todos los músculos en la manera indicada. Y luego inventemos otras frases:

Lolita Gálvez teje un tejido de lino.

Alegres llegan doce gitanas por las montañas y por los llanos.

La impecable articulación de Caruso, según Fucito y Beyer, se debía a la gran flexibilidad de sus labios y lengua. Un excelente ejercicio para la flexibilidad de la lengua y los labios (y también para la clara enunciación de la erre) es: *tra, tre, tro, tru* y *bra, bre, bro, bru.*

Los maestros italiano de canto enseñan a sus discípulos a pronunciar muchas eles. Con la punta de la lengua contra el cielo de la boca, los labios salientes, la mandíbula sin tensión, digamos *lul, lul, lul, lul, lul, lul, lul, lul.*

La *l*, la *n* y la *m* reciben el nombre de consonantes musicales. Tienen de suyo música, pero muchos oradores se la quitan. La *n* es muy valiosa, porque da el mejor tono de cabeza. Por eso las usamos en el último capítulo, al hablar de las vocales: *an, in, ien,* etc.

Capítulo XVI

EL LENGUAJE CORRECTO

No basta saber imitar el talle del cuerpo, si el corte del vestido no dice con la figura. ¿Y qué diremos del estambre de la tela, que es la propiedad de las palabras? Ésta también va perdiendo, y sólo la lectura de nuestros autores antiguos puede reparar tanto daño.

Antonio Capmany

Amo también a mi idioma, el idioma castellano; deseo que se conserve incólume en América, y mi único sentimiento es no conocerlo a fondo —no poder escribirlo de una manera impecable.

Juan Antonio Argerich

Hoy se emplean sin discriminación cantidad de voces. En este mismo instante he estado yo a punto de cometer una impropiedad al ir a estampar palabra por voz. Lo que se habla es palabra, y lo que se escribe es voz o término.

Azorín

Cierto tiempo atrás, un inglés, sin empleo y sin reservas económicas, caminaba por las calles de Filadelfia en busca de empleo. Entró en las oficinas de Paul Gibbons, conocido comerciante de la ciudad, y pidió ver a éste. Gibbons miró con desconfianza al extraño. Su porte no le recomendaba ni mucho menos. El traje lo tenía raído y arrugado, y toda su presencia revelaba claramente desgracia económica. Un poco por curiosidad, un poco por lástima, Gibbons accedió a recibirle. Al principio pensaba escucharlo sólo un momento, pero el momento se convirtió en minutos, y los minutos llegaron a una hora; y la conversación continuaba. Y terminó con un llamado telefónico de Gibbons a otro amigo, poderoso comerciante de Filadelfia. Y éste invitó al extraño a comer y le dio un empleo decoroso. ¿Cómo pudo este hombre cogerse de tan preciada aldaba en tiempo tan breve?

Podemos divulgar el secreto en una sola frase: su dominio del idioma. Era, en realidad, un universitario de Oxford que había venido a América en misión comercial y acabado en desastre. Había quedado en la calle, sin dinero y sin amigos. Pero hablaba el inglés con tanta precisión y belleza, que quien lo escuchaba se olvidaba de que los zapatos los tenía polvorientos, la chaqueta deshilachada y el rostro barbudo. La refinada pureza de su idioma era un pasaporte que le abría las puertas de los mejores círculos comerciales.

La aventura de este hombre es algo extraordinaria, pero nos ejemplifica una verdad inconmovible y fundamental: dime cómo hablas y te diré quién eres. Las palabras que empleamos revelan nuestro refinamiento. Le indican, al oyente observador, con quién está tratando. Son los voceros de nuestra cultura y de nuestra educación.

Sólo tenemos, todos nosotros, cuatro formas de contacto con el mundo. Se nos aprecia y clasifica por cuatro cosas: por lo que hacemos, por lo que parecemos, por lo que decimos y por la manera en que lo decimos. Sin embargo, muchas personas yerran por mucho tiempo después de terminados los estudios, sin que hagan el menor esfuerzo consciente por enriquecer su vocabulario, por dominar los matices de significado, por hablar con precisión y distinción. Generalmente, usan las ya por demás zarandeadas y exhaustas frases de la oficina y de la calle. ¿Qué mucho, entonces, que su conversación carezca de distinción e individualidad? ¿Qué mucho que violen una vez tras otra los preceptos —aun los más elementales de gramática? Yo he oído hasta señores graduados de la universidad diciendo *haiga* por *haya* o *voy de mi casa* por *voy a mi casa*. Y si señores universitarios que adornan sus nombres con llamativos títulos cometen estos errores, ¿qué queda para aquellos cuya educación debió ser interrumpida tempranamente por dificultades económicas?

Hace algunos años estaba yo ensimismado frente al Coliseo de Roma. Un desconocido se me acercó; era un inglés de ultramar. Se presentó y comenzó a darme lata en torno a sus aventuras por la Ciudad Eterna. No había hablado aún tres minutos cuando me soltó un *agora* y un *me se fue*. Aquella mañana, cuando se levantó, había, mi hombre, lustrádose los zapatos y vestido inmaculado traje blanco para hacerse acreedor al respeto de cuantos le vieran; pero no había hecho el menor esfuerzo por lustrar un poco sus frases y decir períodos impecables. Le causaría vergüenza, por ejemplo, no quitarse el sombrero para hablar a una mujer; pero no le avergonzaba —¡qué va!, ni siquiera reparaba en ello— el violar los usos de la gramática, el ofender los oídos de interlocutores de mejor gusto y cultura. Sus propias palabras le delataban, encasillaban y clasificaban. Su pésimo aprovechamiento del idioma heredado proclamaba al mundo, continua e inexorablemente, que no era persona educada.

El doctor Charles W. Eliot, después de presidir la Universidad de Harvard durante un tercio de siglo, declaró: "Sólo una adquisición mental considero necesaria en la educación de una dama o de un caballero: el empleo preciso y refinado de su lengua materna." Ésta es una opinión de valor. Meditémosla.

Pero ¿cómo —preguntará alguien— familiarizarme con las palabras, y hablar con elegancia y precisión? Afortunadamente, no hay sombra de misterio en punto a los medios que se deberán emplear, no hay arte de birlibirloque. El método es un secreto a voces. Lincoln lo empleó con extraordinario éxito. Ningún otro norteamericano logró construir frases tan hermosas, ni produjo con la prosa tan delicada música: "sin malevolencia para nadie, con caridad para todos". ¿Había dotado la naturaleza con semejante don de las palabras a este hombre cuyo padre era un carpintero perezoso y analfabeto, y cuya madre era una mujer de condiciones mediocres? No hay evidencia que abone tal suposición. Cuando lo eligieron diputado, describió su educación en los archivos de Washington con una sola palabra: *deficiente*. No había concurrido doce meses a la escuela en toda su vida. Y ¿quiénes habían sido sus guías? Maestros rurales que viajaban de un campamento de colonos a otro, buscando niños en edad escolar a quienes educar a cambio de jamón, trigo y maíz que comer. Lincoln obtuvo muy flaca ayuda, muy omisa inspiración ni estímulo de estos hombres, ni de su ambiente diario.

Los agricultores y comerciantes, los abogados litigantes con quienes convivió en una nueva etapa de su vida no tenían dominio del vocabulario. Pero Lincoln no malgastó —y éste es un factor importante que debemos recordar—, Lincoln no malgastó todo el tiempo con sus iguales e inferiores mentales. Trabó amistad íntima con los espíritus escogidos, los poetas de todos los tiempos. Podía repetir de memoria páginas enteras del inmortal poeta escocés Burns, o de los románticos ingleses Byron y Browning. Tenía un ejemplar de las poesías de Byron en su casa y otro en la oficina. El ejemplar que tenía en la oficina había sido tan aprovechado que siempre que uno lo tomaba quedaba abierto en el *Don Juan*. Aun cuando estaba en la Casa Blanca, mientras la pesada carga de la Guerra de Secesión le minaba las fuerzas y le grababa profundos surcos en el rostro, se hacía un poquito de tiempo para leer a algún poeta favorito. A veces se despertaba a medianoche y, abriendo un libro, daba en versos que le resultaban especialmente estimulantes o agradables. Levantándose con sólo su camisón de dormir y zapatillas, caminaba por los vestíbulos hasta que topaba a su secretario; entonces le leía poesía tras poesía. En la Casa Blanca se hacía tiempo para recitar largos pasajes de Shakespeare; criticaba la versión de los actores y daba la suya individual. "He recitado algunas obras de Shakespeare —escribía a un actor— quizá más frecuentemente que cualquier actor no profesional. *El Rey Lear, Ricardo III, Enrique VIII, Hamlet,* y especialmente *Macbeth.* Creo que no hay nada que pueda igualarse a *Macbeth.* ¡Es maravillosa!"

A Lincoln le agradaba la poesía. No sólo aprendía de memoria y repetía poemas enteros, así en privado como en público, sino que intentó escribirlos. Leyó uno de sus largos poemas en el casamiento de su hermana. Luego, "en medio del camino de la vida", ocupó un cuaderno de sus composiciones originales, pero era tan tímido que nunca permitió a nadie —ni aun a sus mejores amigos— que las leyesen.

"Este autodidacto —escribe uno de sus biógrafos— vistió su espíritu con el indumento de auténtica cultura. Llamadle genio, o llamadle talento, el proceso de su logro fue el descrito por el profesor Emerton al hablar de la educación de Erasmo: 'No siguió más en la escuela, sino que se autoeducó con el único método pedagógico que haya producido resultados hasta ahora: el método de la propia, infatigable energía, aplicada al estudio y la práctica continuos'."

Este torpe colono, que solía descortezar maíz y untar cerdos por treinta y un centavos de dólar diarios, pronunció en Gettysburg uno de los discursos más hermosos pronunciados por labios humanos. Ciento setenta mil hombres lucharon en Gettysburg. Siete mil murieron. Sin embargo, Carlos Sumner dijo, poco después del asesinato de Lincoln, que este discurso sería recordado cuando la batalla ya estuviese olvidada, y que la batalla sería en gran parte recordada gracias al discurso. ¿Quién duda de la corrección de esta profecía? ¿No es cierta ya?

Edward Everett, que precedió a Lincoln en el uso de la palabra, habló durante dos horas. Lincoln habló por menos de dos minutos. Un fotógrafo trató de hacerle un retrato mientras pronunciaba el discurso, pero Lincoln había terminado antes de que la primitiva cámara pudiese ser instalada y puesta en foco.

El discurso de Lincoln ha sido fundido en bronce imperecedero y colocado en una biblioteca de Oxford, como muestra de lo que se puede hacer con el lenguaje. Todos los estudiantes de oratoria debieran aprenderlo de memoria:

"Ochenta y siete años ha nuestros padres dieron a luz en esta tierra una nueva nación, concebida en la libertad, y dedicada a la proposición de que todos los hombres son creados en igualdad. Hoy estamos comprometidos en una gran guerra civil, probando si nuestra nación, o si cualquier nación así concebida y a tal fin dedicada, puede subsistir por largo tiempo. Nos hemos reunido en un gran campo de batalla de esa guerra. Hemos venido a dedicar una porción de ese campo como postrer lugar de descanso para quienes dieron aquí sus vidas a fin de que la nación viviera. Es de todo punto adecuado y correcto que hiciéramos esto. Pero, en más amplio sentido, no podemos dedicar, no podemos consagrar, no podemos santificar esta tierra. Los esforzados hombres que aquí bregaron la han consagrado ya muy por encima de nuestra pobre facultad de agregar o sustraer. Poco reparará el mundo, ni recordará por largo tiempo, cuanto decimos nosotros aquí; pero no podrá olvidar cuanto ellos hicieron aquí. Es deber de nosotros, los vivos, dedicarnos al inconcluso trabajo que aquellos que aquí lucharon tan hidalgamente así han adelantado. Es nuestro deber estarnos dedicados aquí a la enorme tarea que queda frente a nosotros, porque tomemos de estos muertos honrados creciente devoción a la causa por la que ellos hicieron el postrero y máximo esfuerzo de su devoción; porque resolvamos solemnemente que estos muertos no han dado su vida en vano; porque esta nación, protegida de Dios, tenga nuevo nacimiento de libertad; y porque el gobierno del pueblo, por el pueblo, para el pueblo, no perezca en la tierra."

Se cree comúnmente que Lincoln inventó la frase inmortal con que concluyó su discurso. ¿La inventó, realmente? Su socio le había dado, algunos años antes, un ejemplar de la antología de discursos de Theodore Parker. Lincoln leyó y subrayó en este libro las siguientes palabras: "La democracia es el autogobierno directo, sobre todo el pueblo, por todo el pueblo y para todo el pueblo." Theodore Parker quizá haya sacado este pensamiento de Webster, quien dijo cuatro años antes: "El gobierno del pueblo, constituido por el pueblo y responsable ante el pueblo." Y Webster quizá se inspiró en una frase de James Monroe, expresada treinta años antes. ¿Y de dónde la sacó Monroe? Quinientos años antes de nacido Monroe, Wyclif, en el prefacio de su traducción de las Escrituras, escribió que "esta Biblia es para el gobierno del pueblo, por el pueblo y para el pueblo". Y mucho antes de la época de Wyclif, más de cuatrocientos años antes de Jesucristo, Cleón, en un discurso pronunciado en Atenas, habló de un gobierno "del pueblo, por el pueblo y para el pueblo". Y qué antigua fuente inspiró a Cleón este pensamiento, es algo que queda perdido en la nebulosidad de la antigüedad.

¡Cuán pocas son las cosas realmente nuevas! ¡Cuánto deben los oradores, aun los más preclaros, a sus lecturas y a su frecuentación de los libros!

¡Libros! He ahí el secreto. Quien quiera enriquecer y acrecentar su vocabulario debe empapar y teñir constantemente su espíritu en las tinas de la literatura. "¡Qué lástima! —exclamaba Menéndez y Pelayo—. ¡Tener que morirme con tanto como me falta por leer!"

El amor que tenía Larra cuando niño a los libros era tan grande, que cuando lo enviaban a dormir por las noches rompía a llorar.

Cánovas del Castillo abandonó la escuela a muy temprana edad por razones de familia. Sin embargo, su amistad con los libros le permitió adquirir un dominio extraordinario de la lengua materna y una cultura raramente universal. Podía citar de memoria pasajes enteros de sus clásicos preferidos Su biblioteca particular constaba de 35.000 volúmenes. También Maura, cuya lengua materna era un dialecto del catalán, debió a la lectura intensa y cuidadosa de los clásicos castellanos el dominio profundo de esta lengua. Sus discursos fueron, gramaticalmente, los más depurados que se escucharon en las Cortes de su época.

Charles James Fox leía a Shakespeare en voz alta para mejorar su estilo. Gladstone llamaba a su estudio el "Templo de la Paz", y tenía allí 15.000 volúmenes. Le resultaba particularmente provechosa, confesaba, la lectura de San Agustín, de Butler, de Dante, de Aristóteles y de Homero. La *Ilíada* y la *Odisea* le apasionaban. Escribió seis libros sobre la poesía homérica y sobre la época de Homero.

El menor de los Pitt solía leer una página o dos de griego y latín y luego las escribía en su propia lengua. Hizo esto diariamente durante diez años, y "adquirió una habilidad casi sin paralelo para dar forma verbal a sus pensamientos, sin premeditación y con palabras bien escogidas y dispuestas."

Demóstenes copió la historia de Tucídides ocho veces, de su propio puño, a fin de poder adquirir la fraseología majestuosa e impresionante del famoso historiador. ¿El resultado? Dos mil años más tarde, a fin de castigar su estilo, Woodrow Wilson estudió las obras de Demóstenes.

Tennyson estudiaba la Biblia a diario. Tolstoi leyó y releyó los Evangelios hasta saber largos pasajes de memoria. "En él aprendió Petrarca a modular sus gemidos —dice Donoso Cortés de este libro—; en él vio Dante sus terroríficas visiones; de aquella fragua encendida sacó el poeta de Sorrento los espléndidos resplandores de sus cantos... Y para hablar de nuestra España, ¿quién enseñó al maestro Fray Luis de León a ser sencillamente sublime? ¿De quién aprendió Herrera su entonación alta, imperiosa y robusta? ¿Quién inspiraba a Rioja aquellas lúgubres lamentaciones, llenas de pompa y de majestad, henchidas de tristeza, que dejaba caer sobre los campos marchitos, y sobre los mustios collados, y sobre las ruinas de los imperios, como un paño de luto?"

Robert Louis Stevenson fue un escritor de escritores. ¿Cómo desarrolló ese estilo que le hizo famoso? Afortunadamente, nos lo ha confesado:

"Siempre que leía un libro o pasaje que me agradaba sobremanera, en donde se había dicho algo o se había logrado con propiedad un efecto, en el que había alguna fuerza notable o alguna distinción feliz en el estilo, tenía que sentarme y ponerme a imitar esa cualidad. Lo hacía mal —y no lo ignoraba—, y lo intentaba de nuevo, y de nuevo lo hacía mal, y siempre mal; pero, por fin, en estos vanos combates, obtuve un poco de pericia en el ritmo, armonía, construcción y coordinación de las partes.

"Así, he remedado cuidadosamente a Hazzlit, Lamb, Wordsworth, Thomas Browne, Defoe, Hawthorne, Montaigne.

"Ése, quiérase o no, es el método de aprender a escribir. Haya aprendido yo o no, ése es el método. Fue el método con que aprendió Keats, y jamás hubo temperamento más delicado para la literatura que Keats.

"Es lo cierto que en estas imitaciones siempre brilla, lejos del alcance del estudiante, el modelo inimitable. Por mucho que haga, siempre fracasará. Pero muy viejo es el refrán que nos dice que el fracaso es el único camino que lleva al éxito."

Y basta ya de nombres y casos concretos. Ya conocemos el secreto. Lincoln lo escribió a un joven que ansiaba ser un buen abogado: "No hay sino tomar los libros y leerlos y estudiarlos con cuidado. Trabajar, trabajar, trabajar es lo que importa."

¿Qué libros? Comencemos con el de Arnold Bennett *Cómo vivir con veinticuatro horas por día*. Este libro será tan estimulante como una ducha fría. Nos dirá muchas cosas respecto del más interesante de los temas: nosotros mismos. Nos hará ver cuánto tiempo malgastamos diariamente, cómo podemos poner fin a este malgasto, y cómo utilizar el tiempo adicional que nos resulte de este ahorro. El libro sólo tiene 103 páginas. Lo podemos leer fácilmente en una semana. Arranquémosle veinte páginas todas las mañanas y guardémoslas en el bolsillo. Y hagamos sólo diez minutos de culto ante el altar del periódico, en vez de los veinte o treinta que son de rigor. "Por nuevas nos tenéis, que hacerse han viejas y saberlas heis."

"He dejado los periódicos por Tácito y Tucídides, por Newton y Euclides —escribía Thomas Jefferson— y vivo mucho más feliz." ¿No creen mis lectores que, siguiendo el ejemplo de Jefferson aunque sólo sea hasta la reducción en una mitad de nuestra lectura de periódicos, nos hallaremos más felices y sabios a medida que pasen las semanas? ¿No están dispuestos mis lectores a probarlo por un mes y dedicar el tiempo así ahorrado a la lectura más edificante y duradera de buenos libros? ¿Por qué no leemos esas páginas arrancadas mientras esperamos el ascensor, el tranvía, la comida, a una persona que nos dio cita?

Después de leídas estas veinte páginas, volvámoslas a su lugar y arranquemos otras veinte. Cuando hayamos terminado, pongamos una faja de goma alrededor de las tapas para que no se escapen las hojas. ¿No es mucho mejor tener un libro asesinado y mutilado de ese modo, pero con su contenido en la cabeza que tenerlo impecable y sin abrir en los anaqueles de un estante?

Después que hayamos terminado con *Cómo vivir con veinticuatro horas por día* quizá queramos leer otro libro del mismo autor. Leamos *La máquina humana*. Este libro nos enseñará a tratar con mayor tino a la gente. Aumentará nuestra serenidad y el dominio de nosotros mismos. Recomiendo estos libros no sólo por lo que dicen, sino por cómo lo dicen, por el enriquecimiento y refinamiento de vocabulario que nos traerán consigo.

Otros libros que recomiendo son *El Pulpo* y *El hoyo* de Francis Norris, dos de las mejores novelas norteamericanas que se hayan escrito. La primera trata de los disturbios y tragedias de los campos trigueros de California; la segunda pinta las luchas de los osos contra los toros, en Chicago. *El hombre mediocre*, de José Ingenieros, es un libro edificante y de rico vocabulario. También es provechoso *La simulación en la lucha por la vida*, del mismo autor. El *Ariel, Vida de Shelley*, de André Maurois; *Viajes con un burro*, de Stevenson, y *Charlas a los maestros*, de William James. Sin citar libros, recomendamos a los escritores españoles de la llamada generación del noventa y ocho: Azorín, Valle-Inclán, Unamuno, Ortega y Gasset, Benavente, Ganivet, etc.

Hagamos de estos autores nuestros amigos de todos los días. Dejémosles que nos enseñen, nos estimulen, nos guíen con páginas llenas de sugestión y belleza como esta de Rubén Darío.

"Con la frente apoyada entre mis manos,
pienso y quiero expresar lo que medito,
Númenes soberanos.
Musa de la verdad, Verbo infinito,
dad vuestro apoyo al que demanda aliento;
que esta fiebre ardorosa en que me agito,
si hoy ensancha mi pobre pensamiento,
vigor me roba al darme sentimiento,
y a fuerza de pensar me debilito.
Temo que se me ofusque la mirada
si estoy de cara al sol; pero más temo
que vacile mi voz debilitada
al cantar el ideal de lo supremo.
El astro eterno luce; glorifica
la voz de lo inmortal su excelsa llama,
cuyo fulgor celeste se derrama
en oleada de luz que purifica.
Siento que en mi cerebro forcejea
y relucha la idea
por cobrar forma, por hallar salida;
esa insondable claridad me atrae;
pero al velar el ánimo decae
y me sale la voz desfallecida...
Pero... ¡valor! ¡arriba, pensamiento!

Vuela, atrevido acento;
alma ansiosa, sacude la cabeza
y a la altura los ojos endereza.
Basta de vacilar. Con ansia ardiente
daré forma a la idea que concibo.
Basta de vacilar. Alzo la frente,
tomo la pluma, y lo que pienso escribo."

Pero, realmente, hemos dejado los mejores autores para el final. ¿Quiénes son? Cuando le pidieron a Irving una lista de los cien mejores libros de la literatura mundial, respondió: "antes que cien libros, dadme la lectura de dos: la Biblia y Shakespeare". Tenía razón. Abrevémonos en estas dos fuentes de literatura. Abrevémonos generosamente y a menudo. "La obra shakesperiana —dice don Mariano de Vedia y Mitre— no puede considerarse patrimonio exclusivo de una lengua o de una nación. Tal es su significado, que no ha de llamarse hombre culto quien no la conozca, siquiera sea fragmentariamente." Dejemos el diario a un lado esta noche, y digamos: "Shakespeare, ven aquí y háblame en esta noche de Romeo y su Julieta, de Macbeth y su ambición."

Si hacemos esto, ¿cuál será la recompensa? Gradualmente, pero inevitablemente, si leemos buenas traducciones, nuestro vocabulario se tornará más rico, más refinado. "Dime lo que lees —decía Goethe— y te diré quién eres."

Solacémonos con la lectura de nuestro libro fundamental, *Don Quijote*. "¡Qué enanos todos los demás al lado de él! ¡Qué pequeño se siente uno, Dios mío, qué pequeño!" escribía el exquisito Flaubert de este libro. Este programa que propongo no requerirá sino un poco de fuerza de voluntad, un poco de mejor aprovechamiento del tiempo. Circulan una porción de ediciones baratas de clásicos de la literatura.

EL SECRETO DEL DOMINIO QUE TENÍA MARK TWAIN DEL VOCABULARIO

¿Cómo logró Mark Twain su deliciosa facilidad en el empleo de palabras? Siendo joven, viajó desde Misuri hasta Nevada en una penosa y harto lenta diligencia. Había que llevar comida, y a las veces agua, para los pasajeros y los caballos. Demasiado peso podía determinar la muerte y el desastre. El transporte de equipaje se pagaba por onzas. Y sin embargo, Mark Twain llevaba un voluminoso diccionario por entre gargantas y desnudos desiertos, a través de un país lleno de bandidos y de pieles-rojas. Quería ser amo de las palabras, y con su característico valor y sentido común procedió a hacer lo necesario para lograr su propósito.

También Pitt y Chatham estudiaron por dos veces el diccionario, palabra por palabra. Browning solía leerlo todos los días, en lo cual hallaba "un entretenimiento así como una instrucción". Lincoln se sentaba al atardecer, y leía el diccionario hasta que ya no había más luz. No hay excepciones de importancia. Todos los escritores y oradores de nota han hecho lo mismo.

Cierto orador a quien se le alaban la solidez de sus períodos y la belleza sencilla de sus palabras, ha confesado recientemente el secreto de su habilidad para escoger las palabras más precisas y vigorosas. Siempre que descubre una palabra que no le es familiar, ya sea en la conversación, ya en sus lecturas, la anota en una libreta. Luego, antes de ir a dormir, consulta el diccionario y se apropia de la palabra. Si no ha topado ninguna palabra nueva en todo el día, estudia dos o tres artículos del diccionario de *Sinónimos Castellanos* de Roque Barcia, y aprende así las diferencias de matiz entre palabras que él habría dado por completamente sinónimas. Una palabra por día, tal es su lema. Esto significa, al cabo del año trescientas sesenta y cinco herramientas adicionales de expresión. Estas nuevas palabras son anotadas en una libreta, en la que revisa sus significados en los ratos perdidos. Ha descubierto que cuando usa tres veces una palabra, la convierte en adquisición permanente.

Para darnos una cuenta cabal de la riqueza del castellano, leamos esta poesía de Juan Somoza, titulada *A una coqueta*. Fue dedicada a los estudiantes de Salamanca con el objeto de interesarlos en el estudio del Diccionario. A la derecha damos la "traducción", del propio autor:

Eres saga parancera,	Eres bruta cazadora,
Y dejan entelerios	Y dejan sobrecogidos
Tus ojos paradisleros	Tus ojos acechadores
Los pájaros en sus nidos.	Los pájaros en sus nidos.
El oro perchado cae	El que está en las ramas cae
Y el altanero que pasa;	Y el de alto vuelo que pasa;
Que es tu balcón arañuelo	Que es tu balcón red sutil
Y cetrería tu casa.	Y cetrería tu casa.
Son tus labios ababoles	Son tus labios amapolas
De tanta noxa ocasión,	De tanto daño ocasión,
Cual hoja de matarife	Cual de un matarife el hacha
O abocardado cañón.	O de un trabuco el cañón.
No valen los paradigmas	De nada sirven ejemplos;
Y el regate es por demás;	El escape es por demás;
Ni nosomántica cura	Remedio ni aun por ensalmo,
Ni se da recle jamás.	Y no hay respiro jamás.
Ni del burdo dallador	Ni del rudo segador
Es tan ingrato el trabajo	Es tan ingrato el trabajo
Cuando en calina bracea	Cuando en agosto bracea
Con obrajero a destajo;	Con mayoral a destajo;
Pues los que, orzando, marean	Pues los que, orzando, navegan
De tu inconstancia en el mar,	De tu inconstancia en el mar,
Cual chusma a gúmena asidos	Cual chusma a maroma asidos
No dan tregua al salomar.	Bregan, gritan sin cesar.
Repartes matreramente	Hábil y astuta repartes
El perfunctorio rigor,	El aparente rigor,
Y en tu nefaria onomancia	Y con tus artes malvadas
Mueren semaxios de amor.	Mueren mártires de amor.
Pero, anáglifo, tu pecho	Mas, vaso tosco, tu pecho
De algún recoquín será,	De algún mascarón será,
Y amante de paletoque,	Y amante zafio y palurdo
La pancarpia ganará.	La corona ganará.

INTERESANTES HISTORIAS DE PALABRAS
DE USO COTIDIANO

Consultemos el diccionario no sólo para averiguar el significado de las palabras, sino también para enterarnos de dónde derivan. El Diccionario de la Real Academia Española trae su historia, su origen, antes de la definición. Porque, no vayamos a creer que las palabras que empleamos diariamente sean sonidos insulsos, faltos de vigor. Están llenos de color, exuberantes de vida y de sugestión. No podemos decir, por ejemplo, una frase tan prosaica como "Llama por teléfono al almacenero y dile que envíe azúcar" sin usar palabras de diferentes lenguas y civilizaciones. Teléfono se compone de *tele,* que significa lejos, y *fono,* que significa sonido. Azúcar es una palabra que tomamos del árabe *açuccar,* los árabes la tomaron del persa *xácar,* y éstos del sánscrito *carkara,* que significa dulce.

Quizás alguno de nosotros trabaje en una compañía comercial. *Compañía* viene de *com,* con y *panis,* pan. Un compañero es uno con quien compartimos el pan. Y una compañía no es sino una asociación de personas que tratan de ganar el pan conjuntamente. *Salario* es el dinero para comprar sal. Los soldados romanos tenían un sueldo adicional para comprar sal, y cierto día a uno de ellos se le ocurrió llamar *salarium* a su sueldo completo, con lo cual introdujo un neologismo que ya ha mucho tiempo ha sido aceptado. Y la misma palabra *soldado* es hermana de *sueldo,* y quiere decir: el que ha recibido sueldo, el *sueldado.* Y sueldo viene de *sólido,* que designaba la moneda sólida, en contraposición de la fraccionada.

El séptimo mes del año, *julio,* obtuvo este nombre en honor de Julio César. Cuando Augusto subió al poder, para no ser menos, llamó *augustus* al siguiente mes del año, que vino a dar nuestro agosto. Pero el octavo mes tenía sólo treinta días a la sazón, y Augusto no podía tolerar que su mes fuera más corto que el de César. Entonces le robó un día a febrero y lo agregó a agosto; y las consecuencias de este robo las tenemos patentes en el calendario que usamos hoy. Ciertamente, encontraremos fascinante la historia de las palabras.

Busquemos en algún diccionario etimológico el origen de estas palabras: *atlas, bisoño, boicot, cereal, colosal, concordia, educación, fijón, finanza, lunático, pánico, palacio, piropo, pecuniario, zarzuela*. Enterémonos de la historia que traen. Esto nos las tornará más llenas de color, más interesantes. Y las emplearemos con acrecentado deleite y placer.

CASTIGO DEL ESTILO

Teófilo Gautier, que era un gran amante de la perfecta expresión de las ideas, y que dedicaba varias horas semanales al estudio del diccionario, no ahorraba esfuerzo para traducir a palabras y frases sus pensamientos y sensaciones. "Para el poeta —decía— las palabras tienen en sí mismas, y fuera del sentido que expresan, una belleza y un valor propios; como piedras preciosas que aún no han sido talladas y montadas en pulseras y en collares, encantan al conocedor que las mira y las saca de la copa en que estaban guardadas, como haría un joyero mientras medita la construcción de una joya. Hay palabras diamantes, zafiros, rubíes, esmeraldas; otras hay que brillan como fósforo cuando se frotan, y no es poco trabajo el escogerlas."

Esta paciencia de artífice es común en los escritores franceses más que en los españoles. Unamuno reía de buena gana de esos escritores "cuyo mayor cuidado es poner juntas dos palabras que nadie había puesto juntas hasta ahora". Esta chunga no se conforma mal con los gacetilleros infértiles que basan todo su esfuerzo en el alambicamiento de la frase. Pero cuando el escritor tiene sustancia, como la tenía Gautier, como la tenía Flaubert, como la tenían los Goncourt —de quienes diré algo en seguida—, como la tiene, en fin, nuestro Azorín, o nuestro Valle-Inclán, el producto es de refinada complejidad o consumada sencillez, y la obra es creación y es arte.

Hasta Unamuno, aunque escribía casi siempre a vuelta pluma, muchas veces no escatimaba esfuerzos ni tiempo para hallar la palabra exacta o la frase perfecta.

El colombiano Francisco Ramírez Torres nos relata, en un reciente artículo, la manera en que escribían los Goncourt. Leámosle:

"Realizaron un trabajo de benedictinos. En sus obras se ve el triunfo del detalle. Como fotógrafos de arte, enfocaban en los bocetos los ángulos, las perspectivas, los claros, las sombras. Para crear comenzaban con los cimientos de la idea, después la armazón de resistencia en los conceptos; los adornos y bellezas exteriores los cuidaban con celo digno de loa en los giros, metáforas e imágenes. Sus obras pueden compararse con las catedrales góticas, más severas, más justas. Uno de ellos dijo al pintar la labor del otro: 'Aún le veo leyendo las cuartillas escritas en común, y que al principio no nos habían satisfecho; le veo limarlas, pulirlas durante días enteros con paciencia irritable, cambiando aquí un epíteto, allá una frase mal rimada, más allá un giro seco; le veo fatigándose y gestándose el cerebro en busca de esa perfección tan difícil, tan imposible de lograr con nuestra lengua francesa en la expresión de sensaciones y de cosas modernas.' Tenían la huella de la constante, obsesionante y enfermiza pasión de la frase perfecta. Muchas veces jugaban hasta doce horas seguidas una partida de ajedrez para tener oportunidad de hallar un vocablo, un acento, una palabra musical. En un periódico de Reims se publicó una curiosa pincelada psicológica en que se decía que sus comidas eran charlas consigo mismos. La neurastenia en uno de los hermanos fue ocasionada por esta labor. Emplearon todos los neologismos bellos, hicieron de los adjetivos sustantivos, fabricaron verbos, inventaron a altas horas de la noche palabras extrañas que tuviesen afinidad de ritmo con el escrito suspendido, con la frase trunca. Desarticularon la frase para hacerle cobrar bríos, y olvidando los preceptos hicieron su obra."

Muchos de mis lectores probablemente no tengan tiempo ni gana de buscar palabras con parejo tesón.

Citamos estos casos para demostrar la importancia que los buenos escritores asignan a la expresión correcta de las ideas, y con ello esperamos que aumente su interés por el diccionario. Desde luego, no es prudente que un orador interrumpa su discurso para buscar la palabra feliz, la palabra que exprese exactamente el matiz que quiere exteriorizar; pero es menester que practique la precisión en sus conversaciones cotidianas, a fin de ir adquiriendo inconscientemente tan preciosa y a las veces necesaria virtud.

Milton empleó en sus libros ocho mil palabras, y Shakespeare quince mil. El diccionario de la Real Academia Española contiene unas ochenta mil palabras. Sin embargo, el hombre de la calle sólo emplea unas dos mil diferentes. Tiene algunos verbos, un puñado de sustantivos, varios adjetivos raídos, y suficientes adverbios y preposiciones para enhebrarlos y hacerse comprender. Es demasiado perezoso, mentalmente, o está muy ocupado en sus negocios, para realizar el menor esfuerzo en obsequio de la precisión y la exactitud. Hace poco oí a una señora aplicando el mismo adjetivo a una niñita, a un helado, al temperamento de un hombre y a un libro. Todos eran "lindos".

¿Cómo pudo haber dicho?

Un helado exquisito, sabroso, regalado, delicioso, gustoso, etc.

Un temperamento amable, benévolo, bondadoso, afable, condescendiente, manso, afectuoso, cordial, etc.

Una niña guapa, graciosa, donairosa, gentil, bonita, hermosa, donosa, encantadora, chusca, etc.

Un libro interesante, jugoso, original, enjundioso, ameno, grato, instructivo, agradable, deleitoso, etc.

También es pobreza usar el verbo *hacer* en los casos siguientes, anotados todos ellos por don Ricardo Monner Sans:

Hacer país, por *gobernar bien,*
Hacer la lectura, por *leer* o *dar lectura,*
Hacer política, por *dedicarse a la política,*
Hacer saber, por *noticiar* o *informar,*

Hacer conocer, por *manifestar, dar a conocer,*
Hacer la venta, por *vender,*
Hacer furor, por *entusiasmar, alborotar,*
Hacer efectivo, por *efectuar,*
Hacer moneda, por *acuñar,*
Hacer fuego, por *encender,*
Hacerse ilusiones, por *forjarse ilusiones,*

etc., etc. Evitemos, asimismo, el empleo del adjetivo *alto* en los casos siguientes:

Un *alto* empleado, por un empleado *de jerarquía,*
Un *alto* porvenir, por un porvenir *promisorio,*
Un *alto* sueldo, por un sueldo *elevado,*
Un *alto* escritor, por un escritor *de nota,*
Alta consideración, por *merecida consideración,*
Tener *alta* opinión, por tener *excelente* opinión,
Tener *alto* concepto, por tener *óptimo* concepto,
Los *altos* destinos, por los *venturosos,* los *felices* destinos,
Alta nobleza, por *rancia,* o por *encumbrada* nobleza,
Alto espíritu de comprensión, por *delicado* espíritu de comprensión,
Alta inteligencia, por *prodigiosa, fecunda* inteligencia,
Alta reputación, por *excelente, inmejorable* reputación.

LOS LUGARES COMUNES

Tratemos no sólo de ser exactos, sino también originales. Tengamos el valor de decir las cosas tal como las sentimos. Por ejemplo, poco después del Diluvio Universal, algún espíritu innovador usó por primera vez la expresión "frío como un pepino". A la sazón era extraordinariamente eficaz porque era extraordinariamente lozana. Quizás haya conservado este prístino vigor hasta el famoso banquete de Baltasar, donde alguien acaso la haya empleado en su discurso de sobremesa. ¿Pero quién que se precie de original la repetirá en nuestros días?

He aquí algunos símiles para usar con *frío*. ¿No son tan eficaces como el tan trillado del pepino, y más lozanos, más pasaderos?

Frío como un sapo.
Frío como una bolsa de agua caliente por la mañana.
Frío como un clavo.
Frío como una tumba.
Frío como las heladas montañas de Groenlandia.
Frío como yeso.
Frío como una tortuga.
Frío como cellisca.
Frío como sal.
Frío como una lombriz.
Frío como el amanecer.
Frío como una lluvia de otoño.

Mientras estamos en vena, inventemos nuevos símiles para expresar el frío. Tengamos el valor de ser diferentes de los demás. Escribámoslo aquí mismo:

Frío como ....
Frío como ....
Frío como ....
Frío como ....
Frío como ....

Cierta vez le pregunté a Kathleen Norris de qué modo se podía desarrollar el estilo. "Leyendo los clásicos de la poesía y de la prosa —me respondió— y eliminando con agudo sentido crítico cuantos lugares comunes aparezcan en nuestros escritos."

Un conocido director de periódico me confesó hace un tiempo que cuando topaba dos o tres lugares comunes en un cuento que le hubiesen remitido para publicarlo, lo devolvía a su autor sin terminar de leerlo: porque, agregaba, quien carezca de originalidad en su expresión tiene muy poca originalidad en el pensamiento.

SUMARIO

1. Sólo tenemos cuatro contactos con la gente. Nos aprecian y clasifican por lo que hacemos, lo que parecemos, lo que decimos y la manera en que lo decimos. Muy a menudo nos juzgan por nuestra manera de expresarnos. El doctor Charles W. Eliot, presidente que fue de la Universidad de Harvard, declaró: "Sólo una adquisición mental considero necesaria en la educación de una dama o de un caballero: el empleo preciso y refinado de su lengua materna."

2. Nuestro lenguaje es en gran parte reflejo de la gente con quien tratamos. Sigamos, pues, el ejemplo de Lincoln, y tratemos con los maestros de la literatura. Pasemos las noches, como él las pasaba, en compañía de Shakespeare, de todos los grandes poetas y prosadores. Hagamos esto, e inconscientemente, inevitablemente, nuestro espíritu se pulirá y nuestro lenguaje se aproximará más al de nuestros compañeros.

3. "He dejado de leer los periódicos a cambio de Tácito y de Tucídides, de Newton y de Euclides —escribía Thomas Jefferson— y soy mucho más feliz." ¿Por qué no seguimos su ejemplo? Ya dice el antiguo refrán español: "De nuevas non os curedes, que hacerse han viejas y saberlas hedes." No desdeñemos completamente la lectura de periódicos, pero dediquémosles sólo la mitad del tiempo. Y el tiempo ahorrado dediquémoslo a leer libros de mayor valor. Arranquemos las páginas y leámoslas en los momentos libres.

4. Tengamos siempre un diccionario a mano cuando leemos. Consultémoslo cuando encontremos una palabra desconocida. Y luego tratemos de aplicar esta nueva palabra, con lo que mejor la grabaremos en la memoria.

5. Estudiemos la etimología de las palabras. Su historia no es pesada y árida, sino viva y novelesca. Por ejemplo, *subasta* significa *debajo del asta*, y viene el significado que ahora tiene de que los romanos colocaban el botín de las guerras debajo de un asta clavada en el suelo, y vendían pieza por pieza a mejor postor.

6. No usemos palabras *comodines*. Tratemos de ser precisos, exactos. No digamos de todo cuanto nos gusta que es lindo. Usemos palabras menos extensas, como exquisito, sabroso, regalado, guapo, donairoso, gentil, donoso, chusco, encantador, deleitoso, ameno, grato, etc.

7. No empleemos comparaciones demasiado trilladas. Tratemos de ser originales. Creemos símiles propios. Tengamos el valor de innovar.

VICIOS DE LENGUAJE

GIROS

Se emplean en general erróneamente los giros que siguen:

INCORRECTO	CORRECTO
Al lado tuyo	Al lado de ti
¡Desde ya!	¡Desde luego!
A lo que veo	Por lo que veo
Lo más fuerte de la batalla	Lo más recio de la batalla
Aceite de petróleo	Aceite mineral
Golpe de puño	Puñetazo, trompis
Golpe de vista	Vistazo, mirada, ojeada
Vida accidentada	Vida borrascosa
Terreno accidentado	Terreno quebrado, agrio
Cambiar de aire	Mudar aires, mudar de aires
Ojos inyectados	Ojos encarnizados
Una cuesta pronunciada	Una cuesta escarpada, pina
El enfermo está bien	El enfermo está bueno
Tiene una nariz aguileña	Tiene nariz aguileña
Acordar un favor	Conceder un favor
Abrevarse de sangre	Abrevarse en sangre
Vender a pérdida	Vender con pérdida
Ir a lo de Zutano	Ir a casa de Zutano
Baño María	Baño de María

GRAMÁTICA

Los verbos irregulares

Hay en castellano una porción de verbos irregulares cuya conjugación pone en aprieto aun a los más avisados. Los buenos diccionarios nos dan el verbo tipo, con el cual ya no podemos errar en la conjugación. Muchos de estos verbos coexisten con sustantivos o adjetivos vulgares, los cuales nos dan también la clave de su conjugación. Así, por ejemplo, el verbo *apretar* coexiste con el sustantivo *aprieto*. Luego no se conjuga *Apreto, apretas*, etc., sino *Aprieto aprietas*, etc. *Enredar* coexiste con el sustantivo *enredo;* luego, no se conjuga *Enriedo, enriedas*, etc., sino *Enredo, enredas, enreda.* Lo mismo podríamos decir de *engrosar (grueso), poblar (pueblo), descollar (cuello), errar (yerro).*

Verbos defectivos son los que carecen de algunas formas verbales. *Abolir*, por ejemplo, sólo se puede emplear en aquellas formas en que la desinencia comienza con i *(abolí, aboliste, aboliré, aboliesen).* No se puede decir, ni nadie lo dice, *Abolgo, abolgues*, etc. Para estas personas lo reemplazamos por *derogar.* Garantir también es defectivo. Es incorrecto decir *yo garanto, tú garantes.* Debemos reemplazarlo en estas personas y tiempo por *garantizar.* En cambio decimos bien *garantí, garantimos, garantido.*

Otros defectivos de esta clase son *agredir, aterirse, despavorir* y *empedernir.*

El verbo *querer* transforma su ere en erre en el futuro imperfecto *(querré)* y en el potencial *(querría).* Pero no la admite en el presente de subjuntivo:

Aunque no *queramos.*

EJERCICIO VOCAL. REPASO

1. Leamos el poema de Ramón del Valle-Inclán, en el capítulo VI.

Leámoslo en voz alta, asegurándonos de cuatro cosas:

a. Que respiramos diafragmáticamente.

b. Que guardamos una reserva de aire en los pulmones, para trampolín de las palabras.

c. Que la garganta está relajada.

d. Que empleamos la resonancia nasal. Pronunciemos las enes con sonoridad. Hagámoslas retumbar por la nariz.

2. Leamos en voz alta la siguiente poesía, en falsete:

¡Y aserrín
aserrán!
Los maderos
de San Juan
piden queso,
piden pan;
los de Roque
alfandoque
los de Rique
alfeñique
los de Trique
triquitrán.
¡Triqui, triqui, triqui, tran!
¡Triqui, triqui, triqui, tran!

3. Leamos en voz alta los siguientes versos, prestando especial atención a la punta de la lengua. Sintámosla golpeando las espaldas de los dientes con elasticidad. Esto da vivacidad y sensación de rapidez a la lectura. (Véase capítulo VI.)

Pertenece esta poesía a José Asunción Silva:

En tu aposento tienes,
en urna frágil,
clavadas mariposas
que, si brillante
rayo de sol las toca,
parecen nácares
o pedazos de cielo,
cielos de tarde,

o brillos opalinos
de alas suaves;
y allí están las azules
hijas del aire,
fijas ya para siempre
las alas ágiles,
las alas, peregrinas
de ignotos valles,
que como los deseos
de tu alma amante
a la aurora parecen
resucitarse,
cuando de tus ventanas
las hojas abres
y da el sol en tus ojos
y en los cristales.

4. Tarareemos la melodía de *La paloma*. De acuerdo con Ejercicio Vocal del capítulo XI, sintamos la resonancia, las vibraciones en el cráneo, nuca, pecho, cavidades nasales, cara. Al tararear, tengamos en la cabeza la sensación que tenemos cuando inspiramos.

5. Leamos con entusiasmo y énfasis estos altivos versos de Manuel Gutiérrez Nájera, titulados *Para entonces*. Esta clase de poesías es la mejor para desarrollar tonos vivaces, coloridos:

Quiero morir cuando decline el día,
en alta mar y con la cara al cielo;
donde parezca sueño la agonía,
y el alma, un ave que remonta el vuelo.

No escuchar en los últimos instantes,
ya con el cielo y con el mar a solas,
más voces ni plegarias sollozantes
que el majestuoso tumbo de las olas.

Morir cuando la luz, triste retira
sus áureas redes de la onda verde,

y ser como ese sol que lento expira:
algo muy luminoso que se pierde.

Morir y joven: antes que destruya
el tiempo aleve la gentil corona;
cuando la vida dice aún: soy tuya,
¡aunque sepamos bien que nos traiciona!

En fin, advirtamos a los estudiantes que la simple lectura de todos estos preceptos no es suficiente. Es menester practicar todos los días. El éxito estará en proporción con los sacrificios.

APÉNDICE

DISCURSO POLÍTICO PRONUNCIADO
POR EMILIO CASTELAR

Este discurso no es, ni mucho menos, de los mejores de Emilio Castelar; pero dos circunstancias hacen que su lectura resulte de provecho y estímulo para los estudiantes de oratoria. La primera: el orador no tuvo tiempo de prepararse, porque fue invitado a hablar pocas horas antes de realizarse el acto. La segunda, mucho más aleccionadora, él mismo nos la confiesa: "Las primeras palabras fueron recibidas con un rumor sordo de desaprobación y de disgusto, pues el público estaba cansado y era ya muy avanzada la hora. Mas a los pocos minutos comenzó ese entusiasmo que se desahogaba en aplausos, en aclamaciones, y que me interrumpía a cada instante, no dejándome, con la conmoción profunda que llevaba a mi ánimo tan inesperada felicidad, ni tiempo siquiera para coordinar mis ideas."

Fue pronunciado el 22 de setiembre de 1854. Tenía Emilio Castelar a la sazón 21 años.

Señores:

Voy a defender las ideas democráticas, si es que deseáis oírlas. Estas ideas no pertenecen ni a los partidos, ni a los hombres; pertenecen a la humanidad. Basadas en la razón, son, como la verdad, absolutas, y como las leyes de Dios, universales. Por eso la persecución no puede ahogarlas, ni la espada del tirano vencerlas; pues antes que el tiempo desplegara sus alas, fueron escritas en libros más inmensos que el espacio por la mano misma del Eterno. Así, los hombres que se pierden en el océano de la vida, los poetas que adoran lo eternamente bello, los filósofos que leen la verdad absoluta en el puro cielo de la conciencia, no hacen más que arrojarlas en ondas de luz sobre la mente del pueblo. *(Aplausos.)*

Yo, señores, lleno de sentimientos, si desnudo de inteligencia, me propongo enseñar los dogmas del partido democrático, ya como principios eternos de su escuela, ya como principios de aplicación práctica en las actuales circunstancias. Convirtamos un instante nuestros ojos a lo pasado. ¡Qué espectáculo, señores, tan tremendo! La imprenta, ese soldado de Dios que pelea como Ayax por la luz, encadenado al pie de los tiranos *(aplausos);* la tribuna, providencia del pueblo, sujeta al carro del vencedor; las obras del ingenio humano proscritas porque dan generoso aliento al pecho de los oprimidos; la idea oculta en el fondo de la conciencia, estallando en el cerebro sin poder alzar su vuelo y perderse en lo infinito; la fe vendida por una cartera de ministro, y la razón y la libertad llorando en ignominioso calvario. *(Estrepitosos aplausos.)* Todos hemos presenciado el martirio de la libertad. Bravo Murillo intentó matarla con el puñal del materialismo, sin parar mientes en que las ideas son invulnerables; Esteban Collantes la insultó con sus sarcasmos; Domenech fue su Judas, pues cuando la creyó vencida, no dudó un punto en venderla a los seides del absolutismo; Sartorius escribió su epitafio como antes Donoso había escrito el evangelio de la reacción, sosteniendo que la razón y el absurdo se aman con amor invencible; que fuera de la vía católica nada hay tan despreciable como el hombre; que el siglo XVI con su inquisición y sus frailes es el ideal de sociedad; que debíamos por nobleza amar la dictadura del sable; que la humanidad es la concentración de todos los deberes, y la teocracia el más perfecto de todos los gobiernos. ¡Insensatos! No sabían que negando la libertad negaban al hombre, cuya esencia no es sino la libertad; que negando la razón negaban a Dios, cuya existencia no se comprende sin la razón... Pero hacían bien. Negando al hombre negaban al eterno enemigo de sus conjuraciones; negando a Dios, negaban al aterrador espectro de sus conciencias. *(Aplausos prolongados: interrupción del orador.)*

Enseñad a un hereje nuestras catedrales; mostradle sus arcos sosteniendo las bóvedas sembradas de lámparas como el cielo de estrellas; la cúpula que se lanza a lo infinito y se pierde en los arreboles del aire; el santuario irradiando divina luz; las vírgenes trazadas por el pincel de nuestros artistas, subiendo al empíreo en alas de los ángeles, cuyo pecho agita el soplo del amor divino; los doctores, leyendo eternamente la verdad absoluta en sus libros de piedra; los héroes descansando en los sepulcros, sobre cuya losa se cierne la bienaventuranza; hacedles oír las notas del órgano que como rocío de vida anima estatuas y columnas; el cántico del sacerdote, que parece eco perdido de las armonías que forman las esferas; y bien pronto flaquearán sus rodillas, se estremecerá su conciencia, cayendo de hinojos ante la realidad de un Dios que se revela bajo los tres eternos atributos de la divinidad, que son la virtud, la ciencia y la hermosura. *(Extraordinarios aplausos.)*

Condenarle a no ver tanta maravilla es lo mismo que arrancarle los ojos al ateo para que no mire al cielo. *(Repetidos aplausos.)*

Señores: Para hacer nuestra revolución verdaderamente popular, es necesario que consagremos de una manera absoluta los derechos del pueblo. Señores, no es mi propósito desencadenar las pasiones, ni mi objeto oponerme a la triunfal carrera del gobierno; pero si me lo permitís hablaré con la prudencia que cumple a la libertad de mi sentir respecto a los gobiernos doctrinarios. Hace ya largos años que un hombre encerrado en el secreto santuario de su propia conciencia se propuso regenerar el mando científico, abriéndole horizontes infinitos. Este hombre se llamaba Descartes. Él demostró que la humanidad era al mismo tiempo objeto y sujeto de la ciencia, y que debemos reconocer por único criterio científico la razón, cuyo destino es herir a la autoridad, como el rayo del cristianismo hirió los ídolos del Capitolio. Estas ideas descendieron bien pronto de la mente del filósofo a la conciencia del pueblo; porque la Providencia difunde con su divino soplo en los entendimientos los principios salvadores que han de regenerar a las naciones. Entonces, entre el principio basado en las leyes del tiempo y el principio basado en las leyes de la razón, se entabló una contienda que pone espanto en el ánimo; pero no olvidéis que se desencadenaban en la historia tempestades necesarias, que agitaban horriblemente la atmósfera, sin romper por eso la cadena que une a la Tierra con los mundos. Entonces el pueblo pronunció en su triunfo esta palabra, que no han podido borrar nunca los gobiernos: *Perme Reges regnant.* El antiguo principio de autoridad subió sin comprender su ruina del solio del poder al solio del cadalso *(sensación);* mas después, por razones que no es del momento referir, se firmó un pacto entre la autoridad vencida y el pueblo vencedor, pacto que ha sellado generosa y noble sangre. Pero este pacto ha sido mil veces rasgado, y no es parte a salvarlo la espada de la fuerza, pues lo aniquila hoy la espada de la justicia. Y si no, poned frente a frente dos principios antitéticos por naturaleza, y veréis cómo son contradictorios por consecuencia. El principio de autoridad sólo luce el día de las revoluciones. Cuando triunfa el primero condena a su contrario al ostracismo, pone mordazas en sus labios, grillos en sus plantas, lo arrastra por el lado, fabrica para él sus cárceles y le asesina con la espada de la dictadura. Cuando triunfa el segundo, suele ser, como en la revolución de julio hemos visto, más generoso con su enemigo, porque es más fuerte. ¿Por qué, me diréis, el principio reaccionario es tan tenebroso y el liberal tan sublime? Porque el primero es un principio muerto, que si respira, respira el mefítico aire de las tumbas; y el segundo es un principio lleno de vida, puesto en el trono de la humanidad por la inflexible lógica de Dios, que se manifiesta centelleante en la historia.

Esto mismo explica cómo en algunas épocas instituciones sagradas, veneradas, caen en manos de ciertas personas que afrentan a los siglos y manchan a los pueblos. Los hombres no son más que puras formas de las ideas. Cuando una idea generosa y levantada, como la idea liberal, agita la conciencia de la humanidad, y se presenta a recoger los trofeos de su victoria, tiene poder para sacar centellas de misteriosa luz de los abismos del tiempo y del seno de la conciencia, y Rousseau y Kant son sus profetas; Mirabeau, Vergniaud sus sacerdotes; André Chénier y Byron sus cantores; madame de Staël y de Rolland sus heroínas; y Hoche y Napoleón son sus soldados; pero cuando una idea condenada por Dios, como la idea absolutista, se empeña en vivir entre los hombres, sus símbolos se llaman Carlos IV, Fernando VII, Fernando de Nápoles y Napoleón el Chico. *(Los aplausos interrumpen largamente al orador; los concurrentes piden su nombre, y establecida la calma el orador continúa.)*

Señores: la revolución no puede ser popular si el sufragio

no es amplio; mejor diré, si no es completo. Dicen que el pueblo no conoce sus derechos. ¡Ay! el jornalero que abandona su hogar, desoye el lloro de su mujer y de sus hijos, únicos lazos que le atan a la tierra, se lanza a la calle ofreciendo desnudo pecho al plomo asolador del despotismo, lucha con denuedo y muere con gloria, el pobre pueblo siempre esclavo, ¿se verá halagado el día tremendo de las contiendas sangrientas, y vilmente proscrito el día feliz de las contiendas legales? *(Prolongados y repetidos aplausos que impiden continuar al orador por un momento.)* ¿Su voz no ha de resonar sino entre el estruendo de las fratricidas armas, y su majestuosa figura no ha de lucir sino al pálido resplandor de las hogueras? El pueblo da la vida por su libertad, pero no puede dar por la libertad su voto. ¡Qué sofisma!

Dicen que no es ilustrado; no lo creáis. Si no temiere cansaros, desenvolvería una teoría a mi entender lógica y razonable; pero renuncio a ello por el temor de seros importuno. *(Muchas voces: que hable, que continúe.)* No tengo derecho a distraer por tanto tiempo la atención del auditorio. *(Muchas voces: sí, sí, y el orador continúa.)* Señores, la humanidad es como el hombre. Tres facultades intelectuales descubrimos en el hombre: la sensibilidad que le relaciona con el mundo exterior; la inteligencia, esfera donde se forman las nociones; y la razón, último extremo de nuestras facultades, hermoso templo de las ideas. A estas tres facultades pertenecen tres períodos históricos. Cuando la sensibilidad predominó en los pueblos, el feudalismo los cautivó amedrentándolos con su tajante espada y deslumbrándolos con su colosal poder; pero cuando la inteligencia dominó la sensibilidad, la tiranía perdió su fuerza, los magnates perdieron sus fueros, y el trono, institución venerando, institución antiquísima concentró en sí todos los derechos; hasta que la razón, soberana del mundo, levantó el pueblo al absoluto ejercicio de la soberanía que por derecho le corresponde. *(Aplausos generales.)* Señores: ¡el pueblo del siglo XIX no es ilustrado! Eso es mentira. Ese pueblo tiene por cetro el rayo, por mensajero el relámpago. Ese pueblo mandó un día en la convención que la victoria le obedeciera y le obedeció la victoria. *(Aplausos.)*

Ese pueblo ha recibido la herencia de todos los siglos y ha reconquistado con la fuerza de sus ideas la completa serie de todos sus derechos; ese pueblo, en fin, ha visto los fantasmas de lo pasado caer trémulos de espanto a sus pies pidiendo un ósculo de paz. (*Ruidosos aplausos.*)

Necesita educación. ¡Quién lo duda! He aquí, señores, el instante oportuno para hablar libremente de la libertad de enseñanza. Yo la admito como principio absoluto, yo la rechazo como principio de aplicación. Señores, no dudaréis que la Francia nos ha precedido en muchos períodos de civilización, aunque después haya abandonado vergonzosamente su gloriosa obra. ¿Sabéis, pues, quién defendía en Francia la libertad de enseñanza? La defendía Montalambert. ¿Sabéis quién atacaba en Francia la libertad de enseñanza? La atacaba Víctor Hugo. El mismo programa que estamos discutiendo ha comprendido esta verdad al pedir que la enseñanza sea gratuita, pues si es gratuita no puede ser libre, y si es libre no puede ser gratuita; porque, ¿con qué derecho forzaríais al hombre que necesita del trabajo para vivir a que enseñase gratuitamente? Entonces el pobre pueblo, ese rey sin corona, caería en las tinieblas de la ignorancia, y de consiguiente en las cadenas de la esclavitud. Hoy las nuevas inteligencias que se despiertan a la triste lucha de la vida, deben ser educadas por el Estado y para el Estado. De otra suerte, la enseñanza vendría a parar a nuestros enemigos, y nuestros enemigos, de seguro, no le dirían al pueblo que son soldados de su inmortal cruzada el divino Homero, creador de los Dioses; Esquilo, que desafiaba a los tiranos en el campo y en la escena; Sófocles, que cantó las miserias de los reyes; el justo Sócrates; el angelical Platón; y el triste Lucrecio; no le recordarían, no, que la libertad cuenta entre sus cantores al Dante, entre sus apóstoles a Santo Tomás, y entre sus mártires a Dios. (*Aplausos repetidos y prolongados.*)

Señores: Toda libertad no puede existir sin que tenga por límite otra libertad. Así es que la libertad de enseñanza podrá realizarse cuando la libertad de cultos sea completa; cuando la libertad de imprenta sea absoluta; y aquí, señores, llamo vuestra atención. La imprenta que, entre nosotros, es una organización, un poder, debe perder esa forma, porque los poderes nos abruman. Sus ideas deben ser consideradas como ideas individuales; así, señores, la imprenta no tendrá fuerza para derribar a los gobiernos. Esto sucede en todos los pueblos libres. En Inglaterra la imprenta dice todo lo decible del gobierno sin que la sociedad se conmueva; en los Estados Unidos la imprenta sostiene todo lo sostenible contra el presidente, sin que el presidente caiga. Aquí, señores, mientras la imprenta tenga fuero propio, mientras preste un depósito, será, fuerza es decirlo, será una aristocracia; y tened entendido que siendo de esta forma, la aristocracia del capital representa por lo mismo a la más temible y a la menos gloriosa de todas las aristocracias. *(Aplausos.)* Señores, yo, por ejemplo, puedo tener la cabeza llena de ideas levantadas y el corazón rebosando en generosos sentimientos; pero como soy pobre, como no tengo dos mil duros, me arrastraré en la impotencia y moriré en el olvido. *(Estrepitosos aplausos.)*

Señores: Sólo el partido democrático puede llevar a su cima nuestra gloriosa revolución. Todos los principios que le han servido de bandera forman nuestros dogmas y nuestros principios. Yo le diría al partido progresista: ¿Qué quieres? ¿Soberanía del pueblo? Pues cédenos el puesto, porque nosotros queremos esa soberanía con todas sus lógicas consecuencias; porque nosotros damos al pueblo por corona el derecho, y por cetro la ley. ¿Economías? Nadie sino el partido democrático puede salvaros de la bancarrota que os amenaza, porque el partido democrático, con su abnegación, realizará profundas economías sin lastimar por eso el crédito del país, sin oponerse a todos los derechos, que son sagrados. ¿Libertad? Nosotros la alzaremos en nuestros brazos, sin límites que la nieguen, sin barreras que la detengan, sin instituciones que la limiten. He aquí por qué la unión que proclamáis es viciosa; y ésta es la ocasión de hablar cuatro palabras sobre la encomiada unión liberal, que aquí se ha tratado de una manera lastimosa. *(Risas.)*

Las ideas no se unen, porque entre ideas opuestas no debe haber lógicamente armonía; los partidos no se unen, porque el partido que renuncia a sus ideas es apóstata. *(Aplausos.)* El

413

antiguo partido liberal, por más esfuerzos que haga, está ya muerto. Ha puesto en práctica toda la serie posible de sus ideas, y no ha podido después, señores, ni por breve espacio, sostenerlas. Hoy dice que olvidemos lo pasado. Un partido viejo, un partido decrépito, renuncia a la historia, que debiera ser hoy su único título a la consideración de las gentes. *(Prolongados aplausos.)* Señores, tres Constituciones ha dado el partido liberal: la Constitución del 12, que enaltecía el principio de la libertad; la Constitución del 45, que enaltecía el principio monárquico; y la Constitución del 37, término medio entre estos dos puntos extremos. Ahora bien: la Constitución del 12, que corrió azares de varia fortuna, fue rasgada por los hombres que la habían apoyado con sus ideas y defendido con su sangre: la Constitución del 37 ni fue respetada ni fue temida, y no le valió el instinto de prudencia que había presidido a su elaboración y nacimiento para libertarla de los tremendos golpes que ocasionaron su muerte; y la Constitución del 45, que la suprema inteligencia del partido moderado había compuesto, fue arrastrada sin piedad por sus prohombres, y conducida al abismo de su perdición por sus mismos autores. El partido liberal está, pues, muerto; ya no hay ni puede haber en su corazón sentimientos; ya no hay ni puede haber en su cerebro nuevas ideas. Si avanza, es nuestro el triunfo; si retrocede, el triunfo es del absolutismo: ¡que elija! *(Repetidos y prolongados aplausos. El orador se ve obligado a suspender el discurso por algunos minutos; después prosigue.)*

Señores: Todos dicen que nuestra patria camina a la retaguardia de la civilización. No lo creáis. España está destinada a ponerse a la cabeza del mundo. En su privilegiado suelo, bajo ese hermoso horizonte que sonríe como un ángel de paz, debe ensayar las grandes ideas que más tarde han de realizarse en todos los pueblos de la tierra. ¿Quién puede poner en duda este privilegio, cuando Portugal nos tiende sus brazos, cuando estamos en el deber de realizar, no la unión de los partidos, sino la unión de los pueblos? *(Estrepitosos aplausos.)*

Hoy somos los soldados de la libertad, y por consecuencia los soldados de Dios. Los individuos ensayan en sus conciencias ideas que aplican a los pueblos; los pueblos ensayan en sus conciencias ideas que aplican a la humanidad. El sol, pues, el sol, sujeto en otro tiempo a iluminar eternamente nuestro suelo, bendice hoy con sus rayos de oro la bandera de nuestra victoriosa revolución, que hace estremecer de gozo a los oprimidos. Somos la nación salvadora. Si no, tended los ojos conmigo por Europa. Inglaterra ha comerciado con la libertad *(aplausos);* Francia, levantando a los pueblos de su postración, los ha vendido en el amargo día en que más necesitaban de su espada; Alemania, ¡parece imposible!, Alemania, que ha pretendido la confederación universal de todos los pueblos; que ha elevado en alas de la libertad del pensamiento a todas las inteligencias a las últimas esferas de la filosofía; Alemania, patria de Schiller y de Hegel, es hoy esclava de Juliano el apóstata. *(Aplausos.)*

La democracia es antigua, muy antigua en nuestro suelo. Nuestros pueblos de la edad media entendían el derecho de petición mejor de lo que lo entienden los liberales de nuestros días. *(Bien, muy bien.)*

¿Sabéis dónde está nuestro porvenir? Nuestro porvenir está en África. Allá deben ir nuestros ejércitos permanentes a ganar sus grados. *(Risas y aplausos.)*

No olvidéis que fuimos un día pueblo civilizado. Nosotros llevamos la civilización a la América. Verdad es que América fue ingrata; pero los pueblos tienen que ser ingratos con los pueblos para ser agradecidos con la humanidad. *(Muchos aplausos.)* Un día recorrió España a la sombra del Trono el espacio que separa Covadonga de Granada; se lanzó a lo infinito, y nuevos mundos le tributaron homenaje; pobló los mares con innumerables escuadras que merecieron tener por enemigos la cólera de Dios; que no otro pudiera vencer a la invencible. *(Estrepitosos aplausos.)* Levantó el Escorial, símbolo de nuestras instituciones, padrón de nuestras artes. ¿Pues por qué ahora con progresos más grandes no hemos de alcanzar días más felices? *(Bien, bien.)*

Señores, voy a concluir *(muchas voces: ¡No! ¡No!);* estoy muy fatigado y el auditorio lo estará también. *(¡No! ¡No!)* Señores, algún día irán nuestros hijos a registrar en las páginas de la historia los colosales poderes que han vivido en apartados siglos, y les causará el espanto y la admiración que a nosotros nos causan las pirámides de Egipto; y en su espanto no sabrán qué admirar más, si la inmensa grandeza de esos poderes, o la afrentosa esclavitud de sus progenitores. *(Estrepitosos aplausos que interrumpen al orador.)*

Señores: Pidamos que se realice la fraternidad entre todos los hombres, y la fraternidad entre todos los pueblos, porque todos nos encaminamos a una patria que es el cielo. Pidamos que se realice en todas sus aplicaciones la verdad cristiana; que la justicia sea el sol de nuestras esferas sociales; que las clases menesterosas reciban el pan de la inteligencia, no del Estado, sino de la libertad de su trabajo. El trabajo, señores, que es a la propiedad lo que el cincel de Fidias es al mármol *(muchos aplausos),* debe recibir de la justicia la debida recompensa. *(Reiterados aplausos.)* En fin, señores, pidamos a Dios que Inglaterra sea verdaderamente aliada de la libertad; que Alemania, mente del mundo, nos revele nuevos misterios de la ciencia, nuevos secretos del arte; que Francia sacuda su letargo y vuelva a ser el tribuno de los pueblos; que Hungría y Polonia rasguen sus túnicas de esclavas, y que Italia, esa prodigiosa artista que regala con dulces armonías el sueño de sus señores, se levante herida de sus recuerdos y recoja del suelo la rota lanza de Bruto y de Cincinato, porque con ideas tan grandes el triunfo de la libertad será, sí, eterno. He dicho. *(Aplausos generales y prolongados; los concurrentes acuden de todas partes a saludar y abrazar al joven orador.)*

MADRE AMÉRICA

DISCURSO PRONUNCIADO POR
JOSÉ MARTÍ

"Este discurso fue pronunciado en la fiesta ofrecida por la Sociedad Literaria Hispanoamericana a los delegados ante la primera Conferencia de Naciones Americanas. Fue el primer discurso de verdadera sustancia que escucharon aquellos fatigados oídos —apunta Jorge Mañach—. El origen y formación de las dos Américas quedó contrastado en dos estampas breves y enérgicas como dos aguafuertes, puestas en un marco de fe y esperanza americanas."

Señores:

Apenas acierta el pensamiento, a la vez trémulo y desbordado, a poner, en la brevedad que le manda la discreción, el júbilo que nos rebosa de las almas en esta noche memorable. ¿Qué puede decir el hijo preso, que vuelve a ver a su madre por entre las rejas de su prisión? Hablar es poco, y es casi imposible, más por el íntimo y desordenado contento, por la muchedumbre de recuerdos, de esperanzas y de temores, que por la certeza de no poder darles expresión digna. Indócil y mal enfrenada ha de brotar la palabra de quien, al ver en torno suyo, en la persona de sus delegados ilustres, los pueblos que amamos con pasión religiosa; al ver cómo, por mandato de secreta voz, los hombres se han puesto como más altos para recibirlos, y las mujeres como más bellas; al ver el aire tétrico y plomizo animado como de sombras, sombras de águilas que echan a volar, de cabezas que pasan moviendo el penacho consejero, de tierras que imploran, pálidas y acuchilladas, sin fuerzas para sacarse el puñal del corazón, del guerrero magnánimo del Norte, que da su mano de admirador, desde el pórtico de Mount Vernon, al héroe volcánico del Sur; intenta en vano recoger, como quien se envuelve en una bandera, el tumulto de sentimientos que se le agolpa al pecho, y sólo halla estrofas inacordes y odas indómitas para celebrar, en la casa de nuestra América, la visita de la madre ausente, para decirle, en nombre de hombres y de mujeres, que el corazón no puede tener mejor empleo que darse todo a los mensajeros de los pueblos americanos. ¿Cómo podremos pagar a nuestros huéspedes ilustres esta hora de consuelo? ¿A qué hemos de esconder, con la falsía de la ceremonia, lo que se nos está viendo en los rostros? Pongan otros, florones y cascabeles y franjas de oro a sus retóricas; nosotros tenemos esta noche la elocuencia de la Biblia, que es la que mana, inquieta y regocijada como el arroyo natural, de la abundancia del corazón. ¿Quién de nosotros ha de negar, en esta noche en que no se miente, que por muchas raíces que tengan en esta tierra de libre hospedaje nuestra fe, o nuestros afectos, o nuestros hábitos, o nuestros negocios, por tibia que nos haya puesto el alma la magia infiel del hielo, hemos sentido, desde que supimos que estos huéspedes nobles nos venían a ver, como que en nuestras casas había más claridad, como que andábamos a paso vivo, como que éramos mas jóvenes y generosos, como que nuestras ganancias eran mayores y seguras, como que en el vaso seco volvía a nacer flor? Y si nuestras mujeres quieren decirnos la verdad, ¿no nos dicen, no nos están diciendo con sus ojos leales, que nunca pisaron más contentos la nieve ciertos pies de hadas; que algo que dormía en el corazón, en la ceguera de la tierra extraña, se ha despertado de repente; que un canario alegre ha andado estos días entrando y saliendo por las ventanas, sin temor al frío, con cintas y lazos en el pico, yendo y viniendo sin cesar, porque para esta fiesta de nuestra América ninguna flor parecía bastante fina y primorosa? Ésta es la verdad. A unos nos ha echado aquí la tormenta; a otros, la leyenda; a otros, el comercio; a otros, la determinación de escribir, en una tierra que no es libre todavía, la última estrofa del poema de 1810; a otros les mandan vivir aquí, como su grato imperio, dos ojos azules. Pero por grande que esta tierra sea, y por ungida que esté para los hombres libres la América en que nació Lincoln, para nosotros, en el secreto de nuestro pecho, sin que nadie ose tachárnoslo ni nos lo pueda tener a mal, es más grande, porque es la nuestra y porque ha sido más infeliz, la América en que nació Juárez.

De lo más vehemente de la libertad nació en días apostó-
licos la América del Norte. No querían los hombres nuevos,
coronados de luz, inclinar ante ninguna otra su corona. De
todas partes, al ímpetu de la frente, saltaba hecho pedazos,
en las naciones nacidas de la agrupación de pueblos pequeños, el yugo de la razón humana, envilecida en los imperios
creados a punta de lanza, o de diplomacia, por la gran
república que se alocó con el poder; nacieron los derechos
modernos de las comarcas pequeñas y autóctonas que habían elaborado en el combate continuo su carácter libre, y
preferían las cuevas independientes a la prosperidad servil.
A fundar la república: le dijo al rey que venía, uno que no se
le quitaba el sombrero y le decía de tú. Con mujeres y con
hijos se fían al mar, y sobre la mesa de roble del camarín
fundan su comunidad, los cuarenta y uno de la "Flor de
Mayo". Cargan mosquetes, para defender las siembras; el
trigo que comen, lo aran; suelo sin tiranos es lo que buscan,
para el alma sin tiranos. Viene, de fieltro y blusón, el purita-
no intolerante e integérrimo, que odia el lujo, porque por él
prevarican los hombres; viene el cuáquero, de calzas y chupa, y con los árboles que derriba levanta la escuela; viene el
católico, perseguido por su fe, y funda un Estado donde no
se puede perseguir por su fe a nadie; viene el caballero, de
fusta y sombrero de plumas, y su mismo hábito de mandar
esclavos le da altivez de rey para defender su libertad.
Alguno trae en su barco una negrada que vender, o un
fanático que quema a las brutas, o un gobernador que no
quiere oír hablar de escuelas; lo que los barcos traen es
gente de universidad y de letras, suecos místicos, alemanes
fervientes, hugonotes francos, escoceses altivos, bátavos
económicos traen arados, semillas, telares, arpas, salmos,
libros. En la casa hecha por sus manos vivían, señores y
siervos de sí propios; y de la fatiga de bregar con la naturaleza se consolaba el colono valeroso al ver venir, de delantal
y cofia, a la anciana del hogar, con la bendición en los ojos y
en la mano la bandeja de los dulces caseros, mientras una
hija abría el libro de los himnos y preludiaba otra en el
salterio o en el clavicordio. La escuela era de memoria y
azotes; pero el ir a ella por la nieve era la escuela mejor. Y

cuando, de cara al viento, iban de dos en dos por los caminos, ellos de cuero y escopeta, ellas de bayeta y devocionario, a oír iban al reverendo nuevo, que le negaba al gobernador el poder en las cosas privadas de la religión; iban a elegir sus jueces, o a residenciarlos. De afuera no venía la casta inmunda. La autoridad era de todos, y la daban a quien se la querían dar. Sus ediles elegían, y sus gobernadores. Si le pesaba al gobernador convocar el consejo, por sobre él le convocaban los "hombres libres". Allá, por los bosques, el aventurero taciturno caza hombres y lobos, y no duerme bien sino cuando tiene de almohada un tronco recién caído o un indio muerto. Y en las mansiones solariegas del Sur todo es minué y bujías, y coro de negros cuando viene el coche del señor, y copa de plata para el buen Madera. Pero no había acto de la vida que no fuera pábulo de la libertad en las colonias republicanas que, más que cartas reales, recibieron del rey certificados de independencia. Y cuando el inglés, por darla de amo, les impone un tributo que ellas no se quieren imponer, el guante que le echaron al rostro las colonias fue el que el inglés mismo había puesto en sus manos. A su héroe, le traen el caballo a la puerta. El pueblo que luego había de negarse a ayudar, acepta ayuda. La libertad que triunfa es como él, señorial y sectaria, de puño y encaje y de dosel de terciopelo, más de la localidad que de la humanidad; una libertad que bambolea, egoísta e injusta, sobre los hombros de una raza esclava, que antes de un siglo echa en tierra las andas de una sacudida, ¡y surge, con un hacha en la mano, el leñador de ojos piadosos, entre el estruendo y el polvo que levantan al caer las cadenas de un millón de hombres emancipados! Por entre los cimientos desencajados en la estupenda convulsión se pasea, codiciosa y soberbia, la victoria; reaparecen, acentuados por la guerra, los factores que constituyeron la nación; y junto al cadáver del caballero, muerto sobre sus esclavos, luchan por el predominio en la república y en el universo, el peregrino que no consentía señor sobre él, ni criado bajo él, ni más conquista que la que hace el grano en la tierra y el amor en los corazones, y el aventurero sagaz y rapante, hecho a adquirir y adelantar en la selva, sin más ley que su deseo, ni más límite que el de su brazo, compañero solitario y temible del leopardo y el águila.

Y ¿cómo no recordar, para gloria de los que han sabido vencer a pesar de ellos, los orígenes confusos y manchados de sangre de nuestra América, aunque al recuerdo leal, y hoy más que nunca necesario, le pueda poner la tacha de vejez inoportuna aquel a quien la luz de nuestra gloria, de la gloria de nuestra independencia, estorbase para el oficio de comprometerla o rebajarla? Del arado nació la América del Norte, y la Española, del perro de presa. Una guerra fanática sacó de la poesía de sus palacios aéreos al moro debilitado en la riqueza, y la soldadesca sobrante, criada con el vino crudo y el odio a los herejes, se echó, de coraza y arcabuz, sobre el indio de peto de algodón. Llenos venían los barcos de caballeros de media loriga, de segundones desheredados, de alféreces rebeldes, de licenciados y clérigos hambrones. Traen culebrinas, rodelas, picas, quijotes, capacetes, espaldares, yelmos, perros. Ponen la espada a los cuatro vientos, declaran la tierra del rey, y entran a saco en los templos de oro. Cortés atrae a Moctezuma al palacio que debe a su generosidad o a su prudencia, y en su propio palacio lo pone preso. La simple Anacaona convida a su fiesta a Ovando, a que viera el jardín de su país, y sus danzas alegres, y sus doncellas; y los soldados de Ovando se sacan de debajo del disfraz las espadas, y se quedan con la tierra de Anacaona. Por entre las divisiones y celos de la gente india adelanta en América el conquistador; por entre aztecas y tlascaltecas llega Cortés a la canoa de Cuauhtemoc; por entre quichés y zutujiles vence Alvarado en Guatemala; por entre tunjas y bogotaes adelanta Quesada en Colombia; por entre los de Atahualpa y los de Huáscar pasa Pizarro en el Perú; en el pecho del último indio valeroso clavan, a la luz de los templos incendiados, el estandarte rojo del Santo Oficio. Las mujeres, las roban. De cantos tenía sus caminos el indio libre, y después del español no había más caminos que el que abría la vaca husmeando el pasto, o el indio que iba llorando en su treno la angustia de que se hubiesen vuelto hombres los lobos. Lo que come el encomendero, el indio lo trabaja; como flores que se quedan

421

sin aroma, caen muertos los indios; con los indios que mueren se ciegan las minas. De los recortes de las casullas se hace rico un sacristán. De paseo van los señores; o a quemar en el brasero el estandarte del rey; o a cercenarse las cabezas por peleas de virreyes y oidores, o celos de capitanes; y al pie del estribo lleva el amo dos indios de pajes y dos mozos de espuela. De España nombran el virrey, el regente, el cabildo. Los cabildos que hacían, los firmaban con el hierro con que herraban las vacas. El alcalde manda que no entre el gobernador en la villa, por los males que le tiene hechos a la república, y que los regidores se persiguen al entrar en el cabildo, y que al indio que eche el caballo a galope se le den veinticinco azotes. Los hijos que nacen, aprenden a leer en carteles de toros y en décimas de salteadores. "Quimeras despreciables" les enseñan los colegios de entes y categorías. Y cuando la muchedumbre se junta en las calles, es para ir de cola de las tarascas que lleva el pregón; o para hablar, muy quedo, de las picanterías de la tapada y el oidor; o para ir a la quema del portugués; cien picas y mosquetes van delante, y detrás los dominicos con la cruz blanca, y los grandes de vara y espadín, con la capilla bordada de hilo de oro, y en hombros los baúles de huesos, con llamas a los lados; y los culpables con la cuerda al cuello, y las culpas escritas en la coroza de la cabeza; y los contumaces con el sambenito pintado de imágenes del enemigo; y la prohombría y el señor obispo, y el clero mayor; y en la iglesia, entre dos tronos, a la luz vívida de los cirios, el altar negro; afuera, la hoguera. Por la noche, baile. ¡El glorioso criollo cae bañado en sangre, cada vez que busca remedio a su vergüenza, sin más guía ni modelo que su honor, hoy en Caracas, mañana en Quito, luego con los comuneros del Socorro; o compra, cuerpo a cuerpo, en Cochabamba, el derecho de tener regidores del país; o muere, como el admirable Antequera, profesando su fe en el cadalso del Paraguay, iluminado el rostro por la dicha; o al desfallecer al pie del Chimborazo, "exhorta a las razas a que afiancen su dignidad"! El primer criollo que le nace al español, el hijo de la Malinche, fue un rebelde. La hija de Juan de Mena, que lleva el luto de su padre, se viste de fiesta con todas sus joyas, porque es día de honor para la humanidad, el día en que Arteaga muere. ¿Qué sucede de pronto, que el mundo se para a oír, a maravillarse, a venerar? ¡De debajo de la capucha de Torquemada sale ensangrentado y acero en mano, el continente redimido! Libres se declaran los pueblos todos de América a la vez. Surge Bolívar con su cohorte de astros. Los volcanes, sacudiendo los flancos con estruendo, lo aclaman y publican. ¡A caballo, la América entera! Y resuenan en la noche, con todas las estrellas encendidas, por llanos y por montes, los cascos redentores. Hablándoles a sus indios va el clérigo de México. Con la lanza en la boca pasan la corriente desnuda los indios venezolanos. Los rotos de Chile marchan juntos, brazo en brazo, con los cholos del Perú. Con el gorro frigio del liberto van los negros cantando, detrás del estandarte azul. De poncho y bota de potro, ondeando las bolas, van a escape de triunfo, los escuadrones de gauchos. Cabalgan, suelto el cabello, los pehuenches resucitados, voleando sobre la cabeza la chuza emplumada. Pintados de guerrear vienen tendidos sobre el cuello los araucos, con la lanza de tacuarilla coronada de plumas de colores; y al alba, cuando la luz virginal se derrama por los despeñaderos, se ve a San Martín, allá sobre la nieve, cresta del monte y corona de la revolución, que va, envuelto en su capa de batalla, cruzando los Andes. ¿Adónde va la América, y quién la junta y la guía? Sola, y como un solo pueblo, se levanta. Sola pelea. Vencerá sola.

¡Y todo ese veneno lo hemos trocado en savia! Nunca de tanta oposición y desdicha nació un pueblo más precoz, más generoso, más firme. Sentina fuimos, y crisol comenzamos a ser. Sobre las hidras, fundamos. Las picas de Alvarado, las hemos echado abajo con nuestros ferrocarriles. En las plazas donde se quemaba a los herejes, hemos levantado bibliotecas. Tantas escuelas tenemos como familiares del Santo Oficio tuvimos antes. Lo que no hemos hecho, es porque no hemos tenido tiempo para hacerlo, por andar ocupados en arrancarnos de la sangre las impurezas que nos legaron nuestros padres. De las Misiones, religiosas e inmorales, no quedan ya más que paredes descascaradas, por donde asoma el búho el ojo, y pasea melancólico el lagarto. Por entre las razas heladas y las ruinas de los conventos y los caballos de los bárbaros se ha abierto paso el americano nuevo, y convida a la juventud del mundo a que levante en sus campos la tienda. Ha triunfado el puñado de apóstoles. ¿Qué importa que por llevar el libro delante de los ojos no viéramos, al nacer como pueblos libres, que el gobierno de una tierra híbrida y original, amasada con españoles retaceros y aborígenes torvos y aterrados, más sus salpicaduras de africanos y menceyes, debía comprender, para ser natural y fecundo, los elementos todos que, en maravilloso tropel y por la política superior escrita en la naturaleza, se levantaron a fundarla? ¿Qué importan las luchas entre la ciudad universitaria y los campos feudales? ¿Qué importa el desdén, repleto de guerras, del marqués lacayo al menestral mestizo? ¿Qué importa el duelo, sombrío y tenaz, de Antonio de Nariño y San Ignacio de Loyola? Todo lo vence y clava cada día su pabellón más alto, nuestra América capaz e infatigable. Todo lo conquista, de sol en sol, por el poder del alma de la tierra, armoniosa y artística, creada de la música y beldad de nuestra naturaleza, que da su abundancia a nuestro corazón y a nuestra mente la serenidad y altura de sus cumbres; por el influjo secular con que este orden y grandeza ambientes han compensado el desorden y mezcla alevosa de nuestros orígenes; y por la libertad humanitaria y expansiva, no local, ni de raza, ni de secta, que fue a nuestras repúblicas en su hora de flor, y ha sido después, depurada y cernida, de las cabezas del orbe —libertad que no tendrá, acaso, asiento más amplio en pueblo alguno—, ¡pusiera en mis labios el porvenir el fuego que marca!, que el que se les prepara en nuestras tierras sin límites para el esfuerzo honrado, la solicitud leal y la amistad sincera de los hombres.

De aquella América enconada y turbia, que brotó con las espinas en la frente y las palabras como lava saliendo, junto con la sangre del pecho, por la mordaza mal rota, hemos venido, a pujo de brazo, a nuestra América de hoy, heroica y trabajadora a la vez, y franca y vigilante, con Bolívar de un brazo y Herbert Spencer de otro; una América sin suspica-

424

cias pueriles ni confianzas cándidas, que convida sin miedo a la fortuna de su hogar a las razas todas, porque sabe que es la América de la defensa de Buenos Aires y de la resistencia del Callao, la América del Cerro de las Campanas y de la Nueva Troya. ¿Y preferiría a su porvenir, que es el de nivelar en la paz libre, sin codicias de lobo ni prevenciones de sacristán, los apetitos y los odios del mundo; preferiría a este oficio grandioso el de desmigajarse en las manos de sus propios hijos, o desintegrarse en vez de unirse más, o por celos de vecindad, mentir a lo que está escrito por la fauna y los astros y la Historia, o andar de zaga de quien se le ofreciese de zagal, o salir por el mundo de limosnera, a que le dejen en el plato la riqueza temible? ¡Sólo perdura, y es para bien, la riqueza que se crea y la libertad que se conquista con las propias manos! No conoce a nuestra América quien eso ose temer. Rivadavia, el de la corbata siempre blanca, dijo que estos países se salvarían: y estos países se han salvado. Se ha arado en la mar. También nuestra América levanta palacios y congrega el sobrante útil del universo oprimido; también doma la selva, y le lleva el libro y el periódico, el municipio y el ferrocarril; también nuestra América, con el sol en la frente, surge sobre los desiertos coronados de ciudades. Y al reaparecer en esta crisis de elaboración de nuestros pueblos los elementos que la constituyeron, el criollo independiente es el que domina y se asegura; no el indio de espuela, marcado de la fusta, que sujeta el estribo y le pone adentro el pie, para que se vea de más alto a su señor.

Por eso vivimos aquí, orgullosos de nuestra América, para servirla y honrarla. No vivimos, no, como siervos futuros ni como aldeanos deslumbrados, sino con la determinación y capacidad de contribuir a que se la estime por sus méritos y se la respete por sus sacrificios; porque las mismas guerras que de pura ignorancia le echan en cara los que no la conocen, son el timbre de honor de nuestros pueblos, que no han vacilado en acelerar con el abono de su sangre el camino del progreso, y pueden ostentar en la frente sus guerras como una corona. En vano, faltos de roce y estímulo diario de nuestras luchas y de nuestras pasiones, que nos llegan ia mucha distancia! del suelo donde no crecen nuestros hijos, nos convida este país con su magnificencia, y la vida con sus tentaciones, y con sus cobardías el corazón, a la tibieza y al olvido. ¡Donde no se olvida y donde no hay muerte llevamos a nuestra América, como luz y como hostia; y ni el interés corruptor, ni ciertas modas nuevas de fanatismo, podrán arrancársela de allí! Enseñemos el alma como es a estos mensajeros ilustres que han venido de nuestros pueblos, para que vean que la tenemos honrada y leal, y que la admiración justa y el estudio útil y sincero de lo ajeno, el estudio sin cristales de présbita ni de miope, no nos debilita el amor ardiente, salvador y santo de lo propio; ni por el bien de nuestra persona, si en la conciencia sin paz hay bien, hemos de ser traidores a lo que nos mandan hacer la naturaleza y la humanidad. Y así, cuando cada uno de ellos vuelva a las playas que acaso nunca volvamos a ver, podrá decir, contento de nuestro decoro, a la que es nuestra dueña, nuestra esperanza y nuestra guía: "¡Madre América, allí encontramos hermanos! ¡Madre América, allí tienes hijos!"

ÍNDICE

III. CÓMO PREPARABAN SUS DISCURSOS ALGUNOS
ORADORES FAMOSOS

IV. PERFECCIONAMIENTO DE LA MEMORIA

V. CÓMO EVITAR QUE EL AUDITORIO SE DUERMA

VI. ELEMENTOS INDISPENSABLES PARA HABLAR CON ÉXITO

VII. EL SECRETO DE LA BUENA ELOCUCIÓN

VIII. PORTE Y PERSONALIDAD EN LA TRIBUNA

IX. CÓMO INICIAR UN DISCURSO

X. CÓMO GANAR INMEDIATAMENTE LA VOLUNTAD DEL AUDITORIO

XI. CÓMO TERMINAR UN DISCURSO

XII. CÓMO HACERNOS ENTENDER CLARAMENTE

XIII. INCULCACIÓN Y CONVENCIMIENTO

XIV. CÓMO DESPERTAR EL INTERÉS DEL AUDITORIO

XV. CÓMO INCITAR A LA ACCIÓN

XVI. EL LENGUAJE CORRECTO

APÉNDICE

Otros títulos de la colección

Actos de amor
JUDITH MICHAEL

Mariquita Sánchez
MARÍA SÁENZ QUESADA

Jaque al poder
Juegos de Estado
Actos de guerra
Deuda de honor
Órdenes presidenciales
TOM CLANCY

La peste
ALBERT CAMUS

Mi amigo el Che
RICARDO ROJO

Narciso y Goldmundo
Fabulario
Pequeño mundo
Rosshalde
Cartas escogidas
HERMANN HESSE

Composición de originales
Gea 21

Esta edición de 5.000 ejemplares
se terminó de imprimir el mes
de mayo de 2001 en
Litografía Rosés, S. A., Gavà (Barcelona)